Rechentrainer "Schlag auf Schlag – Rechnen bis ich's mag"

Rechentrainer

"Schlag auf Schlag – Rechnen bis ich's mag"

Über 2000 Aufgaben mit Lösungen zum Trainieren wichtiger
Rechenregeln für Klausuren an Schulen und Hochschulen

Silvio Gerlach

und

Annette Schelten

und

Christian Steuer

3. Auflage

Studeo Verlag Berlin

Die Deutsche Bibliothek – CIP Einheitsaufnahme

Gerlach, Silvio:
Rechentrainer "Schlag auf Schlag – Rechnen bis ich's mag" / von Silvio Gerlach, Annette Schelten und Christian Steuer. - 3. Aufl.
Berlin: Studeo Verlag, 2011

ISBN 978-3-86363-001-0 Studeo Verlag Berlin

Dieses Werk ist urheberrechtlich geschützt. Die dadurch begründeten Rechte, insbesondere die der Übersetzung, des Nachdrucks, des Vortrags, der Entnahme von Abbildungen und Tabellen, der Funksendung, der Mikroverfilmung oder der Vervielfältigung auf anderen Wegen und der Speicherung in Datenverarbeitungsanlagen, bleiben, auch bei nur auszugsweiser Verwertung, vorbehalten. Eine Vervielfältigung dieses Werkes oder von Teilen dieses Werkes ist auch im Einzelfall nur in den Grenzen der gesetzlichen Bestimmungen des Urheberrechtsgesetzes der Bundesrepublik Deutschland vom 9. September 1965 in der jeweils geltenden Fassung zulässig. Sie ist grundsätzlich vergütungspflichtig. Zuwiderhandlungen unterliegen den Strafbestimmungen des Urheberrechtsgesetzes.

Die Wiedergabe von Gebrauchsnamen, Handelsnamen, Warenbezeichnungen usw. in diesem Werk berechtigt auch ohne besondere Kennzeichnung nicht zu der Annahme, dass solche Namen im Sinne der Warenzeichen- und Markenschutz-Gesetzgebung als frei zu betrachten wären und daher von jedermann benutzt werden dürften.

ISBN 978-3-86363-001-0

© Studeo Verlag Berlin 2011

Vorwort

Wie und für wen dieser Rechentrainer entstand

"Schlag auf Schlag" war eine Übungsform, die mein Mathematiklehrer Herr Münzberg immer dann einsetzte, wenn wir etwas Neues nicht genug zu Hause geübt hatten. Es ging dabei darum, am Anfang der Unterrichtsstunde innerhalb von 5 Minuten 10 Miniaufgaben zu lösen. (ja, das sind genau 30 Sekunden pro Aufgabe, ist so ähnlich wie Blitzschach.). Die Ergebnisse wurden eingesammelt und drei solcher Übungen ergaben eine Note. Die Noten waren meistens wenig schmeichelhaft. Doch danach konnten wir ableiten oder Quadrantenrelationen o.ä. ausrechnen und haben die wirklich wichtigen Prüfungen viel besser bestanden...

Bereits seit über 7 Jahren bereiten wir von Studeo® Studierende auf Klausuren und Prüfungen vor. Dabei machen wir immer wieder die Erfahrung, dass weniger fachliche Schwächen als vielmehr schwach entwickelte Rechen- bzw. Aufgabenlösungsfähigkeiten an den schlechten Klausurergebnissen schuld sind. Um diese Fähigkeiten zu verbessern, haben wir den Rechentrainer erfunden. Wir setzen ihn schon seit Jahren ein und machen damit außerordentlich gute Erfahrungen:

- die Teilnehmer nehmen diese Möglichkeit gerne wahr und trainieren selbstständig und intensiv,
- die Rechenfähigkeiten verbessern sich merklich innerhalb von wenigen Tagen,
- die Abneigung vor formalen Aufgabenstellungen nimmt ab,
- wir können uns auf fachliche Fragen und Aufgaben konzentrieren,
- die Chancen für gute Ergebnisse in der Klausur steigen deutlich.

Wegen dieser Erfahrungen und der Nachfrage nach Trainingsmaterialien haben wir beschlossen, den Rechentrainer als Arbeitsbuch zu veröffentlichen.

Dieser Rechentrainer ist für all jene gedacht, die sich auf mathematik- und rechenlastige Klausuren vorbereiten müssen, sei es in der Schule, an der Hochschule, im Beruf oder in der Erwachsenenweiterbildung.

Er ist auch denjenigen als Stoffquelle und Referenzbuch zu empfehlen, die Schüler und Studierende auf solche Prüfungen vorbereiten.

Und er ist für Eltern gedacht, die mit Ihren Kindern deren Rechenfähigkeiten trainieren wollen, welche in den höheren Klassen vorausgesetzt werden, oft fälschlicherweise. Denn dieser Rechentrainer ist vom Aufbau her optimal für gemeinsames planmäßiges Arbeiten und Üben.

Nun gibt es schon viele Aufgaben- und Übungsbücher für Mathematik und Rechnen. Wieso also noch ein Buch?

Was ist neu an diesem Rechentrainer?

Der Rechentrainer ist anders als "herkömmliche" Übungsbücher. Hier sind seine wichtigsten Innovationen:

1. Der sehr umfangreiche und detaillierte Katalog elementarer Rechenregeln.
Rechnen folgt bestimmten elementaren Regeln, welche wir in einem umfangreichen Regelkatalog zusammengestellt haben. Die Darstellung der Regeln in der Formelsprache in Verbindung mit Erläuterungen und Beispielaufgaben erleichtern die Wiederholung der Regeln und das anschließende Bearbeiten der Übungsaufgaben. Unsere Kursteilnehmer schätzen diesen Katalog wegen seiner Ausführlichkeit und klaren Struktur.

2. Systematisches und sehr intensives Training von Termumformungen.
Termumformungen sind die Grundlage für Rechnen. Deshalb stehen die Regeln des Termumformens und Aufgaben dazu im Mittelpunkt des Rechentrainers. Wir haben systematisch verschiedenste Strukturen und Kombinationen von Termen kreiert, um auf praktisch alle möglichen Varianten vorbereitet zu sein.

3. Direktes Arbeiten im Buch.
Dieser Rechentrainer ist ein richtiges Arbeits- und Übungsbuch, weil man die Rechnungen und Lösungen ins Buch schreiben kann und soll (vielleicht erst mit Bleistift?). Das erleichtert den Übungsprozess. Man kann jederzeit und überall rechnen, ohne langes Suchen in Übungsheften und Unterlagen.

4. Tipps und Tricks für das Rechnen mit dem Taschenrechner.
Wenn man den Ansatz endlich gefunden hat und in den Taschenrechner eingeben will, tritt oft das nächste Problem auf: wie zieht man denn z.B. die 3. negative Wurzel, oder wie fasst man die 3 Klammern in den Brüchen zusammen?
Wir haben einfache und komplexe Terme zusammengestellt und stellen die Lösung Schritt für Schritt am Taschenrechner Casio fx 85 MS dar, (warum gerade dieser Taschenrechner siehe Kapitel 2). Dadurch kann man die einzelnen Rechenschritte Taste für Taste nachvollziehen und anhand von Übungsaufgaben trainieren.

5. Spaß am Rechnen
Aufgrund der Kombination von Regeln mit Beispielaufgaben, systematisch entwickelten Übungsaufgaben und der Angabe aller Lösungen sind schnelle Fortschritte möglich und wahrscheinlich. Das Rechnen wird zum Quiz und kleine aber häufige Erfolgserlebnisse sorgen dafür, dass es Spaß macht. Vielleicht sogar zusammen in der Lerngruppe...

Ziele dieses Rechentrainers

Das Hauptziel dieses Rechentrainers ist der **KLAUSURERFOLG!**

Er soll Schüler und Studierende in die Lage versetzen, elementare Rechenaufgabenstellungen schneller und sicherer zu lösen um in mathematisch orientierten Klausuren bessere Ergebnisse zu erzielen.

Da wir diesen Rechentrainer schon seit Jahren erfolgreich einsetzen, sind wir überzeugt, dass sich der Erfolg bei konsequenter Arbeit damit einstellt.

Inhalte und Methodik des Rechentrainers

Der Rechentrainer konzentriert sich auf die Themenbereiche Termumformungen, Taschenrechneraufgaben, Gleichungen, Ableitungen, Summen und Produkte sowie Logarithmen.

Die Regeln werden detailliert dargestellt und erläutert. Anhand von Übungsaufgaben, die direkt im Buch gerechnet werden können, werden die Regeln geübt, wiederholt und vertieft.

Das methodische Grundprinzip ist einfach: **Üben, Üben, Üben**. Wir nennen es "Schlag auf Schlag". Der Aufbau des Buches erlaubt zügiges Arbeiten mit Selbstkontrolle. In der Einleitung findet sich eine detaillierte Anleitung zum Arbeiten mit diesem Buch.

Danksagung

Die Entwicklung dieses Rechentrainers war sehr spannend. Wir hoffen sehr, dass den Lesern unsere Anstrengungen helfen, bei der Klausurvorbereitung Zeit zu sparen und bessere Ergebnisse in den entsprechenden Klausuren zu erzielen.

Wir danken unseren Mathematiklehrern, insbesondere Herrn Rudolf Münzberg aus Eisenach, für ihre Mühe, uns in die Mathematik einzuführen und uns das Rechnen richtig beizubringen.

Wir danken unseren Kursteilnehmern, die uns durch ihre Fragen zu diesem Buch inspiriert und zu seiner Weiterentwicklung beigetragen haben. Für Korrekturlesen und wertvolle Hinweise danken wir Frau Carolin Warnecke aus Berlin. Wir haben uns um größtmögliche Sorgfalt bemüht. Für alle verbleibenden Fehler und Unzulänglichkeiten sind wir allein verantwortlich.

Wir wünschen viel Erfolg und vor allem Spaß beim Arbeiten mit dem Rechentrainer und viele erfolgreiche Klausuren!

Berlin im Januar 2011

Silvio Gerlach
Annette Schelten
Christian Steuer

Inhaltsverzeichnis

Vorwort 5

Inhaltsverzeichnis 7

Glossar mathematischer Begriffe 9

Einleitung – Wie Sie mit diesem Rechentrainer arbeiten sollten 11

Teil A Rechentraining 12

1 Rechentraining – Termumformungen 12
    1.1 Termumformungen – Die Grundlage des Rechnens 12
    1.2 Aufgabenanalyse und –systematik von Termumformungen 12
    1.3 Warum es sich lohnt, die Regeln für Termumformungen zu beherrschen 13
        1.3.1 Wie man Terme nicht umformen soll - Ein abschreckendes Beispiel 13
        1.3.2 Die elegante Lösung - Nach allen Regeln der "Kunst des Termumformens" 14
    1.4 Einfache Terme 15
        1.4.1 Musteraufgaben und –lösungen zum Umformen einfacher Terme 15
        1.4.2 Musteraufgaben mit Algorithmen zum Umformen einfacher Terme 19
        1.4.3 Übungsaufgaben zum Umformen einfacher Terme 22
        1.4.4 Zusatzaufgaben zum Umformen einfacher Terme 41
    1.5 Schwierige Terme 44
        1.5.1 Musteraufgaben mit Algorithmus – Schwierige Terme 44
        1.5.2 Übungsaufgaben zum Umformen schwieriger Terme 46
        1.5.3 Zusatzaufgaben zum Umformen schwieriger Terme 54
    1.6 Aufgaben zu Termumformungen – Komplexe Terme 61
        1.6.1 Musteraufgaben mit Algorithmus – Komplexe Terme 61
        1.6.2 Übungsaufgaben zum Umformen komplexer Terme 66
        1.6.3 Zusatzaufgaben zum Umformen komplexer Terme 78

2 Rechnen mit dem Taschenrechner – Tipps, Tricks und Aufgaben 82
    2.1 Unsere Empfehlung: Der <u>nichtprogrammierbare</u> Taschenrechner Casio fx-85 MS 82
    2.2 Erklärung der Tastenbelegung 83
    2.3 Ausgewählte Aufgabentypen und ihre Berechnung am Taschenrechner 85
        2.3.1 Einfache Aufgaben – Potenzen, Klammern etc. 85
        2.3.2 Rechnen mit Wurzeln 85
        2.3.3 Rechnen mit Brüchen 86
        2.3.4 Bilden von Kehrwerten (Reziproken) 87
        2.3.5 Rechnen mit der e-Funktion 87
        2.3.6 Rechnen mit dem natürlichen Logarithmus 88
        2.3.7 Berechnen von komplexen Termen 89
    2.4 Übungsaufgaben für den Taschenrechner 90

3 Rechentraining – Lineare Gleichungssysteme und quadratische Gleichungen 97
    3.1 Lineare Gleichungssysteme mit 2 Gleichungen und zwei Unbekannten 97
        3.1.1 Algorithmus für das Lösen von linearen Gleichungssystemen 97
        3.1.2 Übungsaufgaben zu linearen Gleichungssystemen 98
        3.1.3 Zusatzaufgaben zu linearen Gleichungssystemen 113
    3.2 Quadratische Gleichungen 118
        3.2.1 Algorithmus für das Lösen von quadratischen Gleichungen (p-q-Formel) 118
        3.2.2 Übungsaufgaben zu quadratischen Gleichungen 119
        3.2.3 Zusatzaufgaben zu quadratischen Gleichungen 125

4 Rechentraining – Ableitungen 127
    4.1 Musteraufgaben zu Ableitungen 127
        4.1.1 Musteraufgabe zur Produktregel 127
        4.1.2 Musteraufgabe zur Quotientenregel 127
        4.1.3 Musteraufgabe zur Kettenregel 127

4.2 Übungsaufgaben zu Ableitungen	127
4.3 Zusatzaufgaben zu Ableitungen	140

5 Rechentraining – Summen und Produkte **144**

6 Rechentraining - Logarithmen **150**
    6.1 Musteraufgabe mit Algorithmus zu Logarithmen 150
    6.2 Logarithmen Übungsaufgaben 150
    6.3 Zusatzaufgaben zu Logarithmen 154

Teil B Lösungen **156**

1 Lösungen zu Termumformungen **156**
    1.1 Lösungen zu den Übungsaufgaben – Einfache Terme 156
    1.2 Lösungen zu den Zusatzaufgaben – Einfache Terme 158
    1.3 Lösungen zu den Übungsaufgaben – Schwierige Terme 160
    1.4 Lösungen zu den Zusatzaufgaben – Schwierige Terme 161
    1.5 Lösungen zu den Übungsaufgaben – Komplexe Terme 164
    1.6 Lösungen zu den Zusatzaufgaben – Komplexe Terme 165

2 Lösungen zu den Taschenrechneraufgaben **168**

3 Lösungen zu linearen und quadratischen Gleichungen **169**
    3.1 Lösungen zu den Übungsaufgaben – Lineare Gleichungssysteme 169
    3.2 Lösungen zu den Zusatzaufgaben – Lineare Gleichungssysteme 170
    3.3 Lösungen zu den Übungsaufgaben – Quadratische Gleichungen 172
    3.4 Lösungen zu den Zusatzaufgaben – Quadratische Gleichungen 173

4 Lösungen zu Ableitungen von Funktionen **174**
    4.1 Lösungen zu den Übungsaufgaben – Ableitungen von Funktionen ... 174
    4.2 Lösungen zu den Zusatzaufgaben – Ableitungen von Funktionen 177

5 Lösungen zu Summen und Produkten **184**

6 Lösungen zu Logarithmen **183**

Teil C Rechenregeln mit Beispielen **184**

1 Grundregeln für Termumformungen (TR 1 = Termregel 1 etc.) **188**
    1.1 Grundregeln der Termumformungen 188
        1.1.1 Grundgesetze 188
        1.1.2 Potenz- und Wurzelsätze 188
    1.2 Erläuterung von Varianten und Kombinationen der Grundregeln zur Termumformung 189
        1.2.1 Addition von Potenzen 189
        1.2.2 Subtraktion von Potenzen 191
        1.2.3 Multiplikation und Division von Potenzen 193
        1.2.4 Multiplikation und Division von Wurzeln 194
        1.2.5 Varianten für das Rechnen mit Klammern: Addition, Subtraktion und Multiplikation ohne Potenzen 196
        1.2.6 Binomische Formeln 196
        1.2.7 Varianten für das Rechnen mit mit Klammern mit Potenzen .. 197
        1.2.8 Varianten für das Rechnen mit Klammern in Wurzeln 200
    1.3 Rechnen mit Brüchen 201
        1.3.1 Multiplikation und Division von Brüchen 201
        1.3.2 Addition und Subtraktion von Brüchen 202
        1.3.3 Kürzen in Brüchen 206
        1.3.4 Kürzen in Brüchen mit Klammern 207

2 Ableitungsregeln (AR 1 = Ableitungsregel 1 etc.) **208**

3 Rechenregeln für Summen (SR 1 = Summenregel 1 etc.) **211**

4 Rechenregeln für Produkte (PR 1 = Produktregel 1 etc.) **215**

5 Rechenregeln für Logarithmen (LR 1 = Logarithmenregel 1 etc.) **220**

Glossar mathematischer Begriffe

Die folgenden Begriffe tauchen in diesem Rechentrainer immer wieder auf. **Arbeiten Sie mit dieser Liste, indem Sie** überprüfen, ob Ihnen der jeweilige Begriff klar ist. Wiederholen und lernen Sie die Begriffe, mit denen Sie noch nicht sicher umgehen können.

Symbol	Bezeichnung	Klar	Lernen
$a + b = c$	a, b sind Summanden c ist die Summe		
$a - b = c$	a ist Minuend b ist Subtrahend c ist die Differenz		
$a \cdot b = c$	a, b sind Faktoren c ist das Produkt		
$\dfrac{a}{b} = c$	a ist Dividend b ist Divisor c ist der Quotient		
$\dfrac{a}{b}$	a ist der Zähler b ist der Nenner		
$\dfrac{\frac{a}{b}}{\frac{c}{d}}$	Doppelbruch		
$y = f(x)$	Funktionsgleichung y ist der Funktionswert x ist das (Funktions-) Argument		
$f'(x)$	Erste Ableitung der Funktion		
$f''(x)$	Zweite Ableitung der Funktion		
$f'''(x)$	Dritte Ableitung der Funktion		
$\dfrac{1}{x}$	Kehrwert (Reziproke) von x		
a^n	a ist die Basis der Potenz		
$(a + b)^n$	(a + b) ist die Klammerbasis der Potenz		
a^n	n ist der Exponent der Potenz		
ca^n	c ist ein konstanter Faktor		
$\sqrt[n]{a}$	n ist der Wurzelexponent der Wurzel		
$\sqrt[n]{a}$	a ist der Radikand der Wurzel		
$\sqrt[n]{(a+b)}$	(a + b) ist der Radikand unter der Wurzel		

Symbol	Bezeichnung	Klar	Lernen
a_i	i ist der Index (Zählvariable)		
$\neq$	Ungleichheitszeichen		
!	Fakultät		
$\in$	Element		
$\sum$	Summenzeichen		
$\sum_{i=m}^{n} a_i$	a_i ist Summand i ist der Summationsindex (die Zählvariable) m ist die Summationsuntergrenze n ist die Summationsobergrenze		
$\sum_{j=k}^{o} \sum_{i=m}^{n} a_{ij}$	Doppelsumme		
$\prod$	Produktzeichen		
$\prod_{i=m}^{n} a_i$	a_i ist Faktor i ist Multiplikationsindex (die Zählvariable) m ist die Multiplikationsuntergrenze n ist die Multiplikationsobergrenze		
$\prod_{j=k}^{o} \prod_{i=m}^{n} a_{ij}$	Doppelprodukt		
e	Eulersche Zahl		
log	Logarithmus		
$\log_a x$	a ist Basis des Logarithmus		
$\log_a x$	x ist Argument des Logarithmus		
ln	Logarithmus naturalis (Basis ist e)		
lg	Dekadischer Logarithmus (Basis ist 10)		
$y = \log_a x$	Logarithmusfunktion		

Einleitung – Wie Sie mit diesem Rechentrainer arbeiten sollten

Um den größten Nutzen für Ihre Klausurvorbereitung aus diesem Rechentrainer zu ziehen, sollten Sie die folgenden Hinweise und Tipps befolgen.

Fangen Sie sofort mit dem Rechnen an. Rechnen Sie vielleicht vier Seiten durch und kontrollieren Sie erst dann Ihre Lösungen. Kreuzen Sie an, ob Sie richtig gerechnet haben. Nur wenn Sie Schwierigkeiten hatten bzw. mehrere Lösungen falsch sind, sollten Sie sich die Musteraufgaben und die Regeln ansehen.

Sie können auch zuerst einmal die Regeln wiederholen. Machen Sie dabei in den rechten Spalten Notizen. Klären Sie, ob Ihnen diese Regel klar ist und ob Sie diese noch üben müssen.

Wenn Ihre Lösung falsch ist, müssen Sie nach dem Fehler suchen. Das ist ein sehr wichtiger Teil des Rechentrainings. Denn während der Suche wiederholen Sie die Regeln und kontrollieren, ob Sie sie richtig angewandt haben.

Brechen Sie nichts übers Knie, sondern nehmen Sie sich so viel vor, wie Sie schaffen können. Wenn Ihnen allerdings wenig Zeit bis zur Klausur bleibt, dann müssen Sie wohl sehr viel in sehr kurzer Zeit bewältigen...

Trainieren Sie Ihren Blick für die Stuktur eines Termes. Seien Sie faul und versuchen Sie immer erst den Term zu vereinfachen, bevor Sie etwas anderes tun, ableiten oder Gleichung auflösen etc.

Trainieren Sie alle Kapitel und Aufgaben, mit denen Sie Schwierigkeiten haben. Sie müssen sicher nicht alle 2000 Aufgaben auf einmal lösen. Vielleicht reicht ja auch schon ein Drittel. In jedem Falle sollten Sie so lange mit dem Rechentrainer arbeiten, wie Sie in Klausuren Schwierigkeiten mit dieser Art von Aufgaben haben.

Wenn Sie Fragen oder Anregungen zu diesem Arbeitsbuch haben oder Fehler entdeckt haben, schreiben Sie uns bitte eine Email an: verlag@studeo.de.

Viel Spaß und Erfolg beim Üben mit dem Rechentrainer und für Ihre Prüfungen.

Teil A Rechentraining

1 Rechentraining – Termumformungen

1.1 Termumformungen – Die Grundlage des Rechnens

Terme sind die allgemeine Bezeichnung für mathematische Ausdrücke. Sie enthalten Zahlen, Variablen und Rechenanweisungen. Sie bilden die Grundlage der Formeln und Lösungsansätze, mit denen Aufgaben gelöst werden. Ohne Terme zu vereinfachen, kann man bestimmte Aufgaben nicht lösen. Für das Vereinfachen gibt es bestimmte allgemeingültige Regeln. Ohne ihre Kenntnis und das aktive Beherrschen hat man immer wieder Schwierigkeiten mit dem Rechnen bzw. dem Fach Mathematik.

Termumformungen werden schon in der 4. Klasse mit den einfachsten Rechengesetzen wie Kommutativgesetz, Distributivgesetz etc. eingeführt.

Die Form von Termen kann praktisch unendlich variiert werden. Dennoch lassen sich die Terme, die in der Schulmathematik und auch in den nichtmathematischen Studienfächern (wie Wirtschaft, Medizin, Statistische Methoden) verwendet werden, auf ganz wenige allgemeine Strukturen zurückführen. Diese sind in dieser Übersicht dargestellt.

1.2 Aufgabenanalyse und –systematik von Termumformungen

Die folgende Übersicht enthält die wichtigsten Varianten von Termumformungen. **Arbeiten Sie mit dieser Übersicht, indem Sie** herausfinden, bei welchen Varianten Sie Probleme haben, um diese dann intensiver zu üben.

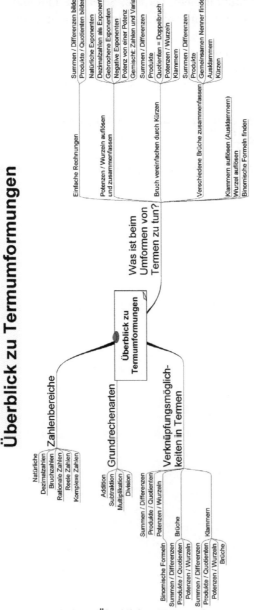

Abb. 1-1: Mindmap Überblick zu Termumformungen

1.3 Warum es sich lohnt, die Regeln für Termumformungen zu beherrschen

1.3.1 Wie man Terme nicht umformen soll - Ein abschreckendes Beispiel

Stellen Sie sich vor, Sie haben einen solchen Term zusammenzufassen:

$$\left(\frac{2a}{2a+b} - \frac{4a^2}{4a^2+4ab+b^2}\right)\left(\frac{2a}{4a^2-b^2} + \frac{1}{b-2a}\right)^{-1} + \frac{8a^2}{2a+b}$$

Wenn Sie die Regeln für Umformungen und insbesondere binomische Formeln nicht kennen und anwenden, müssen Sie diesen Term so zusammenfassen:

$$\left(\frac{2a}{2a+b} - \frac{4a^2}{4a^2+4ab+b^2}\right)\left(\frac{2a}{4a^2-b^2} + \frac{1}{b-2a}\right)^{-1} + \frac{8a^2}{2a+b}$$

$$= \left(\frac{2a(4a^2+4ab+b^2) - 4a^2(2a+b)}{(2a+b)(4a^2+4ab+b^2)}\right)\left(\frac{2a(b-2a)}{(4a^2-b^2)(b-2a)}\right)^{-1} + \frac{8a^2}{2a+b}$$

$$= \left(\frac{8a^3+8a^2b+2ab^2-8a^3-4a^2b}{8a^3+8a^2b+2ab^2+4a^2b+4ab^2+b^3}\right)\left(\frac{2ab-4a^2+4a^2-b^2}{4a^2b-8a^3-b^3+2ab}\right)^{-1} + \frac{8a^2}{2a+b}$$

$$= \left(\frac{4a^2b+2ab^2}{8a^3+b^3+12a^2b+6ab^2}\right)\left(\frac{2ab-b^2}{4a^2b+2ab-8a^3-b^3}\right)^{-1} + \frac{8a^2}{2a+b}$$

$$= \left(\frac{4a^2b+2ab^2}{8a^3+b^3+12a^2b+6ab^2}\right)\left(\frac{4a^2b+2ab-8a^3-b^3}{2ab-b^2}\right) + \frac{8a^2}{2a+b}$$

$$= \left(\frac{(4a^2b+2ab^2)(4a^2b+2ab-8a^3-b^3)}{(8a^3+b^3+12a^2b+6ab^2)(2ab-b^2)}\right) + \frac{8a^2}{2a+b}$$

$$= \left(\frac{16a^4b^2-32a^5b-4a^2b^4+8a^3b^2+8a^3b^3-16a^4b^2-2ab^5+4a^2b^3}{16a^4b+2ab^4+24a^3b^2+12a^2b^3-8a^3b^2-b^5-12a^2b^3-6ab^4}\right) + \frac{8a^2}{2a+b}$$

$$= \left(\frac{-32a^5b-4a^2b^4+8a^3b^2+8a^3b^3-2ab^5+4a^2b^3}{16a^4b-4ab^4+16a^3b^2-b^5}\right) + \frac{8a^2}{2a+b}$$

$$= \left(\frac{(-32a^5b-4a^2b^4+8a^3b^2+8a^3b^3-2ab^5+4a^2b^3)(2a+b)+(8a^2)(16a^4b-4ab^4+16a^3b^2-b^5)}{(16a^4b-4ab^4+16a^3b^2-b^5)(2a+b)}\right)$$

$$= \left(\frac{(-64a^6b-16a^4b^2+16a^4b^3-8a^2b^5+16a^3b^3-64a^5b^2-2ab^6+4a^2b^4)+(128a^6b-32a^3b^4+128a^5b^2-8a^2b^5)}{32a^5b-8a^2b^4+32a^4b^2-2ab^5+16a^4b^2-4ab^5+16a^3b^3-b^6}\right)$$

$$= \frac{64a^6b+16a^4b^2+16a^4b^3-8a^2b^5+16a^3b^3+64a^5b^2-2ab^6+4a^2b^4-32a^3b^4-8a^2b}{32a^5b-8a^2b^4+48a^4b^2-6ab^5+16a^3b^3-b^6}$$

Ist das nicht sehr unübersichtlich???

1.3.2 Die elegante Lösung - Nach allen Regeln der "Kunst des Termumformens"

Die elegante Lösung dieser Aufgabe sieht so aus:

$$\left(\frac{2a}{2a+b} - \frac{4a^2}{4a^2+4ab+b^2}\right)\left(\frac{2a}{4a^2-b^2} + \frac{1}{b-2a}\right)^{-1} + \frac{8a^2}{2a+b}$$

$$= \left(\frac{2a}{2a+b} - \frac{4a^2}{(2a+b)^2}\right)\left(\frac{2a}{(4a^2-b^2)} + \frac{1}{(b-2a)}\right)^{-1} + \frac{8a^2}{2a+b}$$

$$= \left(\frac{2a(2a+b)}{(2a+b)^2} - \frac{4a^2}{(2a+b)^2}\right)\left(\frac{2a}{(4a^2-b^2)} - \frac{(2a+b)}{(4a^2-b^2)}\right)^{-1} + \frac{8a^2}{2a+b}$$

$$= \left(\frac{2a(2a+b) - 4a^2}{(2a+b)^2}\right)\left(\frac{2a-2a-b}{(4a^2-b^2)}\right)^{-1} + \frac{8a^2}{2a+b}$$

$$= \left(\frac{4a^2 + 2ab - 4a^2}{(2a+b)^2}\right)\left(\frac{-b}{(4a^2-b^2)}\right)^{-1} + \frac{8a^2}{2a+b}$$

$$= \left(\frac{2ab}{(2a+b)^2}\right)\left(-\frac{(4a^2-b^2)}{b}\right) + \frac{8a^2}{2a+b}$$

$$= \left(-\frac{2ab \cdot (2a+b) \cdot (2a-b)}{(2a+b) \cdot (2a+b) \cdot b}\right) + \frac{8a^2}{2a+b}$$

$$= \left(-\frac{2a(2a-b)}{2a+b}\right) + \frac{8a^2}{2a+b}$$

$$= \frac{-4a^2 + 2ab + 8a^2}{2a+b}$$

$$= \frac{4a^2 + 2ab}{2a+b}$$

$$= \frac{2a(2a+b)}{2a+b}$$

$$= 2a$$

In unserer Musterlösung erläutern wir Ihnen ausführlich die einzelnen Schritte.

Um gegen solche und ähnliche Termungetüme gewappnet zu sein, muss man die Rechenregeln für Termumformungen kennen und anwenden können. Der Taschenrechner hilft dabei leider nicht. Selbst mit dem Computer können solche Aufgaben nur Spezialisten lösen.

Wir empfehlen Ihnen, erst die Rechenregeln zu wiederholen und zu prüfen, ob Sie mit allen vertraut sind. Dann sollten Sie die folgenden Aufgaben bearbeiten.

Rechentrainiung Termumfornungen

1.4 Einfache Terme

Die folgenden 55 Aufgaben veranschaulichen die Lösungswege bei Termumformungen. Sie sind Anwendungen des Regelkatalogs.
Schauen Sie sich diese Musteraufgaben bitte genau an, und vollziehen Sie die Lösungen im Detail nach.
In diesen Aufgaben geht es um geschicktes Umformen. Der Übersicht halber werden deshalb die einzelnen Definitionsbereiche nicht explizit angegeben.
Natürlich müssen diese aber beachtet werden, und alle Umformungen gelten nur in den entsprechenden Bereichen (z.B. gilt Aufgabe 16 nur für $x \neq 0$).
Dies betrifft selbstverständlich nicht nur die einfachen Terme, sondern alle folgenden Aufgaben.

1.4.1 Musteraufgaben und –lösungen zum Umformen einfacher Terme

Nr.	Aufgaben	Lösung	Ausführlicher Lösungsweg
1.	$(4y - 6x) - (4y - 6y)$	$6(y - x)$	$(4y - 6x) - (4y - 6y) = 4y - 6x - 4y + 6y = 6y - 6x = 6(y - x)$
2.	$(4y - 6y) - (4y + 6y)$	$-12y$	$(4y - 6y) - (4y + 6y) = 4y - 6y - 4y - 6y = -12y$
3.	$4x - 6x + 3x^2$	$x(3x - 2)$	$4x - 6x + 3x^2 = -2x + 3x^2 = x(3x - 2)$
4.	$4x - (6x + 3x^2)$	$x(-2 - 3x)$	$4x - (6x + 3x^2) = 4x - 6x - 3x^2 = -2x - 3x^2 = x(-2 - 3x)$
5.	$4x \cdot (6x + 3x^2)$	$12x^2(2 + x)$	$4x \cdot (6x + 3x^2) = 4x \cdot 3x(2 + x) = 12x^2(2 + x)$
6.	$(4x \cdot 6x) + 3x^2$	$27x^2$	$(4x \cdot 6x) + 3x^2 = 24x^2 + 3x^2 = 27x^2$
7.	$(4x \cdot 6x)^2 + 3x^2$	$3x^2(1 + 192x^2)$	$(4x \cdot 6x)^2 + 3x^2 = (24x^2)^2 + 3x^2 = 24x^4 + 3x^2 = 3x^2(192x^2 + 1)$
8.	$(4x)^2 + (6x)^2 + 3x^2$	$55x^2$	$(4x)^2 + (6x)^2 + 3x^2 = 16x^2 + 36x^2 + 3x^2 = 55x^2$
9.	$4x^2 + 6x^2 + 3x^2$	$13x^2$	$4x^2 + 6x^2 + 3x^2 = 13x^2$
10.	$4x^2 \cdot 6x^2 \cdot 3x^2$	$72x^6$	$4x^2 \cdot 6x^2 \cdot 3x^2 = (4 \cdot 6 \cdot 3)x^{2+2+2} = 72x^6$
11.	$12x^3 \cdot 3x^{-3}$	36	$12x^3 \cdot 3x^{-3} = \dfrac{12x^3 \cdot 3}{x^3} = 12 \cdot 3 = 36$
12.	$12x^3 + 36x^4$	$12x^3(1 + 3x)$	$12x^3 + 36x^4 = 12x^3 + 3x \cdot 12x^3 = 12x^3(1 + 3x)$
13.	$x^{p-3} \cdot x^{3-p}$	1	$x^{p-3} \cdot x^{3-p} = x^{p-3+3-p} = x^0 = 1$
14.	$x^{p+3} \cdot x^{3+p}$	$x^{2(p+3)}$	$x^{p+3} \cdot x^{3+p} = x^{p+3+3+p} = x^{2p+6} = x^{2(p+3)}$
15.	$x^{p+3} \cdot x^{-3-p}$	1	$x^{p+3} \cdot x^{-3-p} = x^{p+3-3-p} = x^0 = 1$
16.	$(x^p)^{-3}$	$\dfrac{1}{x^{3p}}$	$(x^p)^{-3} = x^{p \cdot (-3)} = x^{-3p} = \dfrac{1}{x^{3p}}$
17.	$\dfrac{x^p}{x^{-3}}$	x^{p+3}	$\dfrac{x^p}{x^{-3}} = x^p \cdot x^3 = x^{p+3}$

Rechentrainer "Schlag auf Schlag – Rechnen bis ich's mag"

Nr.	Aufgaben	Lösung	Ausführlicher Lösungsweg
18.	$\dfrac{x^{-p}}{x^3}$	$\dfrac{1}{x^{p+3}}$	$\dfrac{x^{-p}}{x^3} = \dfrac{1}{x^3 \cdot x^p} = \dfrac{1}{x^{p+3}}$
19.	$\dfrac{x^3}{x^{-p}}$	x^{p+3}	$\dfrac{x^3}{x^{-p}} = x^3 \cdot x^p = x^{3+p}$
20.	$\dfrac{x^3}{x^p}$	x^{3-p}	$\dfrac{x^3}{x^p} = \dfrac{x^3}{x^{-(-p)}} = x^3 \cdot x^{-p} = x^{3-p}$
21.	$\dfrac{x^p}{x^3}$	x^{p-3}	$\dfrac{x^p}{x^3} = \dfrac{x^p}{x^{-(-3)}} = x^p \cdot x^{-3} = x^{p-3}$
22.	$\left(\dfrac{x}{-3}\right)^2$	$\dfrac{1}{9}x^2$	$\left(\dfrac{x}{-3}\right)^2 = \dfrac{(x)^2}{(-3)^2} = \dfrac{x^2}{9} = \dfrac{1}{9}x^2$
23.	$\left(x^{-3}\right)^p$	$\dfrac{1}{x^{3p}}$	$\left(x^{-3}\right)^p = x^{(-3)\cdot p} = x^{-3p} = \dfrac{1}{x^{3p}}$
24.	$\left(\dfrac{x}{-p}\right)^2$	$\dfrac{x^2}{p^2}$	$\left(\dfrac{x}{-p}\right)^2 = \dfrac{(x)^2}{(-p)^2} = \dfrac{x^2}{p^2}$
25.	$\dfrac{x^{p+3}}{x^{-3-p}}$	$x^{2(p+3)}$	$\dfrac{x^{p+3}}{x^{-3-p}} = \dfrac{x^{p+3}}{x^{-(3+p)}} = x^{p+3} \cdot x^{3+p} = x^{p+3+3+p} = x^{2p+6} = x^{2(p+3)}$
26.	$\dfrac{x^{-3-p}}{x^{p+3}}$	$\dfrac{1}{x^{2(p+3)}}$	$\dfrac{x^{-3-p}}{x^{p+3}} = \dfrac{x^{-(3+p)}}{x^{p+3}} = \dfrac{1}{x^{p+3} \cdot x^{3+p}} = \dfrac{1}{x^{p+3+3+p}} = \dfrac{1}{x^{2p+6}} = \dfrac{1}{x^{2(p+3)}}$
27.	$\dfrac{x^{3-p}}{x^{p+3}}$	$\dfrac{1}{x^{2p}}$	$\dfrac{x^{3-p}}{x^{p+3}} = \dfrac{x^{3-p}}{x^{-(-p-3)}} = x^{3-p} \cdot x^{-p-3} = x^{3-p-p-3} = x^{-2p} = \dfrac{1}{x^{2p}}$
28.	$\dfrac{x^{3+p}}{x^{p-3}}$	x^6	$\dfrac{x^{3+p}}{x^{p-3}} = \dfrac{x^{3+p}}{x^{-(-p+3)}} = x^{3+p} \cdot x^{-p+3} = x^{3+p-p+3} = x^6$
29.	$\dfrac{x^{-3+p}}{x^{p+3}}$	$\dfrac{1}{x^6}$	$\dfrac{x^{-3+p}}{x^{p+3}} = \dfrac{x^{-3+p}}{x^{-(-p-3)}} = x^{-3+p} \cdot x^{-p-3} = x^{-3+p-p-3} = x^{-6} = \dfrac{1}{x^6}$
30.	$\dfrac{1}{\left(x^{-p}\right)^{-3}}$	$\dfrac{1}{x^{3p}}$	$\dfrac{1}{\left(x^{-p}\right)^{-3}} = \dfrac{1}{x^{(-p)\cdot(-3)}} = \dfrac{1}{x^{3p}}$
31.	$\dfrac{x^{\frac{p}{3}}}{x^{-\frac{p}{3}}}$	$\sqrt[3]{x^{2p}}$	$\dfrac{x^{\frac{p}{3}}}{x^{-\frac{p}{3}}} = x^{\frac{p}{3}} \cdot x^{\frac{p}{3}} = x^{\frac{p+p}{3}} = x^{\frac{2p}{3}} = \sqrt[3]{x^{2p}}$
32.	$\dfrac{x^{\frac{p}{3}}}{x^{\frac{3}{p}}}$	$x^{\frac{p^2-9}{3p}}$	$\dfrac{x^{\frac{p}{3}}}{x^{\frac{3}{p}}} = \dfrac{x^{\frac{p}{3}}}{x^{-\left(-\frac{3}{p}\right)}} = x^{\frac{p}{3}} \cdot x^{-\frac{3}{p}} = x^{\frac{p}{3}-\frac{3}{p}} = x^{\frac{p^2-9}{3p}}$
33.	$\dfrac{x^{\frac{3}{p}}}{x^{\frac{p}{3}}}$	$x^{\frac{9-p^2}{3p}}$	$\dfrac{x^{\frac{3}{p}}}{x^{\frac{p}{3}}} = \dfrac{x^{\frac{3}{p}}}{x^{-\left(-\frac{p}{3}\right)}} = x^{\frac{3}{p}} \cdot x^{-\frac{p}{3}} = x^{\frac{3}{p}-\frac{p}{3}} = x^{\frac{9-p^2}{3p}}$

Nr.	Aufgaben	Lösung	Ausführlicher Lösungsweg
34.	$\dfrac{x^{-\frac{p}{3}}}{x^{\frac{p}{3}}}$	$\dfrac{1}{\sqrt[3]{x^{2p}}}$	$\dfrac{x^{-\frac{p}{3}}}{x^{\frac{p}{3}}} = \dfrac{1}{x^{\frac{p}{3}} \cdot x^{\frac{p}{3}}} = \dfrac{1}{x^{\frac{p}{3}+\frac{p}{3}}} = \dfrac{1}{x^{\frac{2p}{3}}} = \dfrac{1}{\sqrt[3]{x^{2p}}}$
35.	$\dfrac{x^{\frac{p}{-3}}}{x^{\frac{-p}{3}}}$	1	$\dfrac{x^{\frac{p}{-3}}}{x^{\frac{-p}{3}}} = \dfrac{x^{-\frac{p}{3}}}{x^{-\frac{p}{3}}} = 1$
36.	$\dfrac{x^{\frac{p}{3}}}{x^p}$	$\dfrac{1}{\sqrt[3]{x^{2p}}}$	$\dfrac{x^{\frac{p}{3}}}{x^p} = \dfrac{x^{\frac{p}{3}}}{x^{-(-p)}} = x^{\frac{p}{3}} \cdot x^{-p} = x^{\frac{p}{3}-p} = x^{\frac{p}{3}-\frac{3p}{3}} = x^{-\frac{2p}{3}} = \dfrac{1}{x^{\frac{2p}{3}}} = \dfrac{1}{\sqrt[3]{x^{2p}}}$
37.	$\dfrac{x^{\frac{3}{p}}}{x^3}$	$x^{\frac{3-3p}{p}}$	$\dfrac{x^{\frac{3}{p}}}{x^3} = \dfrac{x^{\frac{3}{p}}}{x^{-(-3)}} = x^{\frac{3}{p}} \cdot x^{-3} = x^{\frac{3}{p}-3} = x^{\frac{3}{p}-\frac{3p}{p}} = x^{\frac{3-3p}{p}}$
38.	$\dfrac{x^p + 3p}{x^3 + p}$	$\dfrac{x^p + 3p}{x^3 + p}$	$\dfrac{x^p + 3p}{x^3 + p} = \dfrac{x^p + 3p}{x^3 + p}$
39.	$\dfrac{x^{-p}}{x^{-3}}$	$\dfrac{x^3}{x^p}$	$\dfrac{x^{-p}}{x^{-3}} = \dfrac{1}{x^{-3} \cdot x^p} = \dfrac{x^3}{x^p}$
40.	$\dfrac{\sqrt{y \cdot z \cdot w \cdot x^2}}{\sqrt{y^4 \cdot z^4 \cdot w^4}}$	$\dfrac{x}{\sqrt{(y \cdot z \cdot w)^3}}$	$\dfrac{\sqrt{y \cdot z \cdot w \cdot x^2}}{\sqrt{y^4 \cdot z^4 \cdot w^4}} = \dfrac{(y \cdot z \cdot w \cdot x^2)^{\frac{1}{2}}}{(y^4 \cdot z^4 \cdot w^4)^{\frac{1}{2}}} = \dfrac{y^{\frac{1}{2}} \cdot z^{\frac{1}{2}} \cdot w^{\frac{1}{2}} \cdot x}{y^2 \cdot z^2 \cdot w^2} = \dfrac{x}{\sqrt{(y \cdot z \cdot w)^3}}$
41.	$\dfrac{\sqrt{y \cdot z^2 \cdot w^3 \cdot x^2}}{\sqrt{x^4 \cdot z^4 \cdot w^2}}$	$\dfrac{\sqrt{y \cdot w}}{z}$	$\dfrac{\sqrt{y \cdot z^2 \cdot w^3 \cdot x^2}}{\sqrt{x^4 \cdot z^4 \cdot w^2}} = \dfrac{(y \cdot z^2 \cdot w^3)^{\frac{1}{2}} \cdot x^2}{(x^4 \cdot z^4 \cdot w^2)^{\frac{1}{2}}} = \dfrac{y^{\frac{1}{2}} \cdot z \cdot w^{\frac{3}{2}} \cdot x^2}{x^2 \cdot z^2 \cdot w} = \dfrac{\sqrt{y \cdot w}}{z}$
42.	$\dfrac{\sqrt{y \cdot z^2 \cdot w^3 \cdot x^2}}{\sqrt{x^4 \cdot z^4 \cdot w^5 \cdot x^6}}$	$\dfrac{\sqrt{y}}{x^6 \cdot w^2 \cdot z}$	$\dfrac{\sqrt{y \cdot z^2 \cdot w^3 \cdot x^2}}{\sqrt{x^4 \cdot z^4 \cdot w^5 \cdot x^6}} = \dfrac{(y \cdot z^2)^{\frac{1}{2}}}{(x^4 \cdot z^4)^{\frac{1}{2}} \cdot w^2 \cdot x^4} = \dfrac{\sqrt{y \cdot z}}{x^2 \cdot z^2 \cdot w^2 \cdot x^4} = \dfrac{\sqrt{y}}{x^6 \cdot w^2 \cdot z}$
43.	$x^{2n} + x^{2n}$	$2 \cdot x^{2n}$	$x^{2n} + x^{2n} = 2 \cdot x^{2n}$
44.	$x^{2n} \cdot x^{2n}$	x^{4n}	$x^{2n} \cdot x^{2n} = x^{2n+2n} = x^{4n}$
45.	$\left(x^{2n} \cdot x^2\right)^n$	$x^{2n(n+1)}$	$\left(x^{2n} \cdot x^2\right)^n = \left(x^{2n+2}\right)^n = \left(x^{2(n+1)}\right)^n = x^{2n(n+1)}$
46.	$\left(x^n \cdot x^2\right)^{2n}$	x^{2n^2+4n}	$\left(x^n \cdot x^2\right)^{2n} = \left(x^{n+2}\right)^{2n} = x^{2n \cdot (n+2)} = x^{2n^2+4n}$
47.	$\dfrac{2^x + 2^x}{2}$	2^x	$\dfrac{2^x + 2^x}{2} = \dfrac{2 \cdot 2^x}{2} = 2^x$
48.	$\dfrac{2^x + 2^x}{2^x}$	2	$\dfrac{2^x + 2^x}{2^x} = \dfrac{2 \cdot 2^x}{2^x} = 2$

Nr.	Aufgaben	Lösung	Ausführlicher Lösungsweg
49.	$\dfrac{2^x \cdot 2^x}{2^x}$	2^x	$\dfrac{2^x \cdot 2^x}{2^x} = 2^x$
50.	$\dfrac{\left(2^x \cdot 2\right)^x}{2^x}$	2^{x^2}	$\dfrac{\left(2^x \cdot 2\right)^x}{2^x} = \dfrac{2^{x^2} \cdot 2^x}{2^x} = 2^{x^2}$
51.	$\dfrac{2(2 \cdot 2)^x}{2^{x+1}}$	2^x	$\dfrac{2(2 \cdot 2)^x}{2^{x+1}} = \dfrac{2 \cdot 2^x \cdot 2^x}{2^{x+1}} = \dfrac{2^x \cdot 2^{x+1}}{2^{x+1}} = 2^x$
52.	$x^n \cdot 2x^n$	$2x^{2n}$	$x^n \cdot 2x^n = 2x^{n+n} = 2x^{2n}$
53.	$x^n \cdot \left(2x^n\right)^a$	$2^a \cdot x^{n \cdot (a+1)}$	$x^n \left(2x^n\right)^a = x^n \cdot 2^a \cdot x^{na} = 2^a \cdot x^{an+n} = 2^a \cdot x^{n(a+1)}$
54.	$\left(x^n \cdot 2x^n\right)^a$	$2^a \cdot x^{2an}$	$\left(x^n \cdot 2x^n\right)^a = x^{an} \cdot 2^a \cdot x^{an} = 2^a \cdot x^{2an}$
55.	$\left(x^n \cdot 2\right) x^n$	$2x^{2n}$	$\left(x^n \cdot 2\right) x^n = 2x^{2n}$

1.4.2 Musteraufgaben mit Algorithmen zum Umformen einfacher Terme

Vollziehen Sie jeden Schritt nach und überprüfen Sie, ob Sie es genauso machen würden.

Musteraufgabe 1

Vereinfachen Sie diesen Term: $\dfrac{6xy^2 - 12xy^3}{9x^3y - 18x^6}$

Lösung	Erläuterungen / Notizen
Kurzlösung: $\dfrac{6xy^2 - 12xy^3}{9x^3y - 18x^6} = \dfrac{6xy^2(1-2y)}{9x^3(y-2x^3)} = \dfrac{2y^2(1-2y)}{3x^2(y-2x^3)} = \dfrac{2y^2 - 4y^3}{3x^2y - 6x^5}$ mit $9x^3y - 18x^2 \neq 0$	

Musterlösung Schritt für Schritt:

Schritt 1: Struktur untersuchen und definieren:

Dies ist ein Bruch mit zwei Summen. Daher kann ich nicht ohne weiteres kürzen. Zunächst müssen die Summen in Produkte umgewandelt werden. Ich bilde Produkte, indem ich die gemeinsamen Elemente der Terme ausklammere.

Schritt 2: Zahlen und Variablen im Zähler ordnen und sortieren.

Die Zahlen sind ein Vielfaches von 6. Also kann ich die 6 vor die Klammer schreiben.

Beide Terme enthalten x und y, deshalb kann ich auch x und y jeweils ausklammern. y ist eine Potenz mit den Exponenten 2 bzw. 3. Daher kann ich nicht nur y, sondern sogar y^2 vor die Klammer ziehen.

Vor der Klammer im Zähler steht nun $6xy^2$. In der Klammer bleiben übrig: $(1-2y)$.

Der neue Zähler lautet $6xy^2(1-2y)$.

Schritt 3: Zahlen und Variablen im Nenner ordnen und sortieren.

Hier sehe ich, dass die Zahlen ein Vielfaches von 9 sind. Also kann ich 9 vor die Klammer schreiben.

Beide Terme enthalten x, aber nur der erste Term auch y, ich kann nur x ausklammern.

x ist eine Potenz mit den Exponenten 3 bzw. 6. Daher kann ich x^3 vor die Klammer schreiben.

Vor der Klammer im Nenner steht nun $9x^3$. In der Klammer bleiben übrig: $(y-2x^3)$.

Der neue Zähler lautet also $9x^3(y-2x^3)$.

Der neue Term lautet: $\dfrac{6xy^2(1-2y)}{9x^3(y-2x^3)}$

Schritt 4: Gemeinsame Elemente in Zähler und Nenner kürzen.

Kürzen 1: 6 mit 9 kürzen, weil beide ein Vielfaches von 3 sind, ergibt 2 und 3,
Kürzen 2: x mit x^3 kürzen, ergibt 1 und x^2.

Ich erhalte: $\dfrac{2y^2(1-2y)}{3x^2(y-2x^3)}$

Schritt 5: Wieder ausklammern und Ergebnis einrahmen.

Jetzt muss überlegt werden, ob die Klammer im Term bestehen bleiben soll. Falls erneut ausgeklammert wird, erhält man diesen Bruch:

$\dfrac{2y^2 - 4y^3}{3x^2y - 6x^5}$

Musteraufgabe 2

Vereinfachen Sie diesen Term: $10 + \frac{1}{4} + \frac{1}{8} + \frac{1}{16}$

Lösung	Erläuterungen / Notizen

Kurzlösung:

$$10 + \frac{1}{4} + \frac{1}{8} + \frac{1}{16} = \frac{160}{16} + \frac{4}{16} + \frac{2}{16} + \frac{1}{16} = \frac{160+4+2+1}{16} = \frac{160+4+2+1}{16} = \frac{167}{16} = 10\frac{7}{16}$$

Musterlösung Schritt für Schritt:

Schritt 1: Struktur untersuchen und definieren:

Es ist eine Summe, bestehend aus einer natürlichen Zahl und drei Brüchen. Diese kann ich nicht ohne weiteres zusammenfassen, da die Brüche keinen gemeinsamen Nenner besitzen.

Schritt 2: Die einzelnen Summanden auf einen gemeinsamen Nenner bringen

Um die Summe zu bilden, ist es notwendig, alle Summanden auf einen gemeinsamen Nenner zu bringen sowie die natürliche Zahl in einen Bruch umzuwandeln.

Ich sehe, dass alle Nenner der Brüche im größten Nenner (16) enthalten sind. Deshalb ist dies der gemeinsame Nenner.

Nun müssen alle anderen Brüche auf den Nenner 16 gebracht werden. Dies wird durch Erweitern erreicht, indem jeweils Nenner und Zähler mit dem gleichen Faktor multipliziert werden.

Der Term lautet nach der Erweiterung der Brüche: $\frac{160}{16} + \frac{4}{16} + \frac{2}{16} + \frac{1}{16}$

Schritt 3: Auf einen Bruchstrich schreiben

Auf einen Bruchstrich geschrieben: $\frac{160+4+2+1}{16}$

Schritt 4: Zähler addieren und Ergebnis einrahmen

Jetzt muss ich nur noch die jeweiligen Zähler addieren und prüfen, ob ich noch kürzen kann. Dies ist der Fall, wenn der Zähler ein Vielfaches vom Nenner ist, oder Zähler und Nenner beide Vielfache von der gleichen ganzen Zahl sind. Hier ist das nicht der Fall:

$$\frac{160+4+2+1}{16} = \frac{167}{16}$$

Dies ist das Ergebnis, wenn der Term aus einem Bruch bestehen soll.

Musteraufgabe 3

Vereinfachen Sie diesen Term: $\dfrac{\frac{1}{6}}{\frac{8}{3}} - \dfrac{\frac{8}{3}}{\frac{1}{6}}$

Lösung	Erläuterungen / Notizen

Kurzlösung:

$$\dfrac{\frac{1}{6}}{\frac{8}{3}} - \dfrac{\frac{8}{3}}{\frac{1}{6}} = \dfrac{1\cdot 3}{6\cdot 8} - \dfrac{8\cdot 6}{3\cdot 1} = \dfrac{1}{16} - \dfrac{16}{1} = \dfrac{1-256}{16} = -\dfrac{255}{16}$$

Musterlösung Schritt für Schritt:

Schritt 1: Struktur untersuchen und definieren

Es ist eine Differenz, bestehend aus zwei Doppelbrüchen. Hier gilt es, den Term zu vereinfachen und ihn anschließend zusammenzufassen. Die Schwierigkeit liegt im Auflösen des Doppelbruches.

Schritt 2: Auflösen des Doppelbruchs

Man formt einen Doppelbruch in einen einfachen Bruch um, indem man den Zähler mit dem Reziproken des Nenners multipliziert.

Der neue Term lautet: $\dfrac{1\cdot 3}{6\cdot 8} - \dfrac{8\cdot 6}{3\cdot 1} =$

Nun kann ich die Produkte in Zähler und Nenner ausrechnen und erhalte: $\dfrac{3}{48} - \dfrac{48}{3}$

Schritt 3: Kürzen

Alle Zahlen sind durch 3 teilbar, ich erhalte damit: $\dfrac{1}{16} - \dfrac{16}{1}$

Schritt 4: Die einzelnen Summanden auf einen gemeinsamen Nenner bringen

Offensichtlich ist 16 der Hauptnenner.

Erweitern des zweiten Bruchs mit 16 liefert mir den neuen Term: $\dfrac{1}{16} - \dfrac{16^2}{16}$

Schritt 5: Auf einen Bruchstrich schreiben

Auf einen Bruchstrich geschrieben: $\dfrac{1-16^2}{16}$

Schritt 4: Zähler zusammenfassen und Ergebnis einrahmen

Jetzt muss ich den Zähler zusammenfassen und prüfen, ob ich kürzen kann. Dies ist der Fall, wenn der Zähler ein Vielfaches vom Nenner ist, oder Zähler und Nenner beide Vielfache von der gleichen Zahl (ganzzahlig) sind. In diesem Beispiel geht dies nicht.

$$\dfrac{1-16^2}{16} = \dfrac{1-256}{16} = -\dfrac{255}{16}$$

Dies ist das Ergebnis, wenn es aus einem Bruch bestehen soll.

1.4.3 Übungsaufgaben zum Umformen einfacher Terme

Vereinfachen Sie die folgenden Terme so weit wie möglich. Schreiben Sie, falls nötig, n ein Rechenheft. Kontrollieren Sie Ihr Ergebnis.

Nr.	Aufgaben	Ergebnis r oder f	Üben von Nr.
56.	$2x^3 + 3x^3 + 4x^3 =$		
57.	$2x^3 + (3x^3 + 4x^3) =$		
58.	$2x^3 - (3x^3 + 4x^3) =$		
59.	$(2x^3 + 3x^3) \cdot 4x^3 =$		
60.	$(2x^3 - (3x^3 \cdot 4x^3)) =$		
61.	$\frac{1}{5}x^3 + \frac{3}{5}x^3 - \frac{2}{5}x^3 =$		
62.	$\frac{1}{5}x^3 - \left(\frac{3}{5}x^3 + \frac{2}{5}x^3\right) =$		
63.	$\left(\frac{1}{5}x^3 - \frac{3}{5}x^3\right) \cdot \frac{2}{5}x^3 =$		
64.	$\frac{1}{5}x^3 - \left(\frac{3}{5}x^3 \cdot \frac{2}{5}x^3\right) =$		
65.	$\frac{1}{5}x^3 - \left(\frac{3}{5}x^3 \cdot \frac{2}{5}x^{-3}\right) =$		
66.	$\left(\frac{1}{5}x^{-3} \cdot \frac{3}{5}x^3\right) - \frac{2}{5}x^3 =$		

Rechentrainiung Termumformungen

Nr.	Aufgaben	Ergebnis r oder f	Üben von Nr.
67.	$-4x^2 + 16x^2 =$		
68.	$(-4x)^2 + 16x^2 =$		
69.	$(-4x)^2 + (16x)^2 =$		
70.	$x \cdot x =$		
71.	$4x - 6x + 3x^2 =$		
72.	$3x - 7y - 11y + 3x - 4 =$		
73.	$4y - 6x \cdot 3y + 5y \cdot 2x =$		
74.	$\dfrac{2x+6}{4} =$		
75.	$\dfrac{2x+16x}{4x} =$		
76.	$7,5x + 6y - 4x + 7y =$		
77.	$4y - 6x + 4y - 6y =$		

Nr.	Aufgaben	Ergebnis r oder f	Üben von Nr.
78.	$16z^2 - 8zx + x^2 =$		
79.	$\dfrac{2x(x-1)^3}{(x-1)^4} =$		
80.	$\dfrac{2x(x-1)^3}{(x-1)^5} =$		
81.	$5x^5 + 5x^5 =$		
82.	$12x^3 + 13x^3 =$		
83.	$4x^2 + 5x^4 =$		
84.	$6x^3 - 5{,}5x^3 =$		
85.	$8a^n - 7a^n =$		
86.	$x^n - 2x^n =$		
87.	$17x^5 + 89x^5 =$		
88.	$25x^7 - 3x^7 =$		

Rechentrainiung Termumfornungen

Nr.	Aufgaben	Ergebnis r oder f	Üben von Nr.
89.	$4x^2 + 3x^2 =$		
90.	$2^x + 2^x =$		
91.	$x^5 \cdot x^3 \cdot 0,5x \cdot 20x^9 =$		
92.	$x^{\frac{1}{4}} + x^{\frac{1}{3}} =$		
93.	$41x^2 + 3x^{-2} =$		
94.	$4x^5 - 3x^5 =$		
95.	$x^{4,5} \cdot 0,2x^4 =$		
96.	$134x^9 - 132x^9 =$		
97.	$4,5x^7 + 4,5x^5 =$		
98.	$12x^{-3} + 13x^{-3} =$		
99.	$16x^4 - 12x^4 =$		

Nr.	Aufgaben	Ergebnis r oder f	Üben von Nr.
100.	$41x^5 - 45x^5 =$		
101.	$4x^{6,5} - \dfrac{3}{4}3x^{6,5} =$		
102.	$13x^{-2} \cdot 15x^{-6} =$		
103.	$\left(27b^4\right)^9 =$		
104.	$6x^4 + 26x^4 =$		
105.	$-(-4x)^2 + \left(-(16x)^2\right) =$		
106.	$(g+h)^2 + (g+h)^2 =$		
107.	$\dfrac{x}{3x} =$		
108.	$\dfrac{x}{-3x} =$		
109.	$\dfrac{-x}{3x} =$		
110.	$\dfrac{x}{3x} - \dfrac{2x}{3x} =$		

Rechentrainiung Termumfornungen

Nr.	Aufgaben	Ergebnis r oder f	Üben von Nr.
111.	$\dfrac{x}{3x} \cdot \dfrac{2x}{3x} =$		
112.	$\left(\dfrac{x}{3x} \cdot \dfrac{2x}{3x}\right)^2 =$		
113.	$\left(-\dfrac{x}{3x} \cdot \dfrac{2x}{3x}\right)^2 =$		
114.	$\left(-\dfrac{x}{3x} \cdot \dfrac{2x}{3x}\right)^3 =$		
115.	$\left(\dfrac{-x}{-3x} \cdot \dfrac{2x}{-3x}\right)^4 =$		
116.	$a^x + 3a^x =$		
117.	$a^x + 3a^{2x} =$		
118.	$a^x \cdot 3a^{2x} =$		
119.	$a^{-x} \cdot 3a^{2x} =$		
120.	$a^{-x} \cdot 3a^{(2x)^2} =$		
121.	$a^x \cdot 3a^{-(2x)^2} =$		

Nr.	Aufgaben	Ergebnis r oder f	Üben von Nr.
122.	$a^x \cdot 3a^{(-2x)^2} =$		
123.	$a^{4x} \cdot 3a^{-(-2x)^2} \cdot a^{-8x} =$		
124.	$a^{-4x} \cdot 3a^{(-2x)^2} \cdot a^{-8x} =$		
125.	$a^{-4x} \cdot 3a^{-(-2x)^2} \cdot a^{8x} =$		
126.	$\dfrac{b^5 + b^n}{b^7} =$		
127.	$\dfrac{b^5 \cdot b^n}{b^7} =$		
128.	$\dfrac{b^{-5} \cdot b^n}{b^7} =$		
129.	$\dfrac{b^{-5} \cdot b^{-n}}{b^7} =$		
130.	$\dfrac{b^{-5} \cdot b^{-n}}{b^{-7}} =$		
131.	$\dfrac{b^{-(-5x)} \cdot b^{-5nx}}{b^{-2nx}} =$		
132.	$\left(\dfrac{4}{3}y - \dfrac{2}{3}x\right) + \left(\dfrac{4}{6}y + \dfrac{8}{6}x\right) =$		

Rechentrainiung Termumfornungen

Nr.	Aufgaben	Ergebnis r oder f	Üben von Nr.
133.	$\left(\dfrac{4}{3}y - \dfrac{2}{3}x\right) - \left(\dfrac{4}{6}y + \dfrac{8}{6}x\right) =$		
134.	$\left(\dfrac{4}{6}y - \dfrac{8}{6}x\right) + \left(\dfrac{4}{3}y + \dfrac{2}{3}x\right) =$		
135.	$\left(\dfrac{4}{6}y - \dfrac{8}{6}x\right) - \left(\dfrac{4}{3}y + \dfrac{2}{3}x\right) =$		
136.	$\dfrac{x^2 + x^4}{x^6} =$		
137.	$\dfrac{2x^2 - x^2}{x^6} =$		
138.	$\dfrac{2x^2 \cdot x^2}{x^6} =$		
139.	$\dfrac{2x^2 \cdot x^2}{x^6 + x^2} =$		
140.	$\dfrac{2x^2 \cdot x^{-2}}{x^6 + x^2} =$		
141.	$\dfrac{2x^2 \cdot x^{-2}}{x^6 \cdot x^2} =$		
142.	$\dfrac{2x^2 \cdot x^{-2}}{x^{-6} \cdot x^2} =$		

Nr.	Aufgaben	Ergebnis r oder f	Üben von Nr.
143.	$\dfrac{2x^{-2} \cdot x^2}{x^{-6} \cdot x^{-2}} =$		
144.	$\dfrac{2x^{-2} \cdot x^{-2}}{x^{-6} \cdot x^{-2}} =$		
145.	$\dfrac{2x^2 \cdot x^{-2}}{x^6 \cdot x^{-2}} =$		
146.	$\left(\dfrac{a}{2b}\right)^2 =$		
147.	$\left(\dfrac{a}{2b}\right)^{-2} =$		
148.	$\left(\dfrac{2a + 2b}{2b}\right) =$		
149.	$\left(\dfrac{2a + 2b + 2c - (-2a - 2b - 2c)}{4a + 4b + 4c}\right) =$		
150.	$\left(\dfrac{a^2}{(2b)^2}\right)^2 =$		
151.	$\dfrac{a^2 - b^2}{(2b)^2 \cdot a^2} =$		
152.	$\dfrac{a^2 \cdot b^2}{(2b)^2 \cdot a^2} =$		
153.	$\dfrac{a^{-2} \cdot b^2}{(2b)^{-2} \cdot a^2} =$		

Nr.	Aufgaben	Ergebnis r oder f	Üben von Nr.
154.	$\dfrac{a^{-2} \cdot b^{-2}}{(2b)^{-2} \cdot a^{2}} =$		
155.	$\dfrac{a^{-2} \cdot b^{-2}}{(2b)^{-2} \cdot a^{-2}} =$		
156.	$(x^{5})^{2} + (x^{3})^{4} =$		
157.	$(x^{5})^{-2} + (x^{3})^{4} =$		
158.	$\left((x^{5})^{2} + (x^{3})^{4}\right)^{2} =$		
159.	$\left((x^{5})^{2}\right)^{2} \cdot x^{3} =$		
160.	$(x^{5})^{2} \cdot (x^{3})^{-2} =$		
161.	$(x^{5})^{-2} \cdot (x^{-3})^{2} =$		
162.	$(x^{-5})^{2} \cdot y^{4} \cdot (x^{4})^{2} =$		
163.	$(x^{-5})^{-2} \cdot y^{-4} \cdot (x^{-4})^{2} =$		
164.	$(y^{-5})^{-2} \cdot (y^{4})^{2} \cdot (x^{4})^{-2} =$		

Rechentrainer "Schlag auf Schlag – Rechnen bis ich's mag"

Nr.	Aufgaben	Ergebnis r oder f	Üben von Nr.
165.	$(y^{-5})^2 \cdot (y^4)^{-2} \cdot (y^{-4})^2 =$		
166.	$4y \cdot 4y^n \cdot 4y^3 \cdot 4y^{12} =$		
167.	$4y^2 \cdot 4y^n + 4y^3 \cdot 4y^{12} =$		
168.	$(4y^2 \cdot 4y^n + 4y^3) 4y^{12} =$		
169.	$4y^2 \cdot (4y^n + 4y^3 \cdot 4y^{12}) =$		
170.	$4y^{-2} \cdot (4y^n + 4y^3 \cdot 4y^{12}) =$		
171.	$(4y^{-2} \cdot 4y^{-n} + 4y^{-3}) 4y^{12} =$		
172.	$\dfrac{4y \cdot 4y^n \cdot 4y^3 \cdot 4y^{12}}{y^n} =$		
173.	$\dfrac{12y^{n-3}}{y} \cdot \dfrac{1}{y^{n+3}} =$		
174.	$\dfrac{4y^8 + 4y^8}{y^8} \cdot \dfrac{1}{y^{16}} =$		
175.	$\dfrac{4y^8 \cdot 4y^8}{y^8} \cdot \dfrac{1}{y^{16}} =$		

Nr.	Aufgaben	Ergebnis r oder f	Üben von Nr.
176.	$\dfrac{4y^8 \cdot 4y^8}{y^{-8}} \cdot \dfrac{1}{y^{16}} =$		
177.	$\dfrac{4y^{-8} \cdot 4y^{-8}}{y^{8}} \cdot \dfrac{1}{y^{-16}} =$		
178.	$\dfrac{\left(\dfrac{x^2}{y^3}\right)}{x^4} =$		
179.	$\dfrac{\left(\dfrac{x^2}{y^3}\right)^2}{(x \cdot y)^2} =$		
180.	$\dfrac{\left(\dfrac{x^{-2}}{y^{-2}}\right)^2}{x \cdot y} =$		
181.	$\dfrac{\left(\dfrac{4x^2}{2y^2}\right)^{-2}}{\left(\dfrac{x}{y}\right)^{-2}} =$		
182.	$\dfrac{\left(\dfrac{4}{3} \cdot \dfrac{x^2}{y^3}\right)}{(x \cdot y)^2} =$		
183.	$\dfrac{\left(\dfrac{1}{2} \cdot \dfrac{x}{y}\right)^2}{x \cdot y} =$		

Nr.	Aufgaben	Ergebnis r oder f	Üben von Nr.
184.	$\dfrac{\left(-\dfrac{1}{2}\cdot\dfrac{x}{y}\right)^2}{-x\cdot y} =$		
185.	$\dfrac{\left(-\dfrac{1}{2}\cdot\dfrac{x}{y}\right)^{-2}}{(-x\cdot y)^{-2}} =$		
186.	$\sqrt{x^2\cdot y^2} =$		
187.	$\sqrt{x^4\left(y^2\right)^2} =$		
188.	$\sqrt{-2x^4 + 6x^4} =$		
189.	$\sqrt{4y^8\cdot 9x^6\cdot 25} =$		
190.	$\sqrt{\sqrt{16y^8\cdot\dfrac{1}{16}x^{16}}} =$		
191.	$\sqrt[4]{16y^8\cdot\dfrac{1}{16}x^{16}} =$		
192.	$\dfrac{\sqrt[4]{16y^8\cdot\dfrac{1}{16}x^{12}}}{16y^8\cdot\dfrac{1}{16}x^{12}} =$		

Nr.	Aufgaben	Ergebnis r oder f	Üben von Nr.
193.	$\dfrac{\sqrt[4]{16y^8 \cdot \frac{1}{16}x^{12}}}{\sqrt{16y^8 \cdot \frac{1}{16}x^{12}}} =$		
194.	$\dfrac{\sqrt[8]{y^8 \cdot x^{12}}}{\sqrt[4]{y^8 \cdot x^{12}}} =$		
195.	$\dfrac{\sqrt{\sqrt[4]{y^8 \cdot x^{12}}}}{\sqrt{\sqrt{y^8 \cdot x^{12}}}} =$		
196.	$\dfrac{\sqrt{4x}}{4x} =$		
197.	$\dfrac{4x}{\sqrt{4x}} =$		
198.	$\dfrac{(4x)^2}{\sqrt{4x}} =$		
199.	$\dfrac{\left((4x)^2\right)^{\frac{1}{2}}}{\left(\sqrt{4x}\right)^2} =$		
200.	$\dfrac{(-4x)^2}{\left(-\sqrt{4x^2}\right)^2} =$		
201.	$\sqrt{4x^2} + \sqrt{4x^2} =$		

Nr.	Aufgaben	Ergebnis r oder f	Üben von Nr.
202.	$\sqrt{4x^2} \cdot \sqrt{4x^2} =$		
203.	$\sqrt{4x^2} \cdot \left(\sqrt{4x^2}\right)^2 =$		
204.	$\left(\sqrt[4]{16x^8}\right)^2 \cdot \sqrt{4x^2} =$		
205.	$(2a - 4b) - (4a - 4b) =$		
206.	$(-(2a - 4b) - (4a - 2b)) =$		
207.	$(-(2a + 4b)) + (-(4a - 4b)) =$		
208.	$(-(-(2a - 4b))) - (-(4a + 4b)) =$		
209.	$(-(4a - 4b)) + (-(4b + 2a)) =$		
210.	$\dfrac{a^2 \cdot b^2 \cdot c^2}{(abc)^2} =$		
211.	$\dfrac{\left(2a^2 \cdot b^2\right) + 2c^2}{(abc) \cdot 2} =$		
212.	$\dfrac{a^2 \cdot \left(b^2 + 2c^2\right)}{(abc)} =$		

Nr.	Aufgaben	Ergebnis r oder f	Üben von Nr.
213.	$\dfrac{a^2 \cdot (b^2 \cdot 2c^2)}{(abc) + 2abc} =$		
214.	$\dfrac{a^2 \cdot b^2 (2c + b)}{(abc + 2abc) \cdot ab} =$		
215.	$\dfrac{a^{-2} \cdot b^{-2} (2c)}{(abc)^{-2}} =$		
216.	$\dfrac{a^4 \cdot b^3 \cdot c^2 + 4}{(a^4 \cdot b^3 \cdot c^2)} =$		
217.	$\dfrac{a^4 \cdot b^3 (c^2 + 4)}{(abc)^3} =$		
218.	$\dfrac{(e+d)^2 + (e+d)^2}{(e+d)} =$		
219.	$\dfrac{(e+d)^2 \cdot (e+d)^2}{(e+d)} =$		
220.	$\dfrac{(e-d)^{-4} \cdot (e-d)^3}{(e-d) \cdot 4^{-2}} =$		
221.	$\dfrac{y^{n-3} + 2y^{n-3}}{3} =$		
222.	$\dfrac{y^{n-3} \cdot 2y^{n-3}}{3y^n} =$		
223.	$\dfrac{y^{n+3} \cdot 2y^{n-3}}{3y^{n+3} + y^{n+3}} =$		

Nr.	Aufgaben	Ergebnis r oder f	Üben von Nr.
224.	$\left(4\left(4y^{-3}\right)\right)^{-2} \cdot (16)^{-2} =$		
225.	$\dfrac{2a(a-1)^3}{(a-1)} =$		
226.	$\dfrac{2a(a-1)^3}{(a-1)^2} =$		
227.	$\dfrac{2a(a-1)^3}{(a-1)^3} =$		
228.	$\dfrac{2a(a-1)^3}{(a-1)^4} =$		
229.	$\dfrac{2a+(a-1)^3}{(a-1)^3} =$		
230.	$\dfrac{4b(b+3)^2}{b^2+6b+9} =$		
231.	$\dfrac{\sqrt[4]{xy}}{\sqrt[8]{xy}} =$		
232.	$\sqrt[4]{xy} \cdot \sqrt[8]{xy} =$		
233.	$\sqrt[4]{xy} \cdot \sqrt[8]{xy} + 2\sqrt[8]{(xy)^3} =$		
234.	$\sqrt[4]{xy} \cdot \left(\sqrt[8]{xy}\right)^{-1} =$		

Nr.	Aufgaben	Ergebnis r oder f	Üben von Nr.
235.	$\dfrac{\left(\sqrt{4+x-y}\right)^2}{\sqrt{(4+x-y)^2}} =$		
236.	$\dfrac{\left(\sqrt{4+x-y}\right)}{\left(\sqrt{4+x-y}\right)^{-1}} =$		
237.	$\dfrac{\left(\sqrt{4+x-y}\right)^{-2}}{\left(\sqrt{4+x-y}\right)^{2}} =$		
238.	$\dfrac{(cd)^2 + c^2}{c} =$		
239.	$\dfrac{(cd)^2 \cdot c^2}{c} =$		
240.	$\dfrac{(cd)^4 \cdot c^{-2}}{(cd)^3} =$		
241.	$\dfrac{(cd)^{-4} \cdot c^{-2}}{(cd)^3} =$		
242.	$\dfrac{(cd)^{-4} \cdot c^{-2}}{(cd)^{-3}} =$		
243.	$\dfrac{(g+h)^2 + (g+h)^2}{(g+h)^3} =$		
244.	$\dfrac{(g+h)^2 + (g+h)^4}{(g+h)^3 + (g+h)} =$		
245.	$\dfrac{(g+h)^2 \cdot (g+h)^4}{(g+h)^3 + (g+h)} =$		

Nr.	Aufgaben	Ergebnis r oder f	Üben von Nr.
246.	$\dfrac{(g+h)^2 \cdot (g+h)^4}{(g+h)^3 \cdot (g+h)} =$		
247.	$\sqrt{d+1} + \sqrt{d+1} =$		
248.	$\sqrt{d+1} \cdot \sqrt{d+1} =$		
249.	$\left(\sqrt{d+1} \cdot \sqrt{d+1}\right)^2 =$		
250.	$\dfrac{\left(\sqrt{d+1} \cdot \sqrt{d+1}\right)^4}{\left(\sqrt{d+1}\right)^8} =$		
251.	$\dfrac{\left(-\sqrt{d+1} \cdot \sqrt{d+1}\right)^4}{\left(\left(-\sqrt{d+1}\right)^4\right)^3} =$		
252.	$s^{\frac{n}{2}} + 4s^{\frac{n}{2}} =$		
253.	$s^{\frac{n}{2}} \cdot 4s^{\frac{n}{2}} =$		
254.	$s^{\frac{n}{2}} \cdot 4s^{\frac{2}{n}} =$		
255.	$s^{\left(\frac{n}{2}\right)^2} \cdot 4s^{\left(-\frac{n}{2}\right)^2} =$		
256.	$\dfrac{t^{\frac{n}{4}} \cdot t^{\frac{2n}{4}}}{t^{\frac{4n}{4}}} =$		

Rechentraining Termumformungen

Nr.	Aufgaben	Ergebnis r oder f	Üben von Nr.
257.	$\dfrac{t^{\frac{-n}{2}} \cdot t^{\frac{2n}{2}}}{t^{\frac{4n}{8}}} =$		
258.	$\dfrac{t^{\frac{-n}{2}} \cdot t^{\frac{2n}{-2}}}{t^{\frac{4n}{8}}} =$		
259.	$\dfrac{t^{\frac{-n}{2}} \cdot t^{\frac{2n}{-2}}}{t^{\frac{-4n}{8}}} =$		

1.4.4 Zusatzaufgaben zum Umformen einfacher Terme

Vereinfachen Sie die folgenden Terme so weit wie möglich. Schreiben Sie in ein Rechenheft. Kontrollieren Sie Ihr Ergebnis.

Nr.	Aufgaben	Ergebnis r oder f	Nr.	Aufgaben	Ergebnis r oder f
260.	$\left(a^4\right)^3 =$		314.	$\sqrt{16} \cdot x - 12x^4 =$	
261.	$(ab)^{3pq} =$		315.	$5\sqrt{x-2} \cdot 4 \cdot 625 =$	
262.	$x^{p-3} \cdot x^3 =$		316.	$\dfrac{2x(x-1)^3}{x-1} =$	
263.	$34x^4 \cdot 34x^{-4} =$		317.	$(x \cdot y)^2 \cdot x^2 \cdot x =$	
264.	$49^n \cdot 7^n =$		318.	$\dfrac{2x(x-1)^3}{(x-1)^2} =$	
265.	$\left(3 \cdot s^4 \cdot t^3\right)^2 \cdot s^2 \cdot t^5 =$		319.	$\dfrac{\sqrt{x+16}}{x+16} =$	
266.	$16n^2 \cdot \dfrac{1}{256} n^2 =$		320.	$\dfrac{2x(x-1)^3}{(x-1)^3} =$	
267.	$(xy)^2 \cdot x^2 \cdot x =$		321.	$\dfrac{x+16}{\sqrt{x+16}} =$	
268.	$(xy)^{-2} \cdot (yx)^8 =$		322.	$6x^{\frac{1}{4}} + 26x^{\frac{2}{3}} =$	
269.	$\left(a^2 \cdot b^3\right)^4 =$		323.	$17x\sqrt{5} + 89x^5 =$	
270.	$\left(x^4 \cdot y\right)^n =$		324.	$\sqrt[3]{4} \cdot x^7 + 4{,}5x^5 =$	
271.	$\left(x^{44}\right)^2 \cdot x^{44} \cdot 2x^{33} =$		325.	$\sqrt{4x^2 + 5x^4} =$	
272.	$(xy)^2 \cdot (yx)^8 =$		326.	$\sqrt{25x^7 - 3x^7} =$	
273.	$x^{44} \cdot 2x^{33} =$		327.	$x^{4,5} \cdot 0{,}2x^{\frac{1}{4}} =$	
274.	$\left(3ab^p\right)^q =$		328.	$\left(\sqrt{a+1} + \sqrt{a-1}\right)\left(\sqrt{a+1} - \sqrt{a-1}\right) =$	

Rechentrainer "Schlag auf Schlag – Rechnen bis ich's mag"

Nr.	Aufgaben	Ergebnis r oder f	Nr.	Aufgaben	Ergebnis r oder f
275.	$23x^4 \cdot 24x^5 =$		329.	$\dfrac{(1-x) \cdot (x+2)^2}{x^2} =$	
276.	$34x^6 - 39x^6 =$		330.	$7{,}5x + 6y - 4y + 7x =$	
277.	$a^p \cdot a^q =$		331.	$w^4 \cdot w^7 + w^{11} =$	
278.	$(x^4 \cdot x^3) + 2x =$		332.	$w^4 \cdot (w^7 + w^{11}) =$	
279.	$23x^4 \cdot 24x^{-2} =$		333.	$w^4 + (w^7 \cdot w^{11}) =$	
280.	$3b^5 \cdot 8b =$		334.	$\dfrac{w^4 + (w^7 \cdot w^{11})}{4w^2 + 3w^2} =$	
281.	$(9a^3)^p =$		335.	$\dfrac{w^{-4} \cdot w^7 \cdot w^{-11}}{(4w^2 + 3w^2) \cdot w^{-4}} =$	
282.	$3 \cdot s^4 \cdot t^3 =$		336.	$\dfrac{w^4 \cdot w^{-7} \cdot w^{11}}{(4w^2 + 3w^2)^{-2} \cdot w^4} =$	
283.	$3x^2 \cdot 5x^5 =$		337.	$\dfrac{4w^2 \cdot w^3 - (18w^4 \cdot 3w^2)}{5w^9 \cdot 10w^{-3}} =$	
284.	$x^{4,5} \cdot 0{,}2x =$		338.	$\dfrac{4w^2 \cdot w^3 - (18w^4 \cdot 3w^2)}{5w^{-9} \cdot 10w^3} =$	
285.	$x^2 \cdot y^3 \cdot x \cdot y^2 =$		339.	$\dfrac{3w^5 \cdot 4w^2 \cdot 7w^9}{4w^7 \cdot 14w^3 \cdot w^5} =$	
286.	$4x^{6,5} - 3x^{6,5} =$		340.	$\dfrac{3w^{-5} \cdot 4w^2 \cdot 7w^9}{4w^{-7} \cdot 14w^3 \cdot w^5} =$	
287.	$x^{-(n+1)} \cdot x^{n-1} =$		341.	$\dfrac{3w^{-5} \cdot 4w^{-2} \cdot 7w^9}{4w^{-7} \cdot 14w^{-3} \cdot w^5} =$	
288.	$\left(x^{-(n+1)} \cdot x^{n-1}\right)^{n+3} =$		342.	$\dfrac{3w^{-5} \cdot 4w^{-2} \cdot 7w^{-9}}{4w^{-7} \cdot 14w^{-3} \cdot w^{-5}} =$	
289.	$2x^4 \cdot (x^{37} \cdot 5x^{22} \cdot 12x^8) =$		343.	$\dfrac{16d^{\frac{1}{4}}}{8d^{\frac{1}{3}}} =$	
290.	$(125x^2)^p =$		344.	$\dfrac{16d^{-\frac{1}{4}}}{8d^{\frac{1}{3}}} =$	
291.	$\dfrac{1}{2}x^3 \cdot x^5 - 45x^5 =$		345.	$\dfrac{(16d)^{\frac{1}{4}}}{(8d)^{\frac{1}{3}}} =$	
292.	$x^{k-2} \cdot x^{k-3} =$		346.	$\dfrac{(16d)^{-\frac{1}{4}}}{(8d)^{\frac{1}{3}}} =$	
293.	$9^p \cdot 3^p =$		347.	$\dfrac{(16d)^{\frac{1}{4}}}{(8d)^{-\frac{1}{3}}} =$	

Rechentrainiung Termumfornungen

Nr.	Aufgaben	Ergebnis r oder f	Nr.	Aufgaben	Ergebnis r oder f
294.	$(x \cdot y^2)^3 =$		348.	$\dfrac{(16d)^{\frac{1}{4}} \cdot (8d)^{-\frac{1}{3}}}{(8d)^{\frac{1}{3}}} =$	
295.	$x^4 \cdot x^3 =$		349.	$\dfrac{(16d)^{-\frac{1}{4}} \cdot (8d)^{\frac{1}{3}}}{(8d)^{\frac{1}{3}}} =$	
296.	$(15{,}5 - 7{,}5)^2 \cdot x \cdot x^2 =$		350.	$\dfrac{(16d)^{-\frac{1}{4}} \cdot (8d)^{-\frac{1}{3}}}{(8d)^{-\frac{1}{3}}} =$	
297.	$23a^2 \cdot 23b \cdot 23c^3 \cdot 23e =$		351.	$(7z - 9u) + (14z - 3u) - (4z - 9u) =$	
298.	$2(3x^5 \cdot 0{,}6x^3) 25x^3 + 20x^3 =$		352.	$(7z + 9u) - (14z + 3u) + (4z + 9u) =$	
299.	$2x^4 \cdot (x^{37} \cdot 5x^{22} \cdot 12x^8) + 2x - x^2 =$		353.	$\sqrt{(4u)^{-2}} =$	
300.	$(x^{-5} \cdot 6x^5)^4 =$		354.	$\sqrt{(4u)^{-2}} \cdot \sqrt{(4u)^{-2}} =$	
301.	$((x+y)^2)^3 =$		355.	$\sqrt{4u^{-2}} =$	
302.	$(23x^5 \cdot 0{,}2x^3) 0{,}5x^6 \cdot 20x^9 =$		356.	$\sqrt{4u^{-2}} \cdot \sqrt{4u^{-2}} =$	
303.	$x^5 \cdot x^3 \cdot 0{,}5x \cdot 20x^9 =$		357.	$\dfrac{\sqrt{4u^2}}{\sqrt{(4u)^2}} =$	
304.	$(xyz)^{14} \cdot (xyz)^{-12} =$		358.	$\dfrac{(k+1)^{-3} \cdot (k+1)^7}{(k+1) + (k+1)} =$	
305.	$(\sqrt{g \cdot h})^{\frac{1}{2}} =$		359.	$\dfrac{(k+1)^3 \cdot (k+1)^{-7}}{(k+1)^{-2} + (k+1)^{-2}} =$	
306.	$\sqrt{g \cdot h} =$		360.	$\dfrac{(k+1)^3 \cdot (k+1)^{-7}}{(k+1)^{-2} \cdot (k+1)^{-2}} =$	
307.	$-\sqrt{a+1} + \sqrt{a+1} - \sqrt{a-1} =$		361.	$\dfrac{x^{n-5} + 3x^{n-5}}{x^{n-5}} =$	
308.	$\sqrt[3]{15 - 64 \cdot 4^{3p-3}} =$		362.	$\dfrac{x^{n-5} \cdot 3x^{n-5}}{x^{n-5}} =$	
309.	$34x^6 - 39x \cdot \sqrt[3]{8 \cdot x^6} =$		363.	$\dfrac{x^{-(n-5)} \cdot x^{n-5}}{3x^{n-5} + 4x^{-(-n+5)}} =$	
310.	$134\sqrt{9} \cdot x^9 - 132x^9 =$		364.	$\dfrac{16x^{n-10} \cdot 2x^{n+10}}{8x^n} =$	
311.	$\sqrt[3]{x^{12}} =$		365.	$\dfrac{4x^{n-20} + 8x^{2(n-10)}}{12x^{-(-2n+20)}} =$	
312.	$23x + x^5 \cdot x^2 \cdot 0{,}5x^6 \cdot 20 - \sqrt{2x} - 13x^9 =$		366.	$\dfrac{x^{\frac{2n}{10}} + x^{\frac{4n}{20}}}{x^{\frac{n}{5}}} =$	

Rechentrainer "Schlag auf Schlag – Rechnen bis ich's mag"

Nr.	Aufgaben	Ergebnis r oder f	Nr.	Aufgaben	Ergebnis r oder f
313.	$\sqrt[3]{6x^3 - 5{,}5x^3} =$		367.	$\dfrac{x^{\frac{2n}{10}} \cdot x^{\frac{4n}{20}}}{x^{\frac{n}{5}}} =$	

1.5 Schwierige Terme

Vereinfachen Sie die folgenden Terme und fassen Sie sie so weit wie möglich zusammen:

1.5.1 Musteraufgaben mit Algorithmus – Schwierige Terme

Musteraufgabe 4

Vereinfachen Sie den folgenden Term: $\dfrac{6(s^2 t^2)t^5 + 3s^3 t^2}{s(st^2 + 2t^2 s)}$

Lösung	Erläuterungen / Notizen
Kurzlösung: $\dfrac{6(s^2 t^2)t^5 + 3s^3 t^2}{s(st^2 + 2t^2 s)} = \dfrac{3s^2 t^2 (2t^5 + s)}{3s^2 t^2} = 2t^5 + s$ **Musterlösung Schritt für Schritt:** **Schritt 1: Struktur untersuchen und definieren** Dies ist ein Bruch mit Summen und Produkten. Daher kann ich nicht ohne weiteres kürzen. Ich muss Zähler und Nenner vereinfachen und aus den Summen Produkte bilden, um kürzen zu können. Ich bilde Produkte, indem ich gemeinsame Elemente der Terme ausklammere. **Schritt 2: Zahlen und Variablen im Zähler ordnen und sortieren** Ich sehe, dass die Zahlen ein Vielfaches von 3 sind, und kann daher die 3 vor die Klammer schreiben. Beide Summanden enthalten s und t. Im zweiten Summanden ist t^2 enthalten. Somit kann ich im Zähler t^2 ausklammern. s kommt im ersten Summanden als s^2 und im zweiten Summanden als s^3 vor. s^2 kann also ausgeklammert werden. Der neue Zähler lautet dann: $3s^2 t^2 (2t^5 + s)$ **Schritt 3: Zahlen und Variablen im Nenner ordnen und sortieren.** Hier sehe ich, dass ich die Summe in den Klammern zu $3st^2$ zusammenfassen kann. Multipliziert mit s lautet der neue Nenner: $3s^2 t^2$ Der gesamte umgeformte Term lautet: $\dfrac{3s^2 t^2 (2t^5 + s)}{3s^2 t^2}$ **Schritt 4: Gemeinsame Elemente in Zähler und Nenner kürzen.** Der gesamte Nenner ist im Zähler enthalten. Daher kann dieser Term gekürzt werden: Im Zähler bleibt stehen: $(2t^5 + s)$ Ich erhalte als vereinfachten Term: $2t^5 + s$	

Musteraufgabe 5

Vereinfachen Sie den folgenden Term: $\dfrac{a - x - \left(\dfrac{1}{2}a - \dfrac{1}{2}x - \dfrac{1}{2}bc\right)}{b} x - cx$

Lösung	Erläuterungen / Notizen

Kurzlösung:

$$\dfrac{a - x - \left(\dfrac{1}{2}a - \dfrac{1}{2}x - \dfrac{1}{2}bc\right)}{b} x - cx = \dfrac{a - x - \dfrac{1}{2}a + \dfrac{1}{2}x + \dfrac{1}{2}bc}{b} x - cx =$$

$$\dfrac{a}{b}x - \dfrac{x^2}{b} - \dfrac{a}{2b}x + \dfrac{x^2}{2b} + \dfrac{bc}{2b}x - cx = \dfrac{a}{2b}x - \dfrac{x^2}{2b} + \dfrac{c}{2}x - cx$$

$$= \dfrac{a}{2b}x - \dfrac{x^2}{2b} - \dfrac{c}{2}x$$

Musterlösung Schritt für Schritt:

Schritt 1: Struktur untersuchen und definieren

Dies ist die Differenz eines Bruches und einer reellen Zahl.

Schritt 2: Vereinfachen des Bruchs

Ich kann zuerst die Klammer im Zähler auflösen, indem jedes Glied in der Klammer mit -1 multipliziert wird.

So erhalte ich: $\dfrac{a - x - \dfrac{1}{2}a + \dfrac{1}{2}x + \dfrac{1}{2}bc}{b} x$

Nun dividiere ich jedes Glied des Nenners durch b und multipliziere es dann jeweils mit x. Außerdem bringe ich die Brüche auf einen gemeinsamen Nenner.

Dies ergibt: $\dfrac{a}{b}x - \dfrac{x^2}{b} - \dfrac{a}{2b}x + \dfrac{x^2}{2b} + \dfrac{bc}{2b}x = \dfrac{2a}{2b}x - \dfrac{2x^2}{2b} - \dfrac{a}{2b}x + \dfrac{x^2}{2b} + \dfrac{bc}{2b}x$

Nun fasse ich zusammen und erhalte: $\dfrac{a}{2b}x - \dfrac{x^2}{2b} + \dfrac{c}{2}x$

Schritt 3: Bilden der Differenz und Ergebnis einrahmen

Ich sehe, dass die Differenz ohne viele Umformungen gebildet werden kann, da aus dem Bruch ein einfacher Term geworden ist, der nur additive und subtraktive Verknüpfungen enthält.

Ich subtrahiere nur noch $cx = \dfrac{2c}{2}x$ und erhalte: $\boxed{\dfrac{a}{2b}x - \dfrac{x^2}{2b} - \dfrac{c}{2}x}$.

Rechentrainer "Schlag auf Schlag – Rechnen bis ich's mag"

1.5.2 Übungsaufgaben zum Umformen schwieriger Terme

Vereinfachen Sie die folgenden Terme so weit wie möglich. Schreiben Sie, falls nötig, in ein Rechenheft. Kontrollieren Sie Ihr Ergebnis.

Nr.	Aufgabe	Ergebnis r oder f	Üben von Nr.
368.	$\left(\sqrt{((x \cdot x)+(x \cdot x))^2}\right)^4 =$		
369.	$\left(\sqrt[3]{z^3 \cdot x^5 \cdot w^6}\right)^3 =$		
370.	$\sqrt{(a^3 \cdot b^3 \cdot c^3)^4} =$		
371.	$\sqrt{(5a^3 \cdot 5b^3 \cdot 5c^3)^4} \cdot \frac{1}{5} =$		
372.	$(a^3 \cdot b^3 \cdot c^3) \cdot ((a^3 \cdot b^3 \cdot c^3))^4 =$		
373.	$(a+b)^2 - (a+b)^3 =$		
374.	$\left(\sqrt{(a^3 \cdot b^3 \cdot c^3)^4}\right)^2 =$		
375.	$\left(\sqrt{16 \cdot x^2} + \frac{1}{4} \cdot x^2\right)^2 =$		
376.	$\sqrt[4]{\left(\sqrt{(a^3 \cdot b^3 \cdot c^3)^4}\right)^2} =$		
377.	$(a-b)^2 + (a^2 - 2ab)^2 + b^2 - a^2 =$		
378.	$(a^2 - 2ab)^2 =$		

Nr.	Aufgabe	Ergebnis r oder f	Üben von Nr.
379.	$\left(a^2 - 2ayb\right)^2 \cdot \left(a^2 - 2axb\right)^2 - (x \cdot y)^2 =$		
380.	$(a+b)^5 =$		
381.	$\left(\sqrt{\left(a^3 \cdot b^3 \cdot c^3\right)^4}\right)^2 \cdot \sqrt{\left(a^3 \cdot b^3 \cdot c^3\right)^4} =$		
382.	$(a-b)^2 + \left(a^2 - 2ab\right)^2 + b^2 - a^2 + a^{-2} - b^{-2} =$		
383.	$(a+b)^6 =$		
384.	$(a+b)^7 =$		
385.	$\left(\left(3 \cdot s^4 \cdot t^3\right)^2 \cdot s^2 \cdot t^5\right)^{-2} =$		
386.	$(a+b)^8 =$		
387.	$\left(\left(a^{-2} \cdot t^{-6}\right)^{-3}\right)^3 =$		
388.	$\dfrac{\sqrt{x^2 \cdot x \cdot 4} + \sqrt{x^2 \cdot x \cdot 4}}{\sqrt{x^2 \cdot x \cdot 4}} =$		
389.	$\dfrac{\sqrt{y \cdot z \cdot w \cdot x^2}}{\sqrt{y \cdot z \cdot w}} =$		

Nr.	Aufgabe	Ergebnis r oder f	Üben von Nr.
390.	$\dfrac{(a^2 + 2ab + b^2)(a+b)^2}{(a+b)^4} =$		
391.	$\dfrac{(a^2 + 2ab + b^2)(a+b)^2}{(a+b)^6} =$		
392.	$\dfrac{a^3 \cdot b^3 \cdot c^3}{(a \cdot b \cdot c)^5} \cdot \dfrac{a^3 \cdot b^3 \cdot c^3}{(a \cdot b \cdot c)^4} =$		
393.	$\dfrac{x^2 + x^4}{x^6} =$		
394.	$\dfrac{(x^3) + (x^2)^5}{(x^4)^3} =$		
395.	$\dfrac{(x)^6}{(x^4) + (x^2)^4} =$		
396.	$\left(\sqrt{\dfrac{x \cdot \frac{x^2}{x}}{x^4}}\right)^8 =$		
397.	$\dfrac{\sqrt{x^2}}{\frac{2}{\frac{8}{x^2}}} =$		
398.	$\sqrt[3]{\dfrac{c^3 \cdot d^3 \cdot e^3 \cdot f^3}{(c \cdot d \cdot e \cdot f)^3}} =$		
399.	$\dfrac{\frac{x}{x^2} + x}{x^6} =$		
400.	$\dfrac{y^2 + y^6 + x^3}{y^2 + y^6} =$		

Rechentraining Termumformungen

Nr.	Aufgabe	Ergebnis r oder f	Üben von Nr.
401.	$\dfrac{\dfrac{z^2}{w^2}}{\dfrac{x^2}{y^2}} =$		
402.	$\sqrt{\dfrac{y^6 \cdot y^2}{y^5} + \dfrac{y^6 \cdot y^2}{y^5}} =$		
403.	$\dfrac{\sqrt{x^2}}{\dfrac{2}{\dfrac{8}{x^2}}} \cdot x^6 =$		
404.	$\sqrt[3]{\dfrac{c^3 \cdot d^3 \cdot e^3 \cdot f^3}{(c \cdot d \cdot e \cdot f)^3} \cdot \dfrac{c^3 \cdot d^3 \cdot e^3 \cdot f^3}{(c \cdot d \cdot e \cdot f)^3}} =$		
405.	$\dfrac{\sqrt{\sqrt{16 \cdot x^2} \cdot \sqrt{16 \cdot x^2}}}{\sqrt{16 \cdot x^2} \cdot \sqrt{16 \cdot x^2}} =$		
406.	$\dfrac{\sqrt{16 \cdot x^2} \cdot \dfrac{1}{4} \cdot x^2}{x^2 \cdot 4} =$		
407.	$\dfrac{\sqrt{x^2 \cdot x \cdot 4} \cdot \sqrt{x^2 \cdot x \cdot 4}}{\sqrt{x^2 \cdot x \cdot 4}} =$		
408.	$\dfrac{\sqrt{y \cdot z \cdot w} + x^2}{\sqrt{y \cdot z \cdot w}} \cdot \sqrt{y \cdot z \cdot w} =$		
409.	$\dfrac{a^3 \cdot b^3 \cdot c^3}{(a \cdot b \cdot c)^5} \cdot \dfrac{a^3 \cdot b^3 \cdot c^3}{(a \cdot b \cdot c)^4} \cdot \dfrac{a^3 \cdot b^3 \cdot c^3}{(a \cdot b \cdot c)^3} =$		
410.	$\left(\dfrac{\sqrt{\sqrt{16 \cdot x^2} \cdot \sqrt{16 \cdot x^2}}}{\sqrt{\sqrt{16 \cdot y^2} \cdot \sqrt{16 \cdot x^2}}} \right)^2 =$		
411.	$\dfrac{\sqrt{x^2 \cdot x \cdot 4} \cdot 1225 \cdot \sqrt{x^2 \cdot x \cdot 4}}{\sqrt{x^2 \cdot x \cdot 4} \cdot 35} =$		

Nr.	Aufgabe	Ergebnis r oder f	Üben von Nr.
412.	$\dfrac{0{,}5x^2 \cdot 0{,}25x^3 \cdot 0{,}125x^4 \cdot 0{,}125x^5}{0{,}125x^5 \cdot 0{,}125x^4 \cdot 0{,}25x^3} \cdot \dfrac{0{,}25}{0{,}125} =$		
413.	$\left(\dfrac{\sqrt{x^2 \cdot x \cdot 4} \cdot 1225 \cdot \sqrt{x^2 \cdot x \cdot 4}}{\sqrt{x^2 \cdot x \cdot 4} \cdot 35}\right) \cdot \dfrac{35}{1225} =$		
414.	$\dfrac{(a-b)^2 + a^2 - 2ab + b^2}{a^2 - 2ab + b^2} =$		
415.	$\left(\dfrac{x+y}{\sqrt{x^2 \cdot y^2}} \cdot \sqrt{x^2 \cdot y^2}\right)^2 =$		
416.	$\dfrac{0{,}5x^2 \cdot 0{,}25x^3 \cdot 0{,}125x^4 \cdot 0{,}125x^5}{0{,}125x^5 \cdot 0{,}125x^4 \cdot 0{,}25x^3} \cdot \left(\dfrac{0{,}25}{0{,}125}\right)^2 =$		
417.	$\dfrac{\sqrt[3]{s^8 t^7}}{\sqrt[3]{s^5 t^3}} =$		
418.	$\dfrac{x^{2n+1} \cdot y^{n+1}}{(xy)^n} =$		
419.	$\dfrac{1}{\left(c^{-4}\right)^{-2}} =$		
420.	$\dfrac{1}{j^{-3}} \cdot \dfrac{\frac{1}{j^{-3}}}{h^{-2}} =$		
421.	$\left(\dfrac{\sqrt{16 \cdot x^2} + 4 \cdot x}{\sqrt{16 \cdot x^2}}\right) \cdot \dfrac{1}{8} =$		
422.	$\left(\left(\dfrac{\sqrt{16 \cdot x^2} + 4 \cdot x}{\sqrt{16 \cdot x^2}}\right) \cdot \dfrac{1}{8}\right) \cdot \dfrac{64}{8} =$		

Rechentrainiung Termumfornungen

Nr.	Aufgabe	Ergebnis r oder f	Üben von Nr.
423.	$\dfrac{\left(\sqrt{16\cdot x^2}+\dfrac{1}{4}\cdot x^2\right)^2}{\sqrt{16\cdot x^2}+\dfrac{1}{4}\cdot x^2} =$		
424.	$\left(\dfrac{\left(x^2\cdot x\cdot 4\right)}{2}\right)^4 =$		
425.	$\sqrt{\left(a^3\cdot b^3\cdot c^3\right)^4}\dfrac{\left(\sqrt{\left(a^3\cdot b^3\cdot c^3\right)^4}\right)^2}{\sqrt{\left(a^3\cdot b^3\cdot c^3\right)^4}} =$		
426.	$\dfrac{\left(\left(x^4\right)^2\right)+\left(x^6\right)^5}{\left(\left(\left(x^2\right)^4\right)^6\right)^8} =$		
427.	$\dfrac{\left(\dfrac{x^5}{y^4}\right)^3}{\left(\dfrac{x^4}{y^5}\right)^3} =$		
428.	$\dfrac{\left(\sqrt{\left(\left(x\cdot x\right)+\left(x\cdot x\right)\right)^2}\right)^4}{\left(\left(x\cdot x\right)+\left(x\cdot x\right)\right)^2} =$		
429.	$\left(\dfrac{\sqrt{\sqrt{16\cdot x^2}\cdot\sqrt{16\cdot x^2}}}{\sqrt{16\cdot x^2}\cdot\sqrt{16\cdot x^2}}\right)^2 =$		
430.	$\sqrt[2]{\left(\dfrac{\left(x^2\cdot x\cdot 4\right)}{8}\cdot 0,25\right)^4} =$		
431.	$\dfrac{\left(a^2+2ab+b^2\right)^2\cdot\left(a+b\right)^2}{\left(a+b\right)^8} =$		
432.	$\sqrt[2]{\dfrac{\left(a^2+2ab+b^2\right)^2\cdot\left(a+b\right)^2}{\left(a+b\right)^8}} =$		
433.	$\dfrac{\dfrac{\left(a^2+2ab+b^2\right)^4}{\left(a^2+2ab+b^2\right)^8}\cdot\left(a^2+2ab+b^2\right)^4}{\left(a^2+2ab+b^2\right)^4} =$		

Klausurtrainer für Mathematik, Statistik, BWL, VWL von Studeo Verlag: www.studeo.de

Nr.	Aufgabe	Ergebnis r oder f	Üben von Nr.
434.	$\dfrac{(a+b)^2 \cdot (a+b)^3 \cdot (a+b)^4}{(a+b)^2 - (a+b)^3} =$		
435.	$\dfrac{(a+b)^2 \cdot (a+b)^3 \cdot (a+b)^4}{(a+b)^2 \cdot (a+b)^3} =$		
436.	$\dfrac{(a^3 \cdot b^3 \cdot c^3) \cdot \left((a^3 \cdot b^3 \cdot c^3)\right)^4}{a \cdot b \cdot c} =$		
437.	$\left(\dfrac{(a^2 - 2ab + b^2)(a^2 + 2ab + b^2)}{(a-b)^2}\right)^2 \cdot (a^2 - 2ab + b^2) =$		
438.	$\left(\dfrac{(a^2 - 2ab + b^2)\cdot\frac{1}{8}\cdot(a^2 + 2ab + b^2)}{(a-b)^2}\right)^2 \cdot (a^2 - 2ab + b^2)\cdot 16 \cdot 0{,}5 =$		
439.	$\left(\dfrac{(a+b)^8}{(a+b)^6}\cdot (a+b)^7 \cdot \dfrac{(a+b)^4}{(a+b)^5}\right)^4 + \sqrt{(a+b)^2} =$		
440.	$\left(\dfrac{x+y}{\sqrt{x^2 \cdot y^2}}\cdot \sqrt{x^2 \cdot y^2}\right)^2 - (x^2 + 2xy + y^2) =$		
441.	$\dfrac{(a+b)^2 \cdot (a+b)^3 \cdot (a+b)^4}{(a+b)^2 \cdot \frac{1}{5}(a+b)^3} =$		
442.	$\left(\dfrac{x+y}{\sqrt{x^2 \cdot y^2}}\cdot \sqrt{x^2 \cdot y^2}\right)^2 \cdot (x^2 + 2xy + y^2) =$		
443.	$\sqrt[8]{\left(\dfrac{x \cdot y}{\sqrt{x^2 \cdot y^2}}\right)^2} =$		
444.	$\sqrt[8]{\left(\dfrac{x \cdot y}{\sqrt{x^2 \cdot y^2}}\right)^2 \cdot \left(\dfrac{x \cdot y}{\sqrt{x^2 \cdot y^2}}\right)^2} =$		

Rechentrainiung Termumformungen

Nr.	Aufgabe	Ergebnis r oder f	Üben von Nr.
445.	$\sqrt[3]{s^5 \cdot t^3} \cdot \left(\dfrac{s^3}{t^3}\right) =$		
446.	$\left(\dfrac{2a}{2a+b} - \dfrac{4a^2}{4a^2 + 4ab + b^2}\right)\left(\dfrac{2a}{4a^2 - b^2} + \dfrac{1}{b - 2a}\right)^{-1} + =$		
447.	$\left(\dfrac{x \cdot y}{\sqrt{x^2 \cdot y^2}}\right)^2 \cdot \left(\dfrac{1}{(x+y)^2}\right)^2 =$		
448.	$\dfrac{1}{\left(o^{-4}\right)^{-2}} \cdot \left(\dfrac{\left(o^{-4}\right)^{-2}}{o^{-4}}\right)^{-2} =$		
449.	$\dfrac{\sqrt[2]{\left(t^2 \cdot z^3 \cdot u^4\right)^2}}{\left(t^2 \cdot z^3 \cdot u^4\right)^2} =$		
450.	$\left(\dfrac{\left(k^{-4}\right)^{-2}}{k^{-4}}\right)^{-2} =$		
451.	$\left(\dfrac{\left(x^2 \cdot x \cdot 4\right)}{2}\right)^4 =$		
452.	$\dfrac{\left(\left(c^{-2} \cdot r^{-6}\right)^{-3}\right)^3}{\left(\left(c^{-2} \cdot r^{-6}\right)^{-3}\right)^3} =$		
453.	$\dfrac{1}{\left(b^{-4}\right)^{-2}} \cdot \dfrac{1}{\dfrac{1}{\left(b^4\right)^2}} =$		
454.	$\sqrt{16 \cdot x^2} \cdot \sqrt{16 \cdot x^2} - \sqrt{16 \cdot x^2} =$		
455.	$\sqrt[3]{z^3 \cdot x^5 \cdot w^6} =$		

Rechentrainer "Schlag auf Schlag – Rechnen bis ich's mag"

Nr.	Aufgabe	Ergebnis r oder f	Üben von Nr.
456.	$\sqrt{16 \cdot x^2} \cdot \sqrt{16 \cdot x^2} - \sqrt{16 \cdot x^2} - \sqrt{16 \cdot x^2} =$		
457.	$\sqrt{x^2 \cdot x \cdot 4} \cdot \sqrt{y \cdot z \cdot w \cdot x^2} - \sqrt{y \cdot z \cdot w \cdot x^2} =$		
458.	$\left(-(7z+9u)\right) - \left(-(14z+3u)\right) + \left(-(4z+9u)\right) =$		
459.	$\left(-(7z-9u)\right) + \left(-(14z-3u)\right) - \left(-(4z-9u)\right) =$		
460.	$\left(\left(-(7z-9u)\right) + \left(-(14z-3u)\right) - \left(-(4z-9u)\right)\right)^2 =$		

1.5.3 Zusatzaufgaben zum Umformen schwieriger Terme

Vereinfachen Sie die folgenden Terme so weit wie möglich. Schreiben Sie in ein Rechenheft. Kontrollieren Sie Ihr Ergebnis.

Nr.	Aufgaben	Ergebnis r oder f	Nr.	Aufgaben	Ergebnis r oder f
461.	$\left(\left(\sqrt{x}\right)^4\right)^{-6} =$		574.	$2a^p \cdot 5a^{qp} =$	
462.	$\sqrt{(x \cdot y)^2 \cdot x^2 \cdot x} =$		575.	$x^{n-1} \cdot \sqrt{x^{n+1}} \cdot x^{n+1} =$	
463.	$\left(\left(\left(\sqrt{x}\right)^4\right)^{-6}\right)^4 =$		576.	$\sqrt[3]{256x^{12}} =$	
464.	$8x \cdot (3x^2 + 2,5x^4 - 6x^3) - x^3 =$		577.	$\sqrt[3]{s^8 \cdot t^7} + \sqrt[3]{s^8 \cdot t^7} =$	
465.	$(n+3)^n \cdot 5 \cdot 5^n =$		578.	$\sqrt{(x \cdot y)^2 \cdot x^2 \cdot x \cdot \frac{1}{x} \cdot x^2} =$	
466.	$(s \cdot w \cdot z)^2 \cdot (r-w) \cdot z \cdot r \cdot s \cdot z =$		579.	$\sqrt[3]{256x^{12}} \cdot \sqrt[3]{256x^{12}} =$	
467.	$16\left(n - \sqrt{4n^2}\right) 2^{n-3} =$		580.	$\sqrt[3]{s^8 \cdot t^7} \cdot \sqrt[3]{s^8 \cdot t^7} =$	
468.	$(x \cdot y)^n \cdot (x \cdot y)^{-n} =$		581.	$6x^3 \cdot 2,5x^{n-3} =$	
469.	$\left(\sqrt{(x \cdot y)^2 \cdot x^2 \cdot x \cdot \frac{1}{x} \cdot x^2}\right)^2 =$		582.	$4x^{5+1} - 3x^{5-2} =$	
470.	$\left(x^{n+1} \cdot y^n\right)^3 =$		583.	$a^2 \cdot x^m \cdot a^{n-2} \cdot x =$	
471.	$3(x+y^2)^3 =$		584.	$x^{n-1} \cdot x^{n-1} =$	
472.	$8x^4 \cdot (3x^3 \cdot 2,5^4 \cdot 6x^3) \cdot 2x^4 \cdot (3x^3 \cdot 4x^4 \cdot 5x^7) =$		585.	$x^{k-2} \cdot x^3 =$	

Rechentrainiung Termumfornungen

Nr.	Aufgaben	Ergebnis r oder f	Nr.	Aufgaben	Ergebnis r oder f
473.	$(23x^5 \cdot 0{,}2x^3) - 0{,}5x^6 \cdot 20x^9 =$		586.	$\sqrt[n]{x^{n-3}} \cdot x^{n-3} =$	
474.	$(r \cdot s \cdot t)^{n+2} =$		587.	$\sqrt[n]{x^{n-3}} \cdot \sqrt[n]{x^{n-3}} =$	
475.	$\left(\sqrt{g \cdot h}\right)^{\frac{1}{2}} \cdot (g \cdot h)^{-\frac{1}{2}} =$		588.	$\sqrt[3]{s^5 \cdot t^3} \cdot \dfrac{s}{t} =$	
476.	$x^2 \cdot y^2 - (x+y)^2 =$		589.	$n^{n+3} \cdot n^3 =$	
477.	$\sqrt[n]{x^{n-3}} \cdot \sqrt[n]{x^{n-3}} \cdot \left(\sqrt[n]{x}\right)^{n+2} =$		590.	$\sqrt[n]{y^{n+4}} =$	
478.	$\sqrt[n]{(r \cdot s \cdot t)^{n+2}} =$		591.	$\left(\sqrt[n]{2y}\right)^{2n+1} =$	
479.	$\left(\left(\sqrt{g \cdot h}\right)^{\frac{1}{2}} \cdot (g \cdot h)^{-\frac{1}{2}}\right)^4 =$		592.	$\sqrt{a^2 + b^2} =$	
480.	$x^2 \cdot y^2 \cdot (x-y)^2 =$		593.	$\left(-(-4x)^2\right)^3 + \left(-(16x)^2\right)^2 =$	
481.	$(a-b)^3 =$		594.	$\left(-\left(-(-4x)^2\right)^5\right) + \left(-(16x)^2\right)^2 =$	
482.	$\sqrt[n]{(r \cdot s \cdot t)^{n+2}} \cdot \sqrt[n]{(r \cdot s \cdot t)^{n-3}} =$		595.	$\left(-\left(-(-4x)^2\right)^5\right) \cdot \left(\left(-(16x)^2\right)^2\right)^{-1} =$	
483.	$(a-b)^4 =$		596.	$\left(\left(-(x)^2\right)^5\right)^{-2} \cdot \left(-(x)^{-2}\right)^3 =$	
484.	$\sqrt[n]{(r \cdot s \cdot t)^{n-3}} =$		597.	$\left(\left(-(x)^2\right)^5\right)^{-2} \cdot \left(-\left(-(x)^{-2}\right)^{-3}\right) =$	
485.	$(rs)^{\frac{1}{2}} \cdot (rs)^{3{,}5} =$		598.	$\left(\left(-(x)^2\right)^5\right)^2 \cdot \left(\left(-(x)^{-2}\right)^{-3}\right)^{-2} =$	
486.	$(a \cdot b)^2 \cdot \sqrt{(a \cdot b)} =$		599.	$\left(\dfrac{1}{2}a - \dfrac{1}{3}b\right) + \left(\dfrac{4}{2}a + \dfrac{4}{3}b\right) - \left(\dfrac{3}{2}a - \dfrac{5}{3}b\right) =$	
487.	$\sqrt{(rs)^{\frac{1}{2}} \cdot (rs)^{3{,}5}} =$		600.	$\left(\dfrac{1}{2}a - \dfrac{1}{3}b\right) - \left(\dfrac{4}{2}a + \dfrac{4}{3}b\right) + \left(\dfrac{3}{2}a - \dfrac{5}{3}b\right) =$	
488.	$\left((a \cdot b)^2 \cdot \sqrt{(a \cdot b)}\right)^2 =$		601.	$\left(\dfrac{1}{2}a + \dfrac{1}{3}b\right) - \left(\dfrac{4}{2}a - \dfrac{4}{3}b\right) - \left(\dfrac{3}{2}a - \dfrac{5}{3}b\right) =$	
489.	$\sqrt{(a \cdot b \cdot c \cdot d)} \cdot \sqrt{d^2 \cdot c^3} =$		602.	$\left(-\dfrac{1}{2}a - \dfrac{1}{3}b\right) - \left(\dfrac{4}{2}a - \dfrac{4}{3}b\right) - \left(-\dfrac{3}{2}a - \dfrac{5}{3}b\right) =$	
490.	$\sqrt{(rs)^{\frac{1}{2}} \cdot (rs)^{3{,}5} \cdot (rs)^6} =$		603.	$\left(\dfrac{3}{2}a + \dfrac{5}{3}b\right) - \left(\dfrac{1}{2}a + \dfrac{1}{3}b\right) + \left(-\dfrac{4}{2}a - \dfrac{4}{3}b\right) =$	
491.	$\left(\dfrac{(a+b)^2 \cdot \frac{8}{4} \cdot \frac{1}{10} \cdot (a+b)^3 \cdot 50 \cdot (a+b)^4}{(a+b)^2 \cdot \frac{1}{5} \cdot (a+b)^3 \cdot \frac{88}{44}} \cdot \dfrac{\frac{50}{10}}{5}\right) \cdot (a =$		604.	$\left(\dfrac{4}{2}a + \dfrac{4}{3}b\right) + \left(-\dfrac{3}{2}a - \dfrac{5}{3}b\right) - \left(\dfrac{1}{2}a - \dfrac{1}{3}b\right) =$	
492.	$\left(u \cdot v - \dfrac{u}{v}\right)^2 =$		605.	$\dfrac{\dfrac{1}{2} \cdot \left(\dfrac{x^3}{y}\right)^2 \cdot \dfrac{1}{4}}{\left(\dfrac{x}{y}\right)^2 - \left(\dfrac{x^2}{y^2}\right) + 1} =$	

Rechentrainer "Schlag auf Schlag – Rechnen bis ich's mag"

Nr.	Aufgaben	Ergebnis r oder f	Nr.	Aufgaben	Ergebnis r oder f
493.	$(h+g)^3 \cdot g + h =$		606.	$\dfrac{\left(\dfrac{1}{2} \cdot \left(\dfrac{x^3}{y}\right)^{-2} \cdot \dfrac{1}{4}\right)}{\left(\dfrac{x}{y}\right)^2 - \left(\dfrac{x^2}{y^2}\right) + 1} =$	
494.	$\left((u \cdot v)^{0,5} - \dfrac{u}{v}\right)^2 =$		607.	$\dfrac{(-4x)^{-2} \cdot x}{\left(-\sqrt{4x^2}\right)^2} =$	
495.	$\left((rs)^{\frac{1}{2}} \cdot (rs)^{3,5}\right)^6 =$		608.	$\dfrac{(-4x)^{-2} \cdot x^{-4}}{\left(\sqrt{x \cdot x \cdot x^2}\right)^{-2}} =$	
496.	$\sqrt[3]{\left((rs)^{\frac{1}{2}} \cdot (rs)^{3,5}\right)^6} =$		609.	$\dfrac{\left(x^{-4}\right)^2 \cdot x^7}{\left(\sqrt{x \cdot x \cdot 4x^2}\right)^{-3}} =$	
497.	$\left(\sqrt{j \cdot k \cdot l}\right)^{n+3} \cdot \dfrac{5}{\sqrt{j \cdot k \cdot l}} =$		610.	$\dfrac{\left(x^{-4}\right)^2 \cdot x^{-7}}{\left(\sqrt{(x)^4}\right)^3} =$	
498.	$\left(\sqrt[4]{d^4 \cdot f^2}\right)^4 \cdot \sqrt[4]{d^4 \cdot f^2} =$		611.	$\dfrac{\left(x^{-4}\right)^{-2} \cdot \left(x^2\right)^{-3}}{\left(\sqrt{(x)^4}\right)^{-2}} =$	
499.	$\sqrt{\left(\left(3 \cdot s^4 \cdot t^3\right)^2 \cdot s^2 \cdot t^5\right)^{-2}} =$		612.	$\left(\left(\sqrt[4]{16x^8}\right)^2 \cdot \sqrt{4x^2}\right)^2 =$	
500.	$\dfrac{\sqrt[3]{s^5 \cdot t^3} \cdot \sqrt[3]{w^5}}{s \cdot w} =$		613.	$\left(\left(\sqrt[4]{\dfrac{1}{16}x^8}\right)^{-2} \cdot \sqrt{\dfrac{1}{4}x^2}\right)^{-2} =$	
501.	$\dfrac{x^{2n+1} \cdot y^{2n+1}}{x \cdot y} =$		614.	$\dfrac{\left(\sqrt[4]{\dfrac{1}{16}x^8}\right)^{-2}}{\left(\dfrac{1}{4}x\right)^2 \cdot x^{-2}} =$	
502.	$\sqrt[n]{\dfrac{x^{2n+1} \cdot y^{2n+1}}{x \cdot y}} =$		615.	$\dfrac{\left(\dfrac{1}{4}x\right)^2 \cdot x^{-2}}{\left(\sqrt[4]{\dfrac{1}{16}x^8}\right)^{-2}} =$	
503.	$\dfrac{\sqrt[3]{256x^{12}} + \sqrt[3]{256x^{12}}}{\sqrt[3]{256x^{12}}} =$		616.	$\dfrac{\left(\dfrac{1}{4}x\right)^{-2} \cdot x^2}{\left(\sqrt[4]{\dfrac{1}{16}x^8}\right)^2} =$	
504.	$\dfrac{a^{\frac{1}{4}}}{a^{\frac{1}{2}}} =$		617.	$\dfrac{\left(\dfrac{1}{4}x\right)^{-2} \cdot x^{-2}}{\left(\sqrt[4]{\dfrac{1}{16}x^8}\right)^{-2} \cdot x^{-4}} =$	
505.	$\dfrac{\sqrt{16 \cdot x^2}}{\left(x^2 \cdot 4\right)^2} =$		618.	$\left(-\dfrac{1}{3}c + \dfrac{1}{6}d\right) - \left(-\left(\dfrac{2}{3}c - \dfrac{3}{6}d\right)\right) =$	
506.	$\dfrac{\sqrt[3]{s^8 \cdot t^7}}{s^8 \cdot t^7} =$		619.	$\left(-\left(-\dfrac{1}{3}c - \dfrac{1}{6}d\right)\right) - \left(-\left(-\left(\dfrac{2}{3}c + \dfrac{3}{6}d\right)\right)\right) =$	

Rechentrainiung Termumfornungen

Nr.	Aufgaben	Ergebnis r oder f	Nr.	Aufgaben	Ergebnis r oder f
507.	$\dfrac{\sqrt[3]{256x^{12}} \cdot \sqrt[3]{256x^{12}}}{\sqrt[3]{256x^{12}}} \cdot \dfrac{1}{\sqrt[3]{256x^{12}}} \cdot 558 =$		620.	$\left(-\left(\dfrac{4}{3}c - \dfrac{2}{6}d\right)\right) - \left(\dfrac{2}{3}c - \left(-\dfrac{3}{6}d\right)\right) =$	
508.	$\dfrac{\sqrt[3]{s^8 \cdot t^7}}{s^5 \cdot t^3} =$		621.	$\left(\left(\left(\dfrac{4}{3}c\right) + \left(\left(\dfrac{2}{6}d\right)\right)\right)\right) - \left(\left(\dfrac{2}{3}c\right) + \dfrac{3}{6}d\right) =$	
509.	$\dfrac{-b + \sqrt{b^2 \cdot 4 \cdot a \cdot c}}{2a} =$		622.	$\left(\dfrac{4}{3}c - \left(-\left(-\dfrac{2}{3}d\right)\right)\right) - \left(-\left(\dfrac{2}{3}c\right) - \left(-\left(-\dfrac{3}{6}d\right)\right)\right) =$	
510.	$\dfrac{-b \cdot \sqrt{b^2 \cdot 4 \cdot (a \cdot c)^4}}{2a \cdot c} =$		623.	$\dfrac{(ab)^2 + ab}{(ab)^3 \cdot (ab + 3)} =$	
511.	$\dfrac{n^{n+3} \cdot n^3}{n^{n+6}} =$		624.	$\dfrac{\left(a^2 \cdot b^2\right)^{-4} \cdot c^4}{c^{-4} \cdot \left(a^2 \cdot b^2\right)^4} =$	
512.	$\dfrac{g}{h^4} \cdot hghg =$		625.	$\dfrac{\left((e+d)^2\right)^2 \cdot (e+d)^{-3}}{(e+d)^{-2}} =$	
513.	$\left(12^2 \cdot (a-b)^3 \cdot \dfrac{1}{(a-b)^4 \cdot 12}\right)^2 =$		626.	$\dfrac{\left((e+d)^{-4}\right)^2}{(e+d)^{-2} \cdot (e+d)^3} =$	
514.	$\dfrac{(i \cdot j \cdot g)^2 \cdot h^3}{\dfrac{h}{(i \cdot j \cdot g)^2}} =$		627.	$\dfrac{(e-d)^2 + (e+d)^2}{(e-d)^4} =$	
515.	$\sqrt{\dfrac{g^2}{h^4}} \cdot hghg =$		628.	$\dfrac{(e-d)^2 \cdot (e+d)^2}{(e-d)^4} =$	
516.	$\sqrt{0,2x} \cdot \dfrac{1}{(0,2)^{-0,5}} =$		629.	$\dfrac{(e-d)^{-5} \cdot (e-d)^2 \cdot (e+d)^3}{\left((e-d)^2\right)^{-3} \cdot (e+d)^4} =$	
517.	$\sqrt{\dfrac{g^2}{h^4}} \cdot hghg \cdot \dfrac{1}{\sqrt{(hg)^8}} =$		630.	$\dfrac{(e-d)^5 \cdot (e-d)^{-2} \cdot (e+d)^{-3}}{(e-d)^{12} \cdot (e+d)^{-4}} =$	
518.	$\dfrac{1}{(c \cdot d)^{-n}} =$		631.	$\dfrac{\left((e+d)^{-2}\right)^{-4}}{\left((e+d)^{-2}\right)^3} =$	
519.	$\sqrt[3]{s^5 \cdot t^3} \cdot \left(\dfrac{s^3}{t^3}\right) - \left(\dfrac{s^3}{t^3}\right)^4 =$		632.	$\dfrac{y^{-(n+3)} + 2y^{-n-3}}{2y^{-n-3}} =$	
520.	$\dfrac{2x(x-1)^3}{(x-1)^4} \cdot \dfrac{2x(x-1)^3}{(x-1)^5} =$		633.	$\dfrac{(4y^8)^{-2} \cdot (4y^8)^2}{y^{-16}} \cdot y^{24} =$	
521.	$(x \cdot y)^{-n} \cdot \dfrac{(x \cdot y)^n}{(x \cdot y)^{-n}} \cdot (x \cdot y)^n =$		634.	$\dfrac{(4y^8)^{-2} \cdot (4y^8)^2 \cdot y^{24}}{16y^{32}} \cdot y^{24} =$	
522.	$\dfrac{(1-x)(x+2)^2}{x^2(x+1)} =$		635.	$\left(\left(4y^{-3}\right)^2\right)\left(4y\right)^{-1} \cdot \left(\left(16y^2\right)\right) - 4 =$	
523.	$\dfrac{2x(x-1)^3}{(x-1)^4} \cdot \dfrac{2x(x-1)^3}{(x-1)^5} \cdot \dfrac{2x(x-1)^3}{(x-1)^3} =$		636.	$\dfrac{4b + (b+3)^2}{b^2 + 6b + 9} =$	
524.	$\dfrac{\left(3 \cdot s^4 \cdot t^3\right)^2 + s^2 \cdot t^5}{s^8 \cdot t^7} =$		637.	$\dfrac{4b(b+3)^2}{4b(b^2 + 6b + 9)} =$	

Nr.	Aufgaben	Ergebnis r oder f	Nr.	Aufgaben	Ergebnis r oder f
525.	$\dfrac{\sqrt[3]{s^5 \cdot t^3} \cdot \sqrt[3]{w^5}}{s \cdot w} - \sqrt[3]{s^5 \cdot t^3} \cdot \sqrt[3]{w^5} =$		638.	$\dfrac{\left(4b \cdot (b+3)^4\right)}{4b \left(b^2 + 6b + 9\right)^{-2}} =$	
526.	$\left(\dfrac{2x(x-1)^3}{(x-1)^4} \cdot \dfrac{2x(x-1)^3}{(x-1)^5} \cdot \dfrac{2x(x-1)^3}{(x-1)^3}\right)^2 =$		639.	$\dfrac{\left(4b \cdot (b+3)^{-2}\right)}{4b \left(b^2 + 6b + 9\right)^{-4}} =$	
527.	$\dfrac{1}{\left((x \cdot y)^2 \cdot x^2 \cdot x\right)^{-2}} =$		640.	$\dfrac{\left(\sqrt[4]{xy}\right)^{-1} \cdot \sqrt[8]{xy}}{\left(\sqrt[8]{xy}\right)^{-1}} =$	
528.	$\left(\left(\left(\sqrt{x}\right)^4\right)^{-6}\right)^4 \cdot \dfrac{25}{\left(\left(\left(\sqrt{x}\right)^4\right)^{-6}\right)^4} \cdot x^{13} =$		641.	$\sqrt{(xy)^{-2}} \cdot \sqrt[4]{(xy)^{-8}} =$	
529.	$\dfrac{x - 8}{(x+1)(x-2)} =$		642.	$\sqrt[8]{\sqrt{\dfrac{1}{(xy)^2}}} \cdot \sqrt[4]{\dfrac{1}{xy}} =$	
530.	$\dfrac{\left(3 \cdot s^4 \cdot t^3\right)^2 \cdot s^2 \cdot t^5}{s^8 \cdot t^7} =$		643.	$\left(\dfrac{1}{(b^{-3})}\right)^2 \cdot \left(\dfrac{b^{-5n}}{b^{-3n}}\right) =$	
531.	$\dfrac{(s \cdot w \cdot z)^2 \cdot (r-w) \cdot z \cdot r \cdot s \cdot z}{z^3 \cdot t^{45}} =$		644.	$\left(\dfrac{1}{(-b^{-3})}\right)^2 \cdot \left(\dfrac{-b^{-5n}}{b^{-3n}}\right) =$	
532.	$\dfrac{\sqrt{x^2}}{\left(x^{3+2} \cdot 4 - 3\right)^{\frac{1}{2}}} =$		645.	$\left(\dfrac{-1}{(-b^{-3})}\right)^2 \cdot \left(\dfrac{-b^{-5n}}{-b^{-3n}}\right)^2 =$	
533.	$\dfrac{x^3 \cdot \sqrt[3]{y^{12}}}{(xy)^4} =$		646.	$\left(\dfrac{-1}{-(-b^{-3})}\right)^2 \cdot \left(\dfrac{-b^{-5n}}{-b^{-3n}}\right)^{-2} =$	
534.	$\dfrac{\left(\sqrt{(x \cdot y)^2 \cdot x^2 \cdot x \cdot \frac{1}{x} \cdot x^2}\right)^2}{\left(\sqrt{x}\right)^4} =$		647.	$\dfrac{(cd)^{-4} \cdot c^{-2} \cdot \left(c^2 + 2cd + d^2\right)}{(cd)^{-3} \cdot (c+d)^2} =$	
535.	$\left(\dfrac{1}{\sqrt[3]{256 x^{12}}}\right)^{-4} =$		648.	$\dfrac{(cd)^4 \cdot c^2 \cdot \left(c^2 + 2cd + d^2\right)}{(cd)^8 \cdot (c+d)^{-2}} =$	
536.	$\left(\dfrac{\sqrt[3]{s^8 \cdot t^7}}{\sqrt[3]{s^5 \cdot t^3}}\right)^6 =$		649.	$\dfrac{(cd) \cdot (c+d) \cdot c^2 \cdot \left(c^2 + 2cd + d^2\right)^{-2}}{(cd)^{-4} \cdot (c+d)^{-3}} =$	
537.	$\left(\sqrt{\dfrac{1}{49}x}\right)^6 =$		650.	$\dfrac{\left(\left((cd)^{-2}\right)^4\right)^{-2} \cdot \left((c+d)^{-3}\right)^2}{\left((c+d)^4\right)^2 \cdot (cd)^7} =$	
538.	$\left(\left(\dfrac{1}{\left(\sqrt{\frac{1}{49}x}\right)^6}\right)^3\right)^{\frac{1}{2}} =$		651.	$\dfrac{\left(\left((cd)^{-2}\right)^4\right)^{-2} \cdot \left((c+d)^{-3}\right)^2}{\left((c+d)^{-4}\right)^{-2} \cdot (cd)^7} =$	
539.	$\left(\dfrac{2a}{2a+b} - \dfrac{4a^2}{4a^2 + 4ab + b^2}\right) =$		652.	$\dfrac{\left(-(g+h)^2\right)(g+h)^{-4}}{(g+h)^{-3} \cdot \left(-(g+h)\right)^2} =$	

Rechentrainiung Termumfornungen

Nr.	Aufgaben	Ergebnis r oder f	Nr.	Aufgaben	Ergebnis r oder f
540.	$\dfrac{1}{\left(\sqrt{\dfrac{1}{49}}x\right)^6} =$		653.	$\dfrac{\left(-(g+h)^2\right)^2 \cdot \left((g+h)^{-4}\right)^2}{(g+h)^{-3} \cdot \left(-(g+h)\right)^3} =$	
541.	$\left(\dfrac{2a}{4a^2-b^2} + \dfrac{1}{b-2a}\right)^{-1} =$		654.	$\dfrac{\left(-\left(-(g+h)^3\right)\right) \cdot (g+h)^{-2}}{(g+h)^{-4} \cdot \left(-(g+h)\right)^3} =$	
542.	$\sqrt{\left(\left(\dfrac{(b+a)}{(a-b)^4 \cdot 12}\right)^{-1}\right)^{-1} \cdot \left(\dfrac{(b+a)}{(a-b)^4 \cdot 12}\right)^{-1}} =$		655.	$\dfrac{\left(\left(-(g+h)^2\right)^3\right)^4}{\left(-\left(-(g+h)^2\right)^3\right)^3} =$	
543.	$\sqrt[3]{s^5 \cdot t^3} \cdot \left(\dfrac{s^3}{t^3}\right)^4 =$		656.	$\dfrac{\left(\left(-(g+h)^2\right)^{-3}\right)^4}{\left(-\left(-(g+h)^2\right)^{-3}\right)^3} =$	
544.	$\dfrac{\sqrt{g \cdot h}}{(g \cdot h)^{-\frac{1}{2}}} =$		657.	$\dfrac{\left(\sqrt{(d+1)^2} \cdot \sqrt{(d+1)^4}\right)^{-3}}{\left(\sqrt{d+1}\right)^{-4}} =$	
545.	$\dfrac{x^2 \cdot y^2 \cdot (x-y)^2}{x^2 - 2xy + y^2} =$		658.	$\dfrac{\sqrt{\sqrt{(d+1)^2} \cdot \sqrt{(d+1)^6}}}{(d+1)^{-5}} =$	
546.	$\left(\dfrac{2a}{4a^2-b^2}\right) \cdot 4a^2 - b^2 =$		659.	$\dfrac{\sqrt{\sqrt{(d+1)^2} \cdot \sqrt{(d+1)^6}}}{\sqrt{(d+1)^{-4}}} =$	
547.	$\sqrt{\dfrac{x^2 \cdot y^2 \cdot (x-y)^2}{x^2 - 2xy + y^2}} =$		660.	$\dfrac{\sqrt{\left(-\sqrt{(d+1)^2} \cdot \sqrt{(d+1)^6}\right)^2}}{\left(\sqrt{(d+1)^{-4}}\right)} =$	
548.	$\dfrac{\sqrt{g \cdot h}}{(g*h)^{-\frac{1}{2}}} \cdot (g+h) =$		661.	$\dfrac{\left(\sqrt{\left(-\sqrt{(d+1)^2} \cdot \sqrt{(d+1)^6}\right)^2}\right)^{-4}}{\left(\left(\sqrt{(d+1)^{-4}}\right)^2\right)^3} =$	
549.	$\left(\dfrac{2a}{4a^2-b^2}\right) \cdot (4a^2 - b^2) =$		662.	$s^{\left(\frac{-n}{2}\right)^3} \cdot 4s^{\left(\frac{-n}{-2}\right)^2} =$	
550.	$\dfrac{(x-1)^3 \cdot (2x+3)}{x} =$		663.	$s^{\left(\frac{-n}{-2}\right)^3} \cdot 4s^{\left(\frac{-n}{-2}\right)^2} =$	
551.	$\dfrac{\left(\sqrt{b^2 \cdot 4 \cdot (a \cdot c)^4}\right)^4}{(a \cdot c) \cdot b^2} =$		664.	$s^{\left(-\left(\frac{-n}{2}\right)^4\right)} \cdot 4s^{\left(-\left(\frac{-n}{-2}\right)^2\right)} =$	
552.	$\dfrac{\dfrac{\sqrt{g \cdot h}}{(g \cdot h)^{-\frac{1}{2}}} \cdot (g+h)}{(g+h)} =$		665.	$-\left(s^{\left(-\left(\frac{-n}{2}\right)^4\right)}\right) \cdot 4s^{\left(\left(-\frac{n}{2}\right)^2\right)^3} \cdot (-1) =$	
553.	$(a-b)^3 \cdot \dfrac{1}{(a-b)^4} =$		666.	$\left(-s^{\left(\frac{-n}{2}\right)^3}\right)^3 \cdot \left(-4s^{\left(\left(-\frac{n}{2}\right)^2\right)^3}\right)^2 =$	

Nr.	Aufgaben	Ergebnis r oder f	Nr.	Aufgaben	Ergebnis r oder f
554.	$\dfrac{(x-1)^3 \cdot (2x+3)}{x(x^2-1)} =$		667.	$\left(-s^{\left(-\frac{n}{2}\right)}\right)^3 \cdot \left(-4s^{\left(-\frac{n}{2}\right)}\right)^3 =$	
555.	$\left(\dfrac{1}{b-2a}\right)^{-4} =$		668.	$\dfrac{t^{\frac{n}{4}} + t^{\frac{n}{4}}}{t^{\frac{n}{4}}} =$	
556.	$\sqrt[4]{\left(\dfrac{1}{(rst)} \cdot (strw)^2\right)^8} =$		669.	$\dfrac{t^{-\left(\frac{n}{2}\right)} \cdot t^{-\left(\frac{2n}{-2}\right)}}{t \cdot t^{-3n}} =$	
557.	$\left((a-b)^3 \cdot \dfrac{1}{(a-b)^4}\right)^2 =$		670.	$\dfrac{5t^{\left(-\frac{n}{2}\right)^2} \cdot 3t^{n^2}}{7t^{-n^2}} =$	
558.	$\dfrac{\sqrt{r}}{(s \cdot t)^{0,5}} =$		671.	$\dfrac{5t^{\left(-\frac{n}{2}\right)^3} \cdot 3t^{-n^2}}{7t^{(-n)^3}} =$	
559.	$\sqrt{(a-b)^3 \cdot \left(\dfrac{1}{(a-b)^4}\right)^2 \cdot \dfrac{1}{(a-b)^3}} =$		672.	$\dfrac{5t^{\left(-\left(-\frac{n}{2}\right)^2\right)}}{\left(4t^{(-n)}\right)^2} =$	
560.	$\dfrac{\sqrt{(rs)^{\frac{1}{2}} \cdot (rs)^{3,5} \cdot (rs)^6}}{(rst)^4} =$		673.	$\dfrac{\left(\left(t \cdot \frac{n}{2}\right)^{-3}\right)^2}{(5t)^{-2}} =$	
561.	$\left(\dfrac{1}{(rst)} \cdot (strw)^2\right)^4 =$		674.	$\sqrt{x^2 \cdot x \cdot 4} \cdot \sqrt[4]{y \cdot z \cdot w \cdot x^2} =$	
562.	$\dfrac{(rstw)^4 \cdot \dfrac{1}{(rst)} \cdot (strw)^2 \cdot 0,5^2}{(r \cdot w)^2} =$		675.	$\sqrt[3]{s^8 \cdot t^7} =$	
563.	$\dfrac{1}{(23y+16z) \cdot (z \cdot x)^2} \cdot (z \cdot x \cdot s)^2 =$		676.	$x^{2n+1} \cdot y^{2n+1} =$	
564.	$\sqrt[3]{\dfrac{(i \cdot j \cdot g)^2 \cdot h^3}{h}} =$		677.	$\left(\dfrac{1}{9}t - \dfrac{4}{7}s\right) + \left(\dfrac{2}{8}t - \dfrac{7}{11}s\right) =$	
565.	$(rstw)^4 \cdot \dfrac{1}{(rst)} - (strw)^2 \cdot 0,5^2 =$		678.	$\left(\dfrac{1}{9}t - \dfrac{4}{7}s\right) - \left(\dfrac{2}{8}t - \dfrac{7}{11}s\right) =$	
566.	$\left(12^2 \cdot (a-b)^3 \cdot \dfrac{1}{(a-b)^4 \cdot 12}\right)^4 =$		679.	$\left(\dfrac{1}{9}t + \dfrac{4}{7}s\right) - \left(\dfrac{2}{8}t + \dfrac{7}{11}s\right) =$	
567.	$(c \cdot d)^n \cdot \dfrac{1}{(c \cdot d)^{-n}} =$		680.	$\left(-\left(\dfrac{1}{9}t - \dfrac{4}{7}s\right)\right) - \left(-\left(\dfrac{2}{8}t - \dfrac{7}{11}s\right)\right) =$	
568.	$\left(12^2 \cdot (a-b)^3 \cdot \left(\dfrac{1}{(a-b)^4 \cdot 12}\right)^{-1}\right)^4 =$		681.	$\left(-\left(-\left(\dfrac{1}{9}t - \dfrac{4}{7}s\right)\right) - \left(-\left(\dfrac{2}{8}t - \dfrac{7}{11}s\right)\right)\right) =$	
569.	$\left(\sqrt{j \cdot k \cdot l}\right)^{n+3} \cdot \dfrac{5}{\left(\sqrt{j \cdot k \cdot l}\right)^{15}} =$		682.	$\dfrac{\sqrt{\left(4u^2\right)^2}}{\sqrt{4u^2} \cdot \sqrt{\left(4u\right)^2}} =$	
570.	$\left(\dfrac{(b+a) \cdot 1^{67}}{(a-b)^4 \cdot 12}\right)^{-1} =$		683.	$\left(\sqrt{\left(4u^4\right)^2}\right)^{-2} \cdot \sqrt{16u^2} =$	

Rechentrainiung Termumfornungen

Nr.	Aufgaben	Ergebnis r oder f	Nr.	Aufgaben	Ergebnis r oder f
571.	$\left((c \cdot d)^n \cdot \dfrac{1}{(c \cdot d)^{-n}}\right)^{n+6} =$		684.	$\dfrac{\left(\sqrt{(4u^4)^2}\right)^{-2}}{\left(\sqrt{64u^4}\right)^{-2}} =$	
572.	$x^{n-1} - 2x^{n-1} =$		685.	$\dfrac{\sqrt[3]{\sqrt{64u^6}}}{(4u)^{-4}} =$	
573.	$\sqrt{x \cdot x^{q+1} \cdot x^{4-q}} =$		686.	$\dfrac{\left(\sqrt[3]{\sqrt{64u^6}}\right)^{-1}}{(4u)^{-4}} =$	

1.6 Aufgaben zu Termumformungen – Komplexe Terme

Schauen Sie sich diese Musteraufgaben genau an und vollziehen Sie die Lösungen im Detail nach.

1.6.1 Musteraufgaben mit Algorithmus – Komplexe Terme

Musteraufgabe 6

Vereinfachen Sie den folgenden Term und fassen Sie ihn so weit wie möglich zusammen:

$$\dfrac{\sqrt[n]{x^{2n+1} \cdot y^{2n+1}}}{\sqrt[n]{(xy)^{n^2}}} \cdot (xy) \cdot \dfrac{1}{\sqrt[(n+1)]{x^{2n+2} \cdot y^{2n+2}}}$$

Lösung	Erläuterungen / Notizen
Schritt 1: Struktur untersuchen und definieren Dies ist ein Produkt aus drei Faktoren, wobei zwei der Faktoren Brüche sind. In Produkten kann ich gemeinsame Elemente in Zähler und Nenner kürzen. Damit fange ich hier an. **Schritt 2: Auf einen Bruchstrich schreiben** Da es sich um ein Produkt handelt, brauche ich keinen gemeinsamen Nenner. Ich kann die einzelnen Faktoren auf einen Bruchstrich schreiben. Als ein Bruch: $\dfrac{\sqrt[n]{x^{2n+1} \cdot y^{2n+1}} \cdot (xy)}{\sqrt[n]{(xy)^{n^2}} \cdot \sqrt[(n+1)]{x^{2n+2} \cdot y^{2n+2}}}$ **Schritt 3: Wurzeln als Potenzen schreiben** Ich sehe, dass das Kürzen in diesem Bruch wegen der unübersichtlichen Struktur schwierig ist, es könnten sich leicht Fehler einschleichen. Deshalb wandle ich alle Wurzeln in Potenzen um, um anschließend die Potenzen mit gleichen Basen zusammenzufassen. Potenzschreibweise: $\dfrac{\left(x^{2n+1} \cdot y^{2n+1}\right)^{\frac{1}{n}} \cdot (xy)}{\left((xy)^{n^2}\right)^{\frac{1}{n}} \cdot \left(x^{2n+2} \cdot y^{2n+2}\right)^{\frac{1}{n+1}}}$ **Schritt 4: Alle Klammern auflösen** Ich löse die Klammern auf, indem ich die Exponenten der Klammer mit denen der Terme in der Klammer multipliziere.	

Ich erhalte: $$\dfrac{x^{\frac{2n+1}{n}} \cdot y^{\frac{2n+1}{n}} \cdot x \cdot y}{x^{\frac{n^2}{n}} \cdot y^{\frac{n^2}{n}} \cdot x^{\frac{2n+2}{n+1}} \cdot y^{\frac{2n+2}{n+1}}}$$

Schritt 5: In Exponenten kürzen

Ich habe jetzt in den Zählern und Nennern der Exponenten Variablen und Terme, die ich kürzen kann.
Ich erhalte beim ersten Sortieren der Exponenten:

$$\dfrac{x^{\frac{2n}{n}+\frac{1}{n}} \cdot y^{\frac{2n}{n}+\frac{1}{n}}}{x^{\frac{n \cdot n}{n}} \cdot y^{\frac{n \cdot n}{n}} \cdot x^{\frac{(n+1) \cdot 2}{n+1}} y^{\frac{(n+1) \cdot 2}{n+1}}}$$

Durch Kürzen in den Exponenten erhalte ich: $\dfrac{x^{2+\frac{1}{n}} \cdot y^{2+\frac{1}{n}} \cdot x \cdot y}{x^n \cdot y^n \cdot x^2 \cdot y^2}$

Schritt 6: Kürzen und Zusammenfassen gleicher Basen

Ich kürze zunächst $x^2 y^2$ und fasse dann zusammen.

Es ergibt sich: $\dfrac{x^{2+\frac{1}{n}} \cdot y^{2+\frac{1}{n}} \cdot x \cdot y}{x^n \cdot y^n \cdot x^2 \cdot y^2} == x^{2+\frac{1}{n}+1-n-2} y^{2+\frac{1}{n}+1-n-2} = x^{\frac{1}{n}+1-n} y^{\frac{1}{n}+1-n} = (xy)^{\frac{1}{n}+1-n}$

Ergebnis einrahmen: $\boxed{(xy)^{\frac{1}{n}+1-n}}$

Rechentrainiung Termumfornungen

Musteraufgabe 7:

Vereinfachen Sie den folgenden Term und fassen Sie ihn so weit wie möglich zusammen:

$$\left(\frac{2a}{2a+b} - \frac{4a^2}{4a^2+4ab+b^2}\right)\left(\frac{2a}{4a^2-b^2} + \frac{1}{b-2a}\right)^{-1} + \frac{8a^2}{2a+b}$$

Lösung ohne Erläuterung:

$$= \left(\frac{2a}{2a+b} - \frac{4a^2}{(2a+b)^2}\right)\left(\frac{2a}{(4a^2-b^2)} + \frac{1}{(b-2a)}\right)^{-1} + \frac{8a^2}{2a+b}$$

$$= \left(\frac{2a(2a+b)}{(2a+b)^2} - \frac{4a^2}{(2a+b)^2}\right)\left(\frac{2a}{(4a^2-b^2)} - \frac{(2a+b)}{(4a^2-b^2)}\right)^{-1} + \frac{8a^2}{2a+b}$$

$$= \left(\frac{2a(2a+b) - 4a^2}{(2a+b)^2}\right)\left(\frac{2a-2a-b}{(4a^2-b^2)}\right)^{-1} + \frac{8a^2}{2a+b}$$

$$= \left(\frac{4a^2 + 2ab - 4a^2}{(2a+b)^2}\right)\left(\frac{-b}{(4a^2-b^2)}\right)^{-1} + \frac{8a^2}{2a+b}$$

$$= \left(\frac{2ab}{(2a+b)^2}\right)\left(-\frac{(4a^2-b^2)}{b}\right) + \frac{8a^2}{2a+b}$$

$$= \left(-\frac{2ab \cdot (2a+b) \cdot (2a-b)}{(2a+b) \cdot (2a+b) \cdot b}\right) + \frac{8a^2}{2a+b}$$

$$= \left(-\frac{2a(2a-b)}{2a+b}\right) + \frac{8a^2}{2a+b}$$

$$= \frac{-4a^2 + 2ab + 8a^2}{2a+b}$$

$$= \frac{4a^2 + 2ab}{2a+b}$$

$$= \frac{2a(2a+b)}{2a+b}$$

$$= 2a$$

Lösung mit Erläuterung:	Erläuterungen / Notizen
Schritt 1: Struktur untersuchen und definieren	
Dieser Term besteht aus einem Produkt und einer Summe. Die Faktoren wiederum sind Summen bzw. Differenzen und bestehen aus Brüchen, ebenso der letzte Summand. Außerdem wird der 2. Faktor potenziert. Die einzelnen Faktoren werden vor der Multiplikation vereinfacht. Erst ganz am Ende sollte die Summe gebildet werden.	
Schritt 2: Vereinfachen des ersten Faktors	
Schritt 2.1: Struktur untersuchen und definieren	
Es ist eine Differenz zweier Brüche.	
```Schritt 2.2: Gemeinsamen Nenner finden```	
Ich sehe, dass der zweite Nenner mithilfe der ersten binomischen Formel in ein Produkt umgewandelt werden kann: $4a^2 + 4ab + b^2 = (2a+b)^2$	
Da der erste Nenner aus dem Faktor dieser binomischen Formel $(2a+b)$ besteht, ist der kleinste gemeinsame Nenner das Produkt $(2a+b) \cdot (2a+b) = (2a+b)^2$.	
Ich erweitere also den ersten Bruch mit $(2a+b)$ und erhalte $\frac{2a(2a+b)}{(2a+b)^2}$	

Zusammengefasst erhalte ich für den ersten Faktor den Ausdruck:

$$\frac{2a(2a+b)}{(2a+b)^2} - \frac{4a^2}{(2a+b)^2}$$

Schritt 2.3: Zwei Brüche zu einem Bruch zusammenfassen

Ich fasse beide Brüche zu einem Bruch zusammen: $\frac{2a(2a+b) - 4a^2}{(2a+b)^2}$, löse die Klammer im Zähler auf und erhalte für den ersten Faktor: $\frac{2ab}{(2a+b)^2}$

Das sieht doch schon viel freundlicher aus...

Schritt 3: Vereinfachen des zweiten Faktors

Schritt 3.1: Struktur untersuchen und definieren

Dies ist eine Summe zweier Brüche. Da diese Summe mit dem Exponenten -1 potenziert wird, muß der Kehrwert gebildet werden.

Schritt 3.2: Gemeinsamen Nenner finden

Es ist $(b-2a) = -(2a-b)$. Der zweite Nenner ist also auch diesmal im ersten enthalten, der Hauptnenner ist $(2a+b) \cdot (2a-b)$ und der zweite Bruch muß mit $(2a+b)$ erweitert werden. **Achtung:** das Vorzeichen vor dem zweiten Bruch ändert sich. Statt + lautet es jetzt -!!!

Ich erhalte für den zweiten Bruch $\frac{(2a+b)}{(4a^2 - b^2)}$

Der gesamte Term lautet jetzt: $\left(\frac{2a}{(4a^2 - b^2)} - \frac{(2a+b)}{(4a^2 - b^2)} \right)^{-1}$

Schritt 3.3: Zwei Brüche zu einem Bruch zusammenfassen

Die zwei Brüche werden zusammengefasst, indem die Zähler subtrahiert werden:

$$\left(\frac{2a - 2a - b}{(4a^2 - b^2)} \right)^{-1} = \left(\frac{-b}{(4a^2 - b^2)} \right)^{-1}$$

Schritt 3.4: Den Kehrwert (das Reziproke) bilden

Ich bilde den Kehrwert, indem ich Zähler und Nenner vertausche.

Ich erhalte: $-\frac{(4a^2 - b^2)}{b}$ \quad Wichtig: Das Vorzeichen!

Dies ist der vereinfachte zweite Faktor.

Schritt 4: Das Produkt bilden und zusammenfassen

Die beiden Zähler und Nenner werden miteinander multipliziert. Außerdem benutze ich die 3. binomische Formel:

$$\frac{2ab}{(2a+b)^2} \left(-\frac{(4a^2 - b^2)}{b} \right) = -\frac{2ab \cdot (2a+b) \cdot (2a-b)}{(2a+b) \cdot (2a+b) \cdot b}$$

Kürzen ergibt: $-\frac{2a(2a-b)}{2a+b}$

Schritt 5: Bilden der Summe

Ich erkenne sofort, dass die beiden Summanden einen gemeinsamen Nenner haben, und kann sie daher auf einen Bruchstrich schreiben:

$$\frac{-4a^2 + 2ab + 8a^2}{2a + b} = \frac{4a^2 + 2ab}{2a + b}.$$

Durch weiteres Ausklammern im Zähler von 2a erhalte ich für diesen: $2a(2a + b)$ und somit für den ganzen Term: $\frac{2a(2a + b)}{2a + b}$

Jetzt kürze ich noch gemeinsame Elemente im Zähler und Nenner und erhalte den „stark" vereinfachten Term.

Schritt 6: Ergebnis einrahmen

Der vereinfachte Term lautet: $\boxed{2a}$

1.6.2 Übungsaufgaben zum Umformen komplexer Terme

Vereinfachen Sie die folgenden Terme so weit wie möglich. Schreiben Sie, falls nötig, in ein Rechenheft. Kontrollieren Sie Ihr Ergebnis.

Nr.	Aufgaben	Ergebnis r oder f	Üben von Nr.
687.	$\sqrt{\left(\left(\dfrac{\sqrt{16 \cdot x^2} + 4 \cdot x}{\sqrt{16 \cdot x^2}}\right) \cdot \dfrac{1}{8}\right) \cdot \dfrac{64}{8}} =$		
688.	$\left(\dfrac{\sqrt{16 \cdot x^2} \cdot \dfrac{1}{4} \cdot x^2}{x^2 \cdot 4}\right) \cdot \sqrt{16 \cdot x^2} \cdot \dfrac{1}{4} \cdot x^2 =$		
689.	$\left(\dfrac{\sqrt{x^2 \cdot x \cdot 4} \cdot 1225 \cdot \sqrt{x^2 \cdot x \cdot 4}}{\sqrt{x^2 \cdot x \cdot 4} \cdot 35}\right) \cdot \left(\dfrac{1225}{35}\right)^2 =$		
690.	$\dfrac{(a+b)^2 \cdot \dfrac{1}{10}(a+b)^3 \cdot 50(a+b)^4}{(a+b)^2 \cdot \dfrac{1}{5}(a+b)^3} =$		
691.	$\dfrac{\dfrac{a^3 \cdot b^3 \cdot c^3}{(a \cdot b \cdot c)^5} \cdot \dfrac{a^3 \cdot b^3 \cdot c^3}{(a \cdot b \cdot c)^4} \cdot \dfrac{a^3 \cdot b^3 \cdot c^3}{(a \cdot b \cdot c)^3}}{\dfrac{a^3 \cdot b^3 \cdot c^3}{(a \cdot b \cdot c)^5} \cdot \dfrac{a^3 \cdot b^3 \cdot c^3}{(a \cdot b \cdot c)^4}} =$		
692.	$\left(\left(\dfrac{\sqrt{x^2 \cdot x \cdot 4} \cdot 1225 \cdot \sqrt{x^2 \cdot x \cdot 4}}{\sqrt{x^2 \cdot x \cdot 4} \cdot 35}\right) \cdot \left(\dfrac{1225}{35}\right)^2\right) \cdot \dfrac{1}{1225} =$		

Rechentrainiung Termumfornungen

Nr.	Aufgaben	Ergebnis r oder f	Üben von Nr.
693.	$\sqrt[3]{\left(\dfrac{(a+b)^2 \cdot \frac{1}{10}(a+b)^3 \cdot 50(a+b)^4}{(a+b)^2 \cdot \frac{1}{5}(a+b)^3}\right)^4} =$		
694.	$\dfrac{\dfrac{a^3 \cdot b^3 \cdot c^3}{(a \cdot b \cdot c)^5} \cdot \dfrac{a^3 \cdot b^3 \cdot c^3}{(a \cdot b \cdot c)^4} \cdot \dfrac{a^3 \cdot b^3 \cdot c^3}{(a \cdot b \cdot c)^3}}{\dfrac{a^3 \cdot b^3 \cdot c^3}{(a \cdot b \cdot c)^5} \cdot \dfrac{a^3 \cdot b^3 \cdot c^3}{(a \cdot b \cdot c)^4}} \cdot \dfrac{a^3 \cdot b^3 \cdot c^3}{(a \cdot b \cdot c)^5} =$		
695.	$\dfrac{\sqrt{(a^3 \cdot b^3 \cdot c^3)^4}}{\dfrac{\left(\sqrt{(a^3 \cdot b^3 \cdot c^3)^4}\right)^2}{\sqrt{(a^3 \cdot b^3 \cdot c^3)^4}}} =$		
696.	$\sqrt{\left(\dfrac{(a^2 - 2ab + b^2)\frac{1}{8} \cdot (a^2 + 2ab + b^2)}{(a-b)^2}\right)^2} \cdot (a^2 - 2ab + b^2)16 \cdot 0,5 =$		
697.	$(a^2 - 2ab + b^2)16 \cdot 0,5 \cdot \dfrac{\frac{1}{16} \cdot 0,25 \cdot 8}{(a^2 - 2ab + b^2)} =$		
698.	$(a^2 - 2ab)^2 \cdot (a^2 - 2ab)^2 =$		

Nr.	Aufgaben	Ergebnis r oder f	Üben von Nr.
699.	$\dfrac{1}{4} \cdot \left(\dfrac{x+y}{\sqrt{x^2 \cdot y^2}} \cdot \sqrt{x^2 \cdot y^2} \right)^2 - (x^2 + 2xy + y^2) \dfrac{16}{\dfrac{8}{2}} =$		
700.	$\sqrt{\sqrt[3]{s^5 \cdot t^3} \cdot \left(\dfrac{s^3}{t^3}\right)^4 \cdot \sqrt[3]{s^5 \cdot t^3} \cdot \left(\dfrac{s^3}{t^3}\right)} - \left(\dfrac{s^3}{t^3}\right)^4 =$		
701.	$\dfrac{\sqrt[3]{s^5 \cdot t^3} \cdot \sqrt[3]{w^5}}{s \cdot w} - \sqrt[3]{s^5 \cdot t^3} \cdot \sqrt[3]{w^5} \cdot \dfrac{\sqrt[3]{w^5}}{\sqrt[3]{s^5 \cdot t^3}} =$		
702.	$\dfrac{\sqrt[n]{x^{2n+1} \cdot y^{2n+1}}}{(x \cdot y)^n} =$		
703.	$\dfrac{\sqrt[n]{x^{2n+1} \cdot y^{2n+1}}}{\sqrt[n]{(x \cdot y)^n}} =$		
704.	$\dfrac{\sqrt{(5a^3 \cdot 5b^3 \cdot 5c^3)^4} \cdot \dfrac{1}{5}}{\sqrt{(a^3 \cdot b^3 \cdot c^3)^4}} \cdot \left(\sqrt{(a^3 \cdot b^3 \cdot c^3)^4} \right)^2 =$		

Rechentrainiung Termumfornungen

Nr.	Aufgaben	Ergebnis r oder f	Üben von Nr.
705.	$\dfrac{\left(a^2-2ab\right)^2 \cdot \left(a^2-2ab\right)^2}{\left(a^2-2ab+b^2\right)} =$		
706.	$\dfrac{\sqrt{(a+b)^2}}{(a+b)^4} \cdot (a+b)^5 \cdot \dfrac{112}{56} \cdot \dfrac{1}{\sqrt{(a+b)^2}} \cdot \dfrac{\frac{88}{4}}{11} \cdot \dfrac{1}{4}(a+b)^7 \cdot \dfrac{(a+b)^4}{(a+b)^5} =$		
707.	$\dfrac{(a+b)^2 \cdot \frac{1}{10}(a+b)^3 \cdot 50(a+b)^4}{(a+b)^2 \cdot \frac{1}{5}(a+b)^3} \cdot (a+b)^2 \cdot \dfrac{1}{5}(a+b)^3 =$		
708.	$\left(\dfrac{\left(a^3 \cdot b^3 \cdot c^3\right) \cdot \left(\left(a^3 \cdot b^3 \cdot c^3\right)\right)^4}{\sqrt{a \cdot b \cdot c}} \right)^2 =$		
709.	$\sqrt[9]{\left(\left(a^2-2ab+b^2\right) \cdot 16 \cdot 0{,}5 \cdot \dfrac{\frac{1}{16} \cdot 0{,}25 \cdot 8}{\left(a^2-2ab+b^2\right)} \right)^4} =$		
710.	$\left(\dfrac{\left(a^2-2ab\right)^2 \cdot \left(a^2-2ab\right)^2}{\left(a^2-2ab+b^2\right)} \right)^2 \cdot (a-b)^2 =$		

Nr.	Aufgaben	Ergebnis r oder f	Üben von Nr.
711.	$\left(\dfrac{(a+b)^8}{(a+b)^6} \cdot (a+b)^7 \cdot \dfrac{(a+b)^4}{(a+b)^5}\right)^4 + \sqrt{(a+b)^2} \cdot (a+b)^7 \cdot \dfrac{(a+b)^4}{(a+b)^5} =$		
712.	$\left(\dfrac{x+y}{\sqrt{x^2 \cdot y^2}} \cdot \sqrt{x^2 \cdot y^2}\right)^2 \cdot (x^2 + 2xy + y^2) \cdot \dfrac{1}{(x+y)^2} =$		
713.	$\dfrac{\sqrt[3]{s^5 \cdot t^3} \cdot \sqrt[3]{w^5}}{s \cdot w} - \dfrac{\sqrt[3]{s^5 \cdot t^3}}{s^5 \cdot t} \cdot \sqrt[3]{w^5} \cdot \dfrac{\sqrt[3]{w^5}}{\sqrt[3]{s^5 \cdot t^3}} =$		
714.	$\dfrac{\sqrt[n]{x^{2n+1} \cdot y^{2n+1}}}{\sqrt[n]{(x \cdot y)^n}} \cdot (x \cdot y)^n =$		
715.	$\left((x \cdot y)^{-n}\right) \left(\dfrac{(x \cdot y)^n}{(x \cdot y)^{-n}} \cdot (x \cdot y)^n\right) =$		
716.	$\dfrac{\sqrt{x^2 \cdot x \cdot 4} \cdot (y \cdot y)^4 \sqrt{x^2 \cdot x \cdot 4}}{\sqrt{x^2 \cdot x \cdot 4 \cdot y^6}} =$		

Rechentrainiung Termumfornungen

Nr.	Aufgaben	Ergebnis r oder f	Üben von Nr.
717.	$\dfrac{(a+b)^2 \cdot \tfrac{1}{10}(a+b)^3 \cdot 50(a+b)^4}{(a+b)^2 \cdot \tfrac{1}{5}(a+b)^3} \cdot \dfrac{\tfrac{50}{10}}{5}(a+b)^2 \cdot \tfrac{1}{5}(a+b)^3 =$		
718.	$\dfrac{\sqrt{\left(5a^3 \cdot 5b^3 \cdot 5c^3\right)^4 \cdot \tfrac{1}{5}}}{\sqrt{\left(a^3 \cdot b^3 \cdot c^3\right)^4}} =$		
719.	$\sqrt[9]{\left((a^2-2ab+b^2) \cdot 16 \cdot 0{,}5 \cdot \dfrac{\tfrac{1}{16} \cdot 0{,}25 \cdot 8}{(a^2-2ab+b^2)}\right)^4} \cdot \dfrac{\tfrac{1}{16} \cdot 0{,}25 \cdot 8}{(a^2-2ab+b^2)} =$		
720.	$\dfrac{(a^2-2ab)^2 \cdot (a^2-2ab)^2}{(a^2-2ab+b^2)} \cdot (a-b)^2 =$		
721.	$\sqrt{(a+b)^2} \cdot \dfrac{112}{56} \cdot \dfrac{1}{\sqrt{(a+b)^2}} \cdot \dfrac{\tfrac{88}{4}}{11} \cdot \dfrac{1}{4}(a+b)^7 \cdot \dfrac{(a+b)^4}{(a+b)^5} =$		
722.	$\left(\dfrac{x+y}{\sqrt{x^2 \cdot y^2}} \cdot \sqrt{x^2 \cdot y^2}\right)^2 \cdot (x^2+2xy+y^2)\left(\dfrac{1}{(x+y)^2}\right)^2 =$		

Klausurtrainer für Mathematik, Statistik, BWL, VWL von Studeo Verlag: www.studeo.de

Nr.	Aufgaben	Ergebnis r oder f	Üben von Nr.
723.	$\dfrac{\sqrt[n]{x^{2n+1}\cdot y^{2n+1}}}{\sqrt[n]{(x\cdot y)^n}}\cdot (x\cdot y)^n \cdot \dfrac{1}{\sqrt[n]{x^{2n+1}\cdot y^{2n+1}}} =$		
724.	$\left((x\cdot y)^{-n}\right)\cdot \left(\dfrac{(x\cdot y)^n}{(x\cdot y)^{-n}}\cdot (x\cdot y)^n\right)^n =$		
725.	$\sqrt{\left(\dfrac{\sqrt{x^2\cdot x\cdot 4}\cdot (y\cdot y)^4\sqrt{x^2\cdot x\cdot 4}}{\sqrt{x^2\cdot x\cdot 4\cdot y^6}}\right)} =$		
726.	$\dfrac{(a+b)^2\cdot \tfrac{1}{10}\cdot (a+b)^3\cdot 50\cdot (a+b)^4\cdot \tfrac{50}{10}}{(a+b)^2\cdot \tfrac{1}{5}\cdot (a+b)^3}\cdot (a+b)^2\cdot \tfrac{1}{5}\cdot (a+b)^3\cdot (a+b)^2 =$		
727.	$\sqrt[8]{\left(\dfrac{x\cdot y}{\sqrt{x^2\cdot y^2}}\right)^2}\cdot \left(\dfrac{x\cdot y}{\sqrt{x^2\cdot y^2}}\right)^2\cdot (x^2+2xy+y^2)\cdot \left(\dfrac{1}{(x+y)^2}\right)^2 =$		
728.	$\left(\dfrac{\sqrt[n]{x^{2n+1}\cdot y^{2n+1}}}{\sqrt[n]{(x\cdot y)^n}}\cdot (x\cdot y)^n \cdot \dfrac{1}{\sqrt[n]{x^{2n+1}\cdot y^{2n+1}}}\right)^n =$		

Nr.	Aufgaben	Ergebnis r oder f	Üben von Nr.
729.	$\sqrt[n]{\left((x \cdot y)^{-n}\right)^n \cdot \left(\dfrac{(x \cdot y)^n}{(x \cdot y)^{-n}} \cdot (x \cdot y)^n\right)^n} =$		
730.	$\left(\dfrac{\left(\sqrt{(x \cdot y)^2 \cdot x^2 \cdot x \cdot \frac{1}{x} \cdot x^2}\right)^2}{\left(\sqrt{x}\right)^4} \cdot \dfrac{1}{x} \cdot \dfrac{\left(\sqrt{(x \cdot y)^2 \cdot x^2 \cdot x \cdot \frac{1}{x} \cdot x^2}\right)^2}{\left(\sqrt{x}\right)^4}\right)^3 =$		
731.	$\dfrac{\left(\sqrt{(x \cdot y)^2 \cdot x^2 \cdot x \cdot \frac{1}{x} \cdot x^2}\right)^2}{\left(\sqrt{x}\right)^4} \cdot \dfrac{\left(\sqrt{(x \cdot y)^2 \cdot x^2 \cdot x \cdot \frac{1}{x} \cdot x^2}\right)^2}{\left(\sqrt{x}\right)^4} =$		
732.	$\left(\left(\left(\sqrt{x}\right)^4\right)^{-6}\right)^4 \cdot \left(\left(\left(\left(\sqrt{x}\right)^4\right)^{-6}\right)^4\right)^{-1} =$		
733.	$\left(\dfrac{\sqrt[3]{256x^{12}} \cdot \sqrt[3]{256x^{12}}}{\sqrt[3]{256x^{12}}}\right)^4 \cdot \dfrac{1}{\sqrt[3]{256x^{12}}} \cdot 558 =$		
734.	$(x \cdot y)^n \cdot (x \cdot y)^{-n} \cdot \dfrac{(x \cdot y)^n}{(x \cdot y)^{-n}} =$		

Nr.	Aufgaben	Ergebnis r oder f	Üben von Nr.
735.	$\sqrt[n]{\left((x\cdot y)^{-n}\right)^{2n} \cdot \left(\dfrac{(x\cdot y)^n}{(x\cdot y)^{-n}}\cdot (x\cdot y)^n\right)^{2n}} =$		
736.	$\left(\dfrac{1}{4}\cdot\left(\dfrac{(a^2-2ab)^2\cdot(a^2-2ab)^2}{(a^2-2ab+b^2)}\right)^2 \cdot \dfrac{64}{\frac{8}{2}}\cdot(a-b)^2\right)^4 =$		
737.	$\left((x\cdot y)^n \cdot (x\cdot y)^{-n} \cdot \dfrac{(x\cdot y)^n}{(x\cdot y)^{-n}}\right)^n =$		
738.	$\sqrt[n]{\left((xy)^n\right)^{2n+3} \cdot \left(\dfrac{(xy)^n}{(xy)^{-n}}\cdot (xy)^n\right)^{2n+3}} =$		
739.	$\left(\dfrac{\sqrt[3]{256x^{12}}\cdot\sqrt[3]{256x^{12}}}{\sqrt[3]{256x^{12}}}\right)^4 \cdot \left(\dfrac{1}{\sqrt[3]{256x^{12}}}\right)^{-4}\cdot 558 + \sqrt{\dfrac{1}{49}} =$		
740.	$\left(-\left(-\dfrac{1}{3}c-\dfrac{1}{6}d\right)\right)-\left(-\left(-\left(\dfrac{2}{3}c+\dfrac{3}{6}d\right)\right)\right)-\left(-\dfrac{1}{3}c+\dfrac{1}{6}d\right)-\left(-\left(\dfrac{2}{3}c-\dfrac{3}{6}d\right)\right) =$		

Nr.	Aufgaben	Ergebnis r oder f	Üben von Nr.
741.	$\left(\dfrac{2a}{2a+b} - \dfrac{4a^2}{4a^2+4ab+b^2}\right) \cdot \left(\dfrac{2a}{4a^2-b^2} + \dfrac{1}{b-2a}\right)^{-1} + \dfrac{8a^2}{2a+b} =$		
742.	$\left(\dfrac{(a+b)^2 \cdot \dfrac{8}{4} \cdot \dfrac{1}{10} \cdot (a+b)^3 \cdot 50 \cdot (a+b)^4}{(a+b)^2 \cdot \dfrac{1}{5} \cdot (a+b)^3 \cdot \dfrac{88}{44}} \cdot \dfrac{\dfrac{50}{10}}{5} \cdot (a+b)^2 \cdot \dfrac{1}{5} \cdot (a+b)^3 \cdot (a+b)^2\right)^2 =$		
743.	$\left((x \cdot y)^n \cdot (x \cdot y)^{-n} \cdot \dfrac{(x \cdot y)^n}{(x \cdot y)^{-n}}\right)^n \cdot (x \cdot y)^{-n} \cdot \dfrac{(x \cdot y)^n}{(x \cdot y)^{-n}} =$		
744.	$\left((x \cdot y)^{-n}\right)^{2n+3} \cdot \left(\dfrac{(x \cdot y)^n}{(x \cdot y)^{-n}} \cdot (x \cdot y)^n\right)^{2n+3} =$		
745.	$\dfrac{\left(\sqrt{(x \cdot y)^2 \cdot x^2 \cdot x \cdot \dfrac{1}{x} \cdot x^2}\right)^2}{\left(\sqrt{x}\right)^4} \cdot \dfrac{1}{x} \cdot \dfrac{\left(\sqrt{(x \cdot y)^2 \cdot x^2 \cdot x \cdot \dfrac{1}{x} \cdot x^2}\right)^2}{\left(\sqrt{x}\right)^4} =$		
746.	$\left(\dfrac{1}{\sqrt[3]{256x^{12}}}\right)^{-4} \cdot \left(\dfrac{1}{\sqrt[3]{256x^{12}}}\right)^{-7} =$		

Nr.	Aufgaben	Ergebnis r oder f	Üben von Nr.
747.	$\left(\dfrac{2a}{2a+b} - \dfrac{4a^2}{4a^2+4ab+b^2}\right) \cdot \left(\dfrac{2a}{4a^2-b^2} + \dfrac{1}{b-2a}\right) =$		
748.	$\dfrac{(cd)^4 \cdot c^{-2}}{(cd)^3} + \dfrac{(cd)\cdot(c+d)\cdot c^2 \cdot (c^2+2cd+d^2)^{-2}}{(cd)^{-4}\cdot(c+d)^{-3}} =$		
749.	$\dfrac{\left(\sqrt{(d+1)^2} \cdot \sqrt{(d+1)^4}\right)^{-3}}{\left(\sqrt{d+1}\right)^{-4}} - \dfrac{\left(-\sqrt{d+1}\cdot\sqrt{d+1}\right)^4}{\left(\left(-\sqrt{d+1}\right)^4\right)^3} =$		
750.	$\sqrt[4]{\left(\dfrac{\sqrt[2]{\left(e^2\cdot f^3\cdot g^4\right)^2}}{\left(e^2\cdot f^3\cdot g^4\right)^2}\right)^2} =$		
751.	$\sqrt{\sqrt{b^2-4\cdot a\cdot c}\sqrt{b^2-4\cdot a\cdot c}} - \sqrt{b^2-4\cdot a\cdot c} + 144^{0{,}5} =$		
752.	$\left(\dfrac{\sqrt{(a\cdot b)}}{\left(\sqrt[4]{(a\cdot b)^2}\cdot\sqrt{(a\cdot b)}\right)^2}\left(\sqrt[4]{(a\cdot b)^2}\sqrt{(a\cdot b)}\right)^2\right)^{-1} =$		

Rechentrainiung Termumforungen

Nr.	Aufgaben	Ergebnis r oder f	Üben von Nr.
753.	$\left(\dfrac{\sqrt[2]{(u^2 \cdot v^3 \cdot w^4)^2}}{(u^2 \cdot v^3 \cdot w^4)^2}\right)^4 \cdot \dfrac{\sqrt[2]{(u^2 \cdot v^3 \cdot w^4)^2}}{(u^2 \cdot v^3 \cdot w^4)^2} =$		
754.	$\dfrac{\left(\left(\dfrac{(d^2 \cdot c^3 \cdot 4^4 - c^3 \cdot c^5 \cdot c^4) \cdot e \cdot d}{\dfrac{e}{d}}\right) \cdot \dfrac{1}{6}\right)^2 \cdot 112}{56} \cdot 24 =$		
755.	$\dfrac{\left(\dfrac{(h^{-4})^{-2}}{h^{-4}}\right)^{-2}}{(h^{-4})^{-2}} \cdot \left(\dfrac{(h^{-4})^{-2}}{h^{-4}}\right)^{-2} =$		
756.	$\dfrac{1}{(g^{-4})^{-2}} \cdot \dfrac{1}{\dfrac{1}{(g^4)^2}} \cdot \left(\dfrac{(g^{-4})^{-2}}{g^{-4}}\right)^{-2} =$		
757.	$\dfrac{1}{(s^{-4})^{-2}} \cdot \dfrac{1}{\dfrac{1}{(s^4)^2}} \cdot \left(\dfrac{(s^{-4})^{-2}}{s^{-4}}\right)^{-2} \cdot (s^{-4})^{-2} =$		

1.6.3 Zusatzaufgaben zum Umformen komplexer Terme

Vereinfachen Sie die folgenden Terme so weit wie möglich. Schreiben Sie in ein Rechenheft. Kontrollieren Sie Ihr Ergebnis.

Nr.	Aufgaben	Ergebnis r oder f	Nr.	Aufgaben	Ergebnis r oder f
758.	$\dfrac{(1-x)\cdot(x+2)^2}{x^2(x+1)}\cdot(1-x)\cdot(x+2) =$		810.	$\dfrac{\left(\frac{1}{2}a+\frac{1}{3}b\right)-\left(\frac{4}{2}a-\frac{4}{3}b\right)-\left(\frac{3}{2}a-\frac{5}{3}b\right)}{\left(\frac{3}{2}a+\frac{5}{3}b\right)-\left(\frac{1}{2}a+\frac{1}{3}b\right)+\left(-\frac{4}{2}a-\frac{4}{3}b\right)} =$	
759.	$\dfrac{-x\cdot\sqrt[3]{y}}{x\cdot\left(-\sqrt[3]{y}\right)}\cdot 2 =$		811.	$\left(\dfrac{2x^2\cdot x^{-2}}{x^6\cdot x^2}\right)\cdot\left(\dfrac{2x^2\cdot x^{-2}}{x^{-6}\cdot x^2}\right) =$	
760.	$\dfrac{\left(x^3\right)^2\cdot\sqrt[3]{y^{12}}}{(xy)^4\cdot x^2} =$		812.	$\left(\dfrac{2a+2b+2c-(-2a-2b-2c)}{4a+4b+4c}\right)\cdot\left(\dfrac{a^2}{(2b)^2}\right)^2 =$	
761.	$\sqrt[3]{\dfrac{x^{2n}\cdot 2y^{2n-2}}{2x\cdot 2y}} =$		813.	$\dfrac{a^{-2}\cdot b^{-2}}{(2b)^{-2}\cdot a^2}+\dfrac{a^{-2}\cdot b^{-2}}{(2b)^{-2}\cdot a^{-2}} =$	
762.	$\left(\dfrac{y^{\frac{2}{n}}\cdot x^{\frac{1}{n}}}{y^{\frac{1}{n}}}\right)^{\frac{n}{2}} =$		814.	$\dfrac{\left(\left(x^5\right)^2\right)^2\cdot x^3}{\left(x^5\right)^{-2}\cdot\left(x^{-3}\right)^2} =$	
763.	$\sqrt[n]{\dfrac{x^{2n+1}\cdot y^{2n+1}}{x\cdot y}} =$		815.	$(y^{-5})^2\cdot(y^4)^{-2}\cdot(y^{-4})^2\cdot\dfrac{\left(\dfrac{x^{-2}}{y^{-2}}\right)^2}{x\cdot y} =$	
764.	$\dfrac{\sqrt[n]{x^{n-3}}\cdot\left(\sqrt[n]{x}\right)^{2n+1}}{\sqrt[n]{x^{2n-2}}} =$		816.	$\dfrac{\left(\dfrac{1}{2}\cdot\left(\dfrac{x^3}{y}\right)^2\cdot\dfrac{1}{4}\right)}{\left(\dfrac{x}{y}\right)^2-\left(\dfrac{x^2}{y^2}\right)^2+1}\cdot\dfrac{\left(\dfrac{4}{3}\cdot\dfrac{x^2}{y^3}\right)}{(x\cdot y)^2} =$	
765.	$\dfrac{\sqrt{\sqrt{x^{4n}}\cdot x^{2n}}}{\sqrt[n]{x^{2n}}\cdot x^n} =$		817.	$\dfrac{\left(-\dfrac{1}{2}\cdot\dfrac{x}{y}\right)^2}{-x\cdot y}\cdot\sqrt{x^2\cdot y^2} =$	
766.	$\dfrac{\sqrt[n]{x^{n-3}}\cdot\sqrt[n]{x^{n-3}}\cdot\left(\sqrt[n]{x}\right)^{n+2}}{\sqrt[n]{x^{n-3}}\cdot(x)^{n+2}} =$		818.	$\sqrt{\sqrt{16y^8\cdot\dfrac{1}{16}x^{16}}}+\sqrt[4]{16y\cdot\dfrac{1}{16}x^{16}} =$	
767.	$\dfrac{(a\cdot b)^2}{\left(\left(\dfrac{1}{b-2a}\right)^{-4}\cdot\left(4a^2-b^2\right)\right)^4} =$		819.	$\dfrac{\sqrt{\sqrt[4]{y^8\cdot x^{12}}}}{\sqrt{\sqrt{y^8\cdot x^{12}}}}\cdot\dfrac{\sqrt{4x}}{4x} =$	
768.	$\sqrt[n]{\left((c\cdot d)^n\cdot\dfrac{1}{(c\cdot d)^{-n}}\right)^{n+6}} =$		820.	$\dfrac{\dfrac{\left(\left(4x\right)^2\right)^{\frac{1}{2}}}{\left(\sqrt{4x}\right)^2}}{\dfrac{(-4x)^2}{\left(-\sqrt{4x^2}\right)^2}} =$	
769.	$\dfrac{(g\cdot h\cdot j\cdot i)^3\cdot g\cdot\left(h^2-i\cdot j\right)}{(i\cdot j\cdot g)^2\cdot h^3} =$		821.	$\dfrac{\left(x^{-4}\right)^{-2}\cdot\left(x^2\right)^{-3}}{\left(\sqrt{(x)^4}\right)^{-2}}+\sqrt{4x^2}+\sqrt{4x^2} =$	

Rechentrainiung Termumfornungen

Nr.	Aufgaben	Ergebnis r oder f	Nr.	Aufgaben	Ergebnis r oder f
770.	$\left(\dfrac{\sqrt{r}}{(s\cdot t)^{0,5}}\right)^{0,5} \cdot \sqrt{\sqrt{\dfrac{r}{s\cdot t}}} =$		822.	$\dfrac{\left(\left(\sqrt[4]{16x^8}\right)^{-2}\cdot\sqrt{4x^2}\right)^2 \cdot \left(\sqrt[4]{\dfrac{1}{16}x^8}\right)^{-2}}{\left(\dfrac{1}{4}x\right)^2 \cdot x^{-2}} =$	
771.	$\dfrac{\sqrt[n]{x^{n-3}}\cdot\sqrt[n]{x^{n-3}}\cdot\left(\sqrt[n]{x}\right)^{n+2}}{\sqrt[n]{x^{n-3}}\cdot(x)^{n+2}}\cdot\sqrt[n]{x^{n-3}}\cdot\left(\sqrt[n]{x}\right)^{n+2} =$		823.	$\dfrac{(-(-(2a-4b)))-(-(4a+4b))}{(-(4a-4b))+(-(4b+2a))} =$	
772.	$\sqrt{\dfrac{(a\cdot b)^2}{\left(\left(\dfrac{1}{b-2a}\right)^{-4}\cdot\left(4a^2-b^2\right)\right)^4}} =$		824.	$\left(\dfrac{1}{\sqrt[3]{256x^{12}}}\right)^{-7} =$	
773.	$\dfrac{a-\left(\dfrac{1}{3}a-\dfrac{1}{3}bc+\dfrac{1}{3}a-\dfrac{1}{3}bc\right)}{b} =$		825.	$\dfrac{\dfrac{(2a^2\cdot b^2)+2c^2}{(abc)\cdot 2}}{\dfrac{a^2\cdot b^2\cdot c^2}{(abc)^2}} =$	
774.	$\left(\dfrac{a}{2b}+\dfrac{2}{3}c\right)\left(\dfrac{1}{3}a-\dfrac{1}{3}bc\right)-c\left(\dfrac{1}{3}a-\dfrac{1}{3}bc\right) =$		826.	$\dfrac{(e+d)^2+(e+d)^2}{(e+d)}\cdot\dfrac{\left((e+d)^2\right)^2\cdot(e+d)^{-3}}{(e+d)^{-2}} =$	
775.	$\sqrt[n]{\dfrac{1}{(c\cdot d)^{-n}}}\cdot c^8\cdot d^6 =$		827.	$\dfrac{y^{n-3}+2y^{n-3}}{3}-\dfrac{y^{n+3}\cdot 2y^{n-3}}{3y^{n+3}+y^{n+3}} =$	
776.	$\dfrac{(i\cdot j\cdot g)^2\cdot h^3}{\dfrac{h}{(i\cdot j\cdot g)^2}}\cdot g\cdot h^2 - i\cdot j =$		828.	$\dfrac{y^{-(n+3)}+2y^{-n-3}}{2y^{-n-3}}\cdot\dfrac{\left((e+d)^{-2}\right)^4}{\left((e+d)^{-2}\right)^3} =$	
777.	$\left(\left(\dfrac{\sqrt{r}}{(s*t)^{0,5}}\right)^{0,5}\cdot\sqrt{\sqrt{\dfrac{r}{s\cdot t}}}\right)^{\left(\frac{1}{2}\right)^2} =$		829.	$\dfrac{4y\cdot 4y^n\cdot 4y^3\cdot 4y^{12}}{y^n}+\dfrac{4y^8\cdot 4y^8}{y^{-8}}\cdot\dfrac{1}{y^{16}} =$	
778.	$\left(\dfrac{a}{2b}+\dfrac{2}{3}c\right)\cdot\left(\dfrac{1}{3}a-\dfrac{1}{3}bc\right) =$		830.	$\dfrac{\dfrac{2a(a-1)^3}{(a-1)^2}}{\dfrac{2a(a-1)^3}{(a-1)^3}} =$	
779.	$\dfrac{1}{2}a-\dfrac{1}{2}\cdot\left(\dfrac{1}{2}a-\dfrac{1}{2}x-\dfrac{1}{2}bc\right)-\dfrac{1}{2}bc =$		831.	$\dfrac{4b(b+3)^2}{4b(b^2+6b+9)}\cdot\dfrac{\left(4b\cdot(b+3)^{-2}\right)}{4b(b^2+6b+9)^{-4}} =$	
780.	$\left(\sqrt[4]{(ab)^2}\cdot\sqrt{(ab)}\right)^2 =$		832.	$\dfrac{\dfrac{\left(\sqrt[4]{xy}\right)^{-1}\cdot\sqrt[8]{xy}}{\left(\sqrt[8]{xy}\right)^{-1}}}{\sqrt{(xy)^{-2}}\cdot\sqrt[4]{(xy)^{-8}}} =$	
781.	$\sqrt[4]{\sqrt[n]{\dfrac{1}{(c*d)^{-n}}}\cdot c^8\cdot d^8} =$		833.	$\left(\dfrac{1}{(-b^{-3})}\right)^2\cdot\left(\dfrac{-b^{-5n}}{b^{-3n}}\right)\cdot\left(\dfrac{-1}{(-b^{-3})}\right)^2\cdot\left(\dfrac{-b^{-5n}}{-b^{-3n}}\right)^2 =$	
782.	$\dfrac{\sqrt{(a\cdot b)}}{\left(\sqrt[4]{(a\cdot b)^2}\cdot\sqrt{(a\cdot b)}\right)^2} =$		834.	$\dfrac{(a\cdot b)^2}{\left(\dfrac{1}{b-2a}\right)^{-4}\cdot\left(4a^2-b^2\right)}$	

Rechentrainer "Schlag auf Schlag – Rechnen bis ich's mag"

Nr.	Aufgaben	Ergebnis r oder f	Nr.	Aufgaben	Ergebnis r oder f
783.	$\left(\dfrac{a - \left(\dfrac{1}{3}a - \dfrac{1}{3}bc + \dfrac{1}{3}a - \dfrac{1}{3}bc\right)}{b}\right)^2 =$		835.	$\dfrac{-4x^2 + 16x^2}{(-4x)^2 + 16x^2} =$	
784.	$\dfrac{a - x\left(\dfrac{1}{2}a - \dfrac{1}{2}x - \dfrac{1}{2}bc\right)}{x} - x - cx =$		836.	$\dfrac{\left(\left(-(x)^2\right)^{-5}\right)^{-2} \cdot \left(-(x)^{-2}\right)^3}{\left(\left(-(x)^2\right)^{-5}\right)^{-2} \cdot \left(-\left(-(x)^{-2}\right)^3\right)} =$	
785.	$\dfrac{1}{2}a - \dfrac{1}{2}\cdot\left(\dfrac{1}{2}a - \dfrac{1}{2}x - \dfrac{1}{2}bc\right) =$		837.	$\dfrac{(g+h)^2 + (g+h)^2}{(g+h)^3} \cdot \dfrac{(g+h)^2 + (g+h)^4}{(g+h)^3 + (g+h)} =$	
786.	$(-b) \cdot \dfrac{a+e}{b+g} \cdot \dfrac{b \cdot g}{a-e} =$		838.	$\dfrac{\left(\left(-(g+h)^2\right)^{-3}\right)^4 \cdot \left(\left(-(g+h)^2\right)^3\right)^4}{\left(-\left(-(g+h)^2\right)^{-3}\right)^3 \cdot \left(-\left(-(g+h)^2\right)^3\right)^3} =$	
787.	$\sqrt[4]{\sqrt[n]{\dfrac{1}{(c\cdot d)^{-n}} \cdot c^8 \cdot d^8} - \dfrac{1}{(c\cdot d)^{-n}}} =$		839.	$\dfrac{\left(\sqrt{d+1}\cdot\sqrt{d+1}\right)^4}{\left(\sqrt{d+1}\right)^8} - \sqrt{d+1}\cdot\sqrt{d+1} =$	
788.	$\left(\sqrt[3]{\dfrac{(i\cdot j\cdot g)^2 \cdot h^3}{h}}\right)^{\frac{9}{3}} =$		840.	$\dfrac{t^{\frac{n}{4}} + t^{\frac{n}{4}}}{t^{\frac{n}{4}}} \cdot \dfrac{t^{\frac{-n}{2}} \cdot t^{\frac{2n}{2}}}{t^{\frac{4n}{8}}} =$	
789.	$\dfrac{\sqrt{(a\cdot b)}}{\left(\sqrt[4]{(a\cdot b)^2}\cdot\sqrt{(a\cdot b)}\right)^2} + \left(\sqrt[4]{(a\cdot b)^2}\cdot\sqrt{(a\cdot b)}\right)^2 =$		841.	$\dfrac{t^{\frac{-n}{2}} \cdot t^{\frac{2n}{-2}}}{t^{\frac{4n}{8}}} \cdot \dfrac{t^{\frac{-n}{2}} \cdot t^{\frac{2n}{-2}}}{t^{\frac{-4n}{8}}} =$	
790.	$\dfrac{1}{2}\cdot\left(\dfrac{1}{2}a - \dfrac{1}{2}x - \dfrac{1}{2}bc\right) =$		842.	$\left(\dfrac{\sqrt[2]{\left(e^2\cdot f^3\cdot g^4\right)^2}}{\left(e^2\cdot f^3\cdot g^4\right)^2}\right)^2 =$	
791.	$\left(\sqrt[n]{x^{n-3}}\cdot\left(\sqrt[n]{x}\right)^{n+2}\right)^{n+2} =$		843.	$\dfrac{\left(-(g+h)^2\right)(g+h)^{-4}}{(g+h)^{-3}\cdot\left(-(g+h)\right)^2} + \dfrac{(g+h)^2 + (g+h)^2}{(g+h)^3} =$	
792.	$\dfrac{\left(\dfrac{(q^{-4})^{-2}}{q^{-4}}\right)^{-2}}{(q^{-4})^{-2}} =$		844.	$\dfrac{\dfrac{(cd)^2 + c^2}{c}}{\dfrac{(cd)^2 \cdot c^2}{c}} =$	
793.	$\left(\sqrt{j\cdot k\cdot l}\right)^{n+3}\cdot\dfrac{\sqrt[5]{j\cdot k\cdot l}}{(n+3)^2}\cdot\dfrac{5}{\left(\sqrt{j\cdot k\cdot l}\right)^{15}} =$		845.	$\dfrac{b^5\cdot b^n}{b^7} \cdot \dfrac{b^{-5}\cdot b^n}{b^7} =$	
794.	$\dfrac{\sqrt[n]{y^{n+4}}\cdot\left(\sqrt[n]{2y}\right)^{2n+1}}{\sqrt[n]{2y^{2n-2}}} =$		846.	$a^x\cdot 3a^{-(2x)^2}\cdot a^{-x}\cdot 3a^{(2x)^2} =$	
795.	$\left(\dfrac{1}{w^{-3}}\cdot\dfrac{\dfrac{1}{w^{-3}}}{r^{-2}}\right)^2 =$		847.	$\dfrac{\sqrt[4]{xy}}{\sqrt[8]{xy}}\cdot\sqrt[4]{xy}\cdot\left(\sqrt[8]{xy}\right)^{-1} =$	

Rechentrainiung Termumfornungen

Nr.	Aufgaben	Ergebnis r oder f	Nr.	Aufgaben	Ergebnis r oder f
796.	$\sqrt[n]{2y^{2n-2}} =$		848.	$\dfrac{\dfrac{(4b\cdot(b+3)^4)}{4b(b^2+6b+9)^{-2}}}{\dfrac{(4b\cdot(b+3)^{-2})}{4b(b^2+6b+9)^{-4}}} =$	
797.	$\sqrt[n]{2y^{2n-2}} \cdot \sqrt[n]{y^{n+4}} =$		849.	$\dfrac{2a(a-1)^3}{(a-1)^4} \cdot \dfrac{2a(a-1)^3}{(a-1)} =$	
798.	$\dfrac{-b\cdot\sqrt{b^2\cdot 4\cdot(a\cdot c)^4}}{2a\cdot c} =$		850.	$\dfrac{4y^{-8}\cdot 4y^{-8}}{y^8} \cdot \dfrac{1}{y^{-16}} + \dfrac{4y^8\cdot 4y^8}{y^8} \cdot \dfrac{1}{y^{16}} =$	
799.	$\dfrac{\sqrt[n]{2y^{2n-2}} \cdot \sqrt[n]{y^{n+4}}}{\left(\sqrt[n]{2y}\right)^{2n+1}} =$		851.	$\dfrac{a^2\cdot(b^2+2c^2)}{(abc)} + \dfrac{a^{-2}\cdot b^{-2}(2c)}{(abc)^{-2}} =$	
800.	$\left(\dfrac{\sqrt[n]{2y^{2n-2}} \cdot \sqrt[n]{y^{n+4}}}{\left(\sqrt[n]{2y}\right)^{2n+1}}\right)^n =$		852.	$\dfrac{\left(\dfrac{1}{4}x\right)^{-2}\cdot x^{-2}}{\left(\sqrt[4]{\dfrac{1}{16}x^8}\right)^{-2}\cdot x^{-4}} - \dfrac{\left(\dfrac{1}{4}x\right)^2\cdot x^{-2}}{\left(\sqrt[4]{\dfrac{1}{16}x^8}\right)^{-2}} =$	
801.	$\left(\sqrt[n]{2y^{2n-2}}\right)^n =$		853.	$\dfrac{\sqrt{4x}}{4x} \cdot \dfrac{4x}{\sqrt{4x}} =$	
802.	$\dfrac{n^{n+3}}{n^2\cdot n^{n+n}}\cdot(n-3)^{n-7} =$		854.	$\dfrac{\left(-\dfrac{1}{2}\cdot\dfrac{x}{y}\right)^2}{-x\cdot y} - \dfrac{\left(\dfrac{1}{2}\cdot\dfrac{x}{y}\right)^2}{x\cdot y} =$	
803.	$\left(\sqrt[n]{2y^{2n-2}}\cdot y\cdot y\right)^n =$		855.	$\left(\dfrac{a+e}{b+g} - \dfrac{e}{g}\right)\cdot\dfrac{ag-be}{b+g} =$	
804.	$\dfrac{n^{n+3}}{n^2\cdot n^{n+n}\cdot(n-3)^{n+12}}\cdot(n-3)^{n-7} =$		856.	$\sqrt{\left(\left(\dfrac{\sqrt{16\cdot x^2}+4\cdot x}{\sqrt{16\cdot x^2}}\right)\cdot\dfrac{1}{8}\right)\cdot\dfrac{64}{8}} =$	
805.	$(2x^3+3x^3+4x^3)\cdot(2x^3+(3x^3+4x^3)) =$		857.	$(a^2-2ab)^2\cdot(a^2-2ab)^2 =$	
806.	$\left(\dfrac{1}{5}x^3+\dfrac{3}{5}x^3-\dfrac{2}{5}x^3\right)\left(\left(\dfrac{1}{5}x^3-\dfrac{3}{5}x^3\right)\dfrac{2}{5}x^3\right) =$		858.	$\dfrac{\sqrt[n]{x^{2n+1}\cdot y^{2n+1}}}{(x\cdot y)^n} =$	
807.	$\dfrac{x}{3x}\cdot\dfrac{x}{-3x}\cdot\dfrac{-x}{3x} =$		859.	$\dfrac{\sqrt[n]{x^{2n+1}\cdot y^{2n+1}}}{\sqrt[n]{(x\cdot y)^n}} =$	
808.	$\dfrac{\left(-\dfrac{x}{3x}\cdot\dfrac{-2x}{3x}\right)^2}{\left(\dfrac{-x}{-3x}\cdot\dfrac{2x}{-3x}\right)^4} =$		860.	$\dfrac{(a^2-2ab)^2\cdot(a^2-2ab)^2}{(a^2-2ab+b^2)} =$	
809.	$\dfrac{\left(\dfrac{1}{2}a-\dfrac{1}{3}b\right)+\left(\dfrac{4}{2}a+\dfrac{4}{3}b\right)-\left(\dfrac{3}{2}a-\dfrac{5}{3}b\right)}{\dfrac{x}{3x}} =$		861.	$\dfrac{\sqrt[n]{x^{2n+1}\cdot y^{2n+1}}}{\sqrt[n]{(x\cdot y)^n}}\cdot(x\cdot y)^n =$	

2 Rechnen mit dem Taschenrechner – Tipps, Tricks und Aufgaben

2.1 Unsere Empfehlung: Der nichtprogrammierbare Taschenrechner Casio fx-85 MS

Der Taschenrechner ist unverzichtbar für das Rechnen komplizierterer Aufgaben. Bei der Auswahl eines Rechners muss man allerdings darauf achten, dass man ihn bis zum Diplom benutzen kann und vor allem, dass man ihn in die Klausur mitnehmen darf.

Wir empfehlen für das Wirtschaftsstudium den Casio fx 85 MS. Hier sind sieben Gründe, warum wir dieses Modell empfehlen und die Musteraufgaben für den Taschenrechner anhand dieses Modells vorrechnen:

1. Weil er nicht programmierbar ist und damit ein entscheidendes Kriterium für die Mitnahme in die Klausur erfüllt.
2. Weil wir damit selbst rechnen und er sich aus unserer Sicht bewährt.
3. Weil er 240 Funktionen hat, die für das Wirtschaftsstudium bis zum Diplom ausreichen.
4. Weil er ein großes 2-Zeilen-Display hat und damit den Überblick beim Rechnen erleichtert.
5. Weil er mit 24 Klammerebenen selbst komplizierteste Rechnungen ohne "Absetzen" (also ohne Aufschreiben eines Zwischenergebnisses und anschließendes Wiedereingeben) erlaubt.
6. Weil man mit Replay vorherige Rechenschritte kontrollieren und vor allem einfach korrigieren kann (sehr vorteilhaft bei langen Rechnungen wie Zahlungsreihen, statistischen Reihen etc.).
7. Weil die Bedienungsanleitung sehr übersichtlich und hilfreich ist.

So sieht der Rechner aus. Die einzelnen Tasten werden in der folgenden Tabelle erklärt:

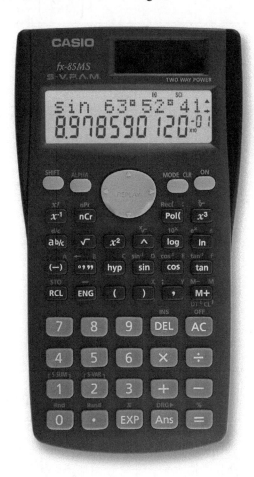

2.2 Erklärung der Tastenbelegung

Nicht alle der folgenden Tasten brauchen Sie für das Berechnen der Aufgaben in diesem Rechentrainer. Wir haben auch Arbeitsbücher für Mathematik für Abitur und Studium sowie Arbeitsbücher zur Deskriptiven und Induktiven Statistik.

Nr.	Taste	Bezeichnung	Funktion
1.	ON	ON-Taste	Aktiviert den Taschenrechner
2.	AC	AC-Taste	Löscht das Display, d.h. alle Rechnungen+Ergebnisse
3.	DEL	DEL-Taste	Löscht die letzte Eingabe
4.	REPLAY	Replaytaste	Ermöglicht Blättern im Display und Rückgriff auf frühere Rechenschritte
5.	SHIFT	Shifttaste	Aktiviert die Zweitbelegung der Tasten
6.	MODE	Modetaste	Ruft den SD-Modus (statistische Berechnungen) auf
7.	ALPHA	Alphataste	Aktiviert die Drittbelegung der Tasten
8.	0	Zahlentaste 0	gibt die 0 wider
9.	1	Zahlentaste 1	gibt die 1 wider
10.	2	Zahlentaste 2	gibt die 2 wider
11.	3	Zahlentaste 3	gibt die 3 wider
12.	4	Zahlentaste 4	gibt die 4 wider
13.	5	Zahlentaste 5	gibt die 5 wider
14.	6	Zahlentaste 6	gibt die 6 wider
15.	7	Zahlentaste 7	gibt die 7 wider
16.	8	Zahlentaste 8	gibt die 8 wider
17.	9	Zahlentaste 9	gibt die 9 wider
18.	.	Kommataste	Setzt das Komma in einer Dezimalzahl
19.	+	Additionstaste	Addiert zwei Ausdrücke
20.	−	Subtraktionstaste	Subtrahiert zwei Ausdrücke
21.	×	Multiplikationstaste	Multipliziert zwei Ausdrücke
22.	÷	Divisionstaste	Dividiert zwei Ausdrücke
23.	=	Ergebnistaste	Liefert das Ergebnis eines Ausdrucks
24.	(	Klammertaste 1	Öffnet die Klammer (Klammer auf)

Nr.	Taste	Bezeichnung	Funktion
25.	)	Klammertaste 2	Schließt die Klammer (Klammer zu)
26.	a b/c	Bruchtaste	Ermöglicht das Eingeben eines Bruches
27.	(−)	Vorzeichentaste	Negiert eine beliebige Zahl
28.	x^2	Quadrattaste	Quadriert eine Zahl oder Klammer
29.	x^3	Kubiktaste	Potenziert eine Zahl oder Klammer mit 3
30.	x^{-1}	Kehrwerttaste (Reziprokentaste)	Bildet den Kehrwert (das Reziproke) eines Ausdrucks
31.	^	Exponentialtaste (Potenztaste)	Potenziert einen Ausdruck mit einem anderen Ausdruck
32.	√	Wurzeltaste	Zieht die Quadratwurzel aus einem beliebigen positiven Ausdruck
33.	log	Logarithmentaste 1	Steht für den Logarithmus (ohne vorgegebene Basis)
34.	ln	Logarithmentaste 2	Steht für den Logarithmus naturalis (Basis ist e)
35.	sin	Sinustaste	Bildet den Sinus
36.	cos	Kosinustaste	Bildet den Kosinus
37.	tan	Tangenstaste	Bildet den Tangens
38.	Ans	ANS-Taste	Stellt das letzte Ergebnis in die Eingabezeile
39.	EXP	EXP-Taste	Multipliziert eine Zahl mit 10 hoch x
40.	ENG	ENG-Taste	Wird benutzt, um Einheiten umzuwandeln
41.	hyp	Hyp-Taste	Aktiviert die hyperbolischen Funktionen
42.	,	Kommataste	Setzt ein Komma
43.	°'''	Sexagesiminaltaste	Für Sexagesiminalrechnung
44.	M+	Speichertaste	Aktiviert den unabhängigen Speicher
45.	nCr	Kombinatoriktaste	Findet Verwendung in der Kombinatorik
46.	Pol(	Polarkoordinatentaste	Für Rechnungen mit Polarkoordinaten
47.	RCL	RCL-Taste	Gibt den Speicher wieder

2.3 Ausgewählte Aufgabentypen und ihre Berechnung am Taschenrechner

2.3.1 Einfache Aufgaben – Potenzen, Klammern etc.

Nr.	Aufgabe	Rechenschritte auf dem Casio fx 85 MS
862.	Einfaches Quadrieren $$5^2 = 25$$	[5] [x^2] [=]
863.	Klammerausdruck quadrieren $$(5+4)^2 = 81$$	[(] [5] [+] [4] [)] [x^2] [=]
864.	Beliebiger Exponent $$5^7 = 78125$$	[5] [^] [7] [=]
865.	Exponent auf Quadrieren vereinfachen $$5^4 = (5^2)^2 = 625$$	[5] [x^2] [x^2] [=]
866.	Bruch als Exponent $$5^{\frac{4}{7}} = 2{,}5085$$	[5] [^] [(] [4] [a b/c] [7] [)] [=]
867.	Kommaexponent $$5^{2,5} = 55{,}9017$$	[5] [^] [2] [.] [5] [=]
868.	Klammerexponent $$5^{\left(4+\frac{3}{4}\right)} = 2089{,}8135$$	[5] [^] [(] [4] [+] [3] [a b/c] [4] [)] [=]
869.	Negativer Exponent $$5^{-3} = 0{,}008$$	[5] [^] [(−)] [3] [=]
870.	Logarithmus naturalis als Exponent $$5^{\ln 2} = 3{,}0513$$	[5] [^] [(] [ln] [2] [)] [=]
871.	Potenz als Exponent $$5^{(2^3)} = 390625$$	[5] [^] [(] [2] [^] [3] [)] [=]
872.	Wurzelexponent $$5^{\sqrt{9}} = 125$$	[5] [^] [√] [9] [=]

2.3.2 Rechnen mit Wurzeln

Nr.	Aufgabe	Rechenschritte auf dem Casio fx 85 MS
873.	Quadratwurzel $$\sqrt{16} = 4$$	[√] [1] [6] [=]
874.	Wurzel aus Klammerausdruck $$\sqrt{(51+30)} = 9$$	[√] [(] [5] [1] [+] [3] [=] [)] [=]

Studeo® - Rechentrainer "Schlag auf Schlag – Rechnen bis ich's mag"

Nr.	Aufgabe	Rechenschritte auf dem Casio fx 85 MS
875.	Beliebiger Wurzelexponent $\sqrt[3]{16}=2{,}5198$	3 SHIFT ^ 1 6 =
876.	Zurückführen in die Quadratwurzel $\sqrt[4]{16}=\sqrt{\sqrt{16}}=2$	√ √ 1 6 =
877.	Kommawurzelexponent $\sqrt[2,5]{16}=3{,}0314$	2 . 5 SHIFT ^ 1 6 =
878.	Bruch als Wurzelexponent $\sqrt[\frac{4}{7}]{16}=128$	(4 a b/c 7) SHIFT ^ 1 6 =
879.	Klammerwurzelexponent $\sqrt[\left(\frac{1}{3}+7\right)]{16}=1{,}4595$	(1 a b/c 3 + 7) SHIFT ^ 1 6 =
880.	Negativer Wurzelexponent $\sqrt[-4]{16}=0{,}5$	((−) 4) SHIFT ^ 1 6 =
881.	Logarithmus naturalis als Wurzelexponent $\sqrt[\ln 3]{16}=12{,}4749$	(ln 3) SHIFT ^ 1 6 =
882.	Quadratwurzel als Wurzelexponent $\sqrt[\sqrt{25}]{16}=1{,}7411$	(√ 2 5) SHIFT ^ 1 6 =
883.	Potenz als Wurzelexponent $\sqrt[(2^3)]{16}=1{,}4142$	(2 ^ 3) SHIFT ^ 1 6 =

2.3.3 Rechnen mit Brüchen

Nr.	Aufgabe	Rechenschritte auf dem Casio fx 85 MS
884.	Addition von Brüchen $\frac{1}{2}+\frac{4}{5}=\frac{13}{10}$	1 a b/c 2 + 4 a b/c 5 = SHIFT a b/c
885.	Subtraktion von Brüchen $\frac{1}{2}-\frac{4}{5}=-\frac{3}{10}$	1 a b/c 2 − 4 a b/c 5 =
886.	Multiplikation von Brüchen $\frac{1}{2}\cdot\frac{4}{5}=\frac{2}{5}$	1 a b/c 2 × 4 a b/c 5 =
887.	Division von Brüchen $\dfrac{\frac{1}{2}}{\frac{4}{5}}=\frac{5}{8}$	1 a b/c 2 ÷ 4 a b/c 5 =

Nr.	Aufgabe	Rechenschritte auf dem Casio fx 85 MS
888.	Quadrieren von Brüchen $\left(\frac{1}{6}\right)^2 = \frac{1}{36}$	(1 a b/c 6) x^2 =
889.	Negative Potenz bei Brüchen $\left(\frac{1}{2}\right)^{-3} = 8$	(1 a b/c 2) ^ ((−) 3) =
890.	Quadratwurzel aus Brüchen $\sqrt{\frac{4}{3}} = 1{,}1547$	√ (4 a b/c 3) =
891.	Umformen von Brüchen $15\frac{2}{3} = \frac{47}{3}$	1 5 a b/c 2 a b/c 3 = SHIFT a b/c

2.3.4 Bilden von Kehrwerten (Reziproken)

Nr.	Aufgabe	Rechenschritte auf dem Casio fx 85 MS
892.	Reziproke einer ganzen Zahl $4^{-1} = 0{,}25$	4 x^{-1} =
893.	Reziproke eines Bruches $\left(\frac{1}{5}\right)^{-1} = 5$	(1 a b/c 5) x^{-1} =

2.3.5 Rechnen mit der e-Funktion

Nr.	Aufgabe	Rechenschritte auf dem Casio fx 85 MS
894.	Mit ganzem Exponenten $e^3 = 20{,}0855$	SHIFT ln 3 =
895.	Mit Bruch als Exponenten $e^{\frac{1}{8}} = 1{,}1331$	SHIFT ln (1 a b/c 8) =
896.	Mit negativen Exponenten $e^{-4} = 0{,}0183$	SHIFT ln ((−) 4) =
897.	Mit Klammerexponenten $e^{\left(3+\frac{1}{7}\right)} = 23{,}1699$	SHIFT ln (3 + 1 a b/c 7) =
898.	Mit Logarithmus naturalis als Exponenten $e^{\ln 4} = 4$	SHIFT ln (ln 4) =

Nr.	Aufgabe	Rechenschritte auf dem Casio fx 85 MS
899.	Mit 0 als Exponenten $e^0 = 1$	SHIFT ln 0 =
900.	Mit Wurzelexponenten $e^{\sqrt{25}} = 148,4132$	SHIFT ln √ 2 5 =
901.	Mit Potenz als Exponenten $e^{(2^3)} = 2980,9579$	SHIFT ln (2 ^ 3) =
902.	Mit e-Funktion als Exponenten $e^{e^2} = 1618,1779$	SHIFT ln (SHIFT ln 2) =

2.3.6 Rechnen mit dem natürlichen Logarithmus

Nr.	Aufgabe	Rechenschritte auf dem Casio fx 85 MS
903.	ln von einer natürlichen Zahl $\ln 2 = 0,6931$	ln 2 =
904.	ln von einem Bruch $\ln \frac{2}{7} = -1,2528$	ln (2 a b/c 7) =
905.	ln von einem Klammerausdruck $\ln\left(\frac{3}{8}+4\right) = 1,4759$	ln (3 a b/c 8 + 4) =
906.	ln von einer Potenz $\ln(5^3) = 4,8283$	ln (5 ^ 3) =
907.	ln von einer Wurzel $\ln(\sqrt{256}) = 2,7726$	ln (√ 2 5 6) =
908.	ln von der e-Funktion $\ln(e^4) = 4$	ln (SHIFT ln 4) =
909.	ln von der ln-Funktion $\ln(\ln 5) = 0,4759$	ln (ln 5) =

2.3.7 Berechnen von komplexen Termen

Nr.	Aufgabe	Rechenschritte auf dem Casio fx MS 85
910.	$\dfrac{\ln(5)-18}{e^3-4}+16 = 14{,}9810$	(ln 5 − 1 8) ÷ (SHIFT ln 3 − 4) + 1 6 =
911.	$\dfrac{\left(\dfrac{15}{4}-5^2\right)^4}{-\dfrac{1}{8}+6^{-3}} = -1694010{,}67$	(1 5 a b/c 4 − 5 x^2) ^ 4 ÷ ((−) 1 a b/c 8 + 6 ^ ((−) 3)) =
912.	$\sqrt{15\left(4^{-2}+8^{-2}\right)+\dfrac{1}{2^{-1}}} = 1{,}7809$	√ (1 5 × (4 ^ ((−) 2) + 8 ^ ((−) 2)) + 1 ÷ (2 ^ ((−) 1))) =
913.	$\left(7^4\right)^{\sqrt{\left(\frac{1}{2}-\frac{1}{4}\right)}} = 49$	(7 ^ 4) ^ √ (1 a b/c 2 − 1 a b/c 4) =
914.	$\left(3^2+4\cdot 6\right)^2 \cdot \left(3^2-4\cdot 6\right)^2 = 245025$	(3 x^2 + 4 × 6) x^2 × (3 x^2 − 4 × 6) x^2 =
915.	$\dfrac{\sqrt[3]{5^3\cdot 7^4}}{(5\cdot 7)^2} = 0{,}0547$	3 SHIFT ^ (5 ^ 3 × 7 ^ 4) ÷ (5 × 7) x^2 =
916.	$\left(\sqrt{9\cdot 2^4}+\dfrac{1}{4}\cdot 2^2\right)^2 = 169$	(√ (9 × 2 ^ 4) + 1 a b/c 4 × 2 x^2) x^2 =

2.4 Übungsaufgaben für den Taschenrechner

Berechnen Sie die folgenden Terme mit Hilfe des Taschenrechners. Kontrollieren Sie anschließend Ihr Ergebnis.

Nr.	Aufgaben	Ergebnis r oder f	Üben von Nr.
917.	$16 \cdot 12^4 =$		
918.	$\dfrac{4^2 \cdot 5^3 - 6^4 \cdot 7^2}{6^4 \cdot 7^2} =$		
919.	$\sqrt[2]{6^4 \cdot 7^2} =$		
920.	$0{,}25^2 =$		
921.	$\left(\sqrt{3{,}75^{-2} + 5{,}64^{-4}} \cdot \sqrt{1{,}5}\right)^4 =$		
922.	$4 + 0{,}5 + 0{,}125 + 0{,}25 + 0{,}25 =$		
923.	$\sqrt{16 \cdot 12^4} =$		
924.	$\dfrac{4^2 \cdot \left(5^3 - 6^4\right) 7^2}{6^4 \cdot 7^2} =$		
925.	$\sqrt[4]{6^4 \cdot 7^2} =$		
926.	$4{,}755 \cdot 5{,}3689 =$		
927.	$8 + \dfrac{1 + 4 - 3}{2 + 6} =$		
928.	$\dfrac{17 \cdot \dfrac{56}{23} \cdot 0{,}45}{18 + \dfrac{12}{14} \cdot 0{,}25} =$		
929.	$\sqrt[4]{16 \cdot 12^4} =$		
930.	$\dfrac{4^2 - 5^3 \cdot 6^4 \cdot 7^2}{6^4 \cdot 7^2} =$		
931.	$\sqrt[4]{6^4 \cdot 7^6} =$		

Nr.	Aufgaben	Ergebnis r oder f	Üben von Nr.
932.	$(4{,}755 \cdot 5{,}3689) - 5{,}3689 =$		
933.	$144 \cdot \dfrac{1}{12} + 16 \cdot 0{,}25 + 49 \cdot \dfrac{1}{7} =$		
934.	$\sqrt{16 \cdot 0{,}25 \cdot 4 \cdot 2^2} =$		
935.	$\dfrac{(4^2 - 5^3) 6^4 \cdot 7^2}{6^4 \cdot 7^2} =$		
936.	$\sqrt[4]{6^4 \cdot 7^2} \cdot \left(\sqrt[4]{6^4 \cdot 7^2}\right)^2 =$		
937.	$0{,}25^4 =$		
938.	$4{,}755 \cdot (5{,}3689 + 5{,}3689) =$		
939.	$\dfrac{5}{\sqrt{5}} =$		
940.	$\dfrac{45 - 29 + 47 + 23 - 158 - 4685}{15 + 25 + 88 - 74 - 67 + 45 - 62} =$		
941.	$26{,}5 \cdot 3 \cdot \dfrac{14 - 16 \cdot 5}{21 \cdot 0{,}23} =$		
942.	$\dfrac{(4^2 - 5^3) 6^4 \cdot 7^2}{6^4 \cdot 7^2} \cdot \dfrac{6^4 \cdot 7^2}{4^2 - 5^3} =$		
943.	$\sqrt[4]{6^4 \cdot 7^2} - \left(\sqrt[4]{6^4 \cdot 7^2}\right)^2 =$		
944.	$0{,}25^5 + 0{,}25^4 =$		
945.	$\dfrac{4{,}755 \cdot (5{,}3689 + 5{,}3689)}{5{,}3689} =$		
946.	$4 + \dfrac{1 + \dfrac{1}{5}}{2 + 6} =$		
947.	$99{,}9^2 \cdot \dfrac{1}{99{,}9} - 0{,}9 + 1 =$		

Studeo® - Rechentrainer "Schlag auf Schlag – Rechnen bis ich's mag"

Nr.	Aufgaben	Ergebnis r oder f	Üben von Nr.
948.	$\dfrac{(4^2 - 5^3) 6^4 \cdot 7^2}{6^4 \cdot 7^2} \cdot \left(\dfrac{6^4 \cdot 7^2}{4^2 - 5^3}\right)^2 =$		
949.	$\dfrac{\sqrt[4]{6^4 \cdot 7^2} - \left(\sqrt[4]{6^4 \cdot 7^2}\right)^2}{\sqrt[4]{6^4 \cdot 7^2}} =$		
950.	$\dfrac{4,755 \cdot (5,3689 + 5,3689)}{5,3689 \cdot 4,755} =$		
951.	$17 - 5 + 0,25 - 0,1 + 0,255 - 0,1255 =$		
952.	$99,9^2 \cdot \left(\dfrac{1}{99,9} - 0,9 + 1\right) =$		
953.	$\sqrt{6^4 \cdot 7^2} =$		
954.	$\dfrac{\sqrt[4]{6^4 \cdot 7^2} \cdot \left(\sqrt[4]{6^4 \cdot 7^2}\right)^2}{\sqrt[4]{6^4 \cdot 7^2}} =$		
955.	$0,25^5 \cdot 0,25^4 - 0,25^5 + 0,25^4 =$		
956.	$\dfrac{4,755 \cdot (5,3689 + 5,3689)}{5,3689 - 4,755} =$		
957.	$6 + \dfrac{5}{40} + 8 - 9 \cdot \dfrac{5}{90} - 17 \cdot 0,35 =$		
958.	$99,9^2 \cdot \dfrac{1}{99,9} - (0,9 + 1) =$		
959.	$\dfrac{\sqrt[4]{6^4 \cdot 7^2} \cdot \left(\sqrt[4]{6^4 \cdot 7^2}\right)^2}{\sqrt[4]{6^4 \cdot 7^2}} - \left(\sqrt[4]{6^4 \cdot 7^2}\right)^2 =$		
960.	$0,25^5 \cdot 0,25^4 - \left(0,25^5 + 0,25^4\right) =$		
961.	$\left(\dfrac{4,755 \cdot (5,3689 + 5,3689)}{5,3689 - 4,755}\right)^2 =$		
962.	$22 \cdot 0,5^2 =$		
963.	$8 + \dfrac{14 \cdot 0,5 - 13}{78 \cdot \dfrac{4}{8}} =$		

Nr.	Aufgaben	Ergebnis r oder f	Üben von Nr.
964.	$\dfrac{\sqrt[4]{6^4 \cdot 7^2} \cdot \left(\sqrt[4]{6^4 \cdot 7^2}\right)^2}{\sqrt[4]{6^4 \cdot 7^2}} - \left(\sqrt[4]{6^4 \cdot 7^2}\right)^4 =$		
965.	$45 \cdot \dfrac{2}{4^2} + 16^{\frac{1}{2}} =$		
966.	$\dfrac{4 \cdot 0,26 + 14 - 56}{\dfrac{4 \cdot 0,25 \cdot 8 + 0,28 - 16 \cdot 0,7}{\dfrac{13 \cdot 0,125}{5}}} =$		
967.	$(8,99)^2 =$		
968.	$\dfrac{46}{\dfrac{2}{\dfrac{64}{4}}} \cdot \dfrac{4}{16} =$		
969.	$(22,2 - 11,1 - 0,1)^2 =$		
970.	$3,75^2 + 5,64^4 =$		
971.	$(8,99)^2 \cdot 8,99 =$		
972.	$\dfrac{46}{\dfrac{2}{\dfrac{64}{4}}} \cdot \left(\dfrac{4}{16}\right)^2 =$		
973.	$\dfrac{14 \cdot 15}{\dfrac{1}{4}} =$		
974.	$3,75^2 + \left(5,64^4\right)^2 =$		
975.	$(8,99)^2 \cdot (8,99)^4 =$		
976.	$\sqrt{7,5 \cdot 7,5} =$		
977.	$13,5 \cdot 0,25 - 0,5^2 =$		
978.	$\left(\left(\sqrt{2} \cdot \sqrt{3}\right)^4\right)^2 =$		
Nr.	Aufgaben	Ergebnis r oder f	Üben von Nr.

Studeo® - Rechentrainer "Schlag auf Schlag – Rechnen bis ich's mag"

Nr.	Aufgaben	Ergebnis r oder f	Üben von Nr.
979.	$\left(\dfrac{4}{5}\right)^3 =$		
980.	$26 + \dfrac{\sqrt{\dfrac{1}{4}}}{2} =$		
981.	$34^{-1} + 34 - \dfrac{34}{34^{-1}} =$		
982.	$0{,}25^{-\frac{1}{2}} =$		
983.	$\left(2 \cdot \sqrt{2} \cdot \sqrt{9}\right)^4 =$		
984.	$\left(\dfrac{4}{5}\right)^5 =$		
985.	$12^2 + 13^3 - 14^4 \cdot \dfrac{1}{2} =$		
986.	$\left(\dfrac{4}{5}\right)^3 \cdot \left(\dfrac{4}{5}\right)^5 =$		
987.	$26 + 0{,}5 \cdot 52 - \dfrac{2}{6} =$		
988.	$\left(\dfrac{4}{5}\right)^3 \cdot \left(\dfrac{4}{5}\right)^5 \cdot \dfrac{5}{4} =$		
989.	$17^{-1} \cdot 17 \cdot 1225 =$		
990.	$\left(\sqrt[2]{3^5}\right)^5 =$		
991.	$4^{-2} \cdot 4^3 + 4^0 =$		
992.	$\left(\dfrac{4}{5}\right)^3 \cdot \left(\dfrac{4}{5}\right)^5 \cdot \left(\dfrac{5}{4}\right)^8 =$		
993.	$34 \cdot 0{,}25 + 56 \cdot 0{,}125 \cdot 0{,}125 =$		
994.	$4^2 \cdot 4^{-3} =$		
Nr.	Aufgaben	Ergebnis r oder f	Üben von Nr.

Nr.	Aufgaben	Ergebnis r oder f	Üben von Nr.
995.	$\dfrac{45 \cdot 0,26 \cdot 0,2 \cdot 0,3}{0,25^2} =$		
996.	$\sqrt[3]{2^8} =$		
997.	$3^2 \cdot 3^3 =$		
998.	$5^3 \cdot 5^2 \cdot 5 =$		
999.	$3^2 \cdot 4^3 =$		
1000.	$2 \cdot 13 \cdot 12^2 - 6 \cdot 16 \cdot 12^4 + 13 \cdot 7 \cdot 8^3 =$		
1001.	$\dfrac{14}{3} \cdot \dfrac{81}{10} =$		
1002.	$\left(\dfrac{14}{3} \cdot \dfrac{81}{10}\right)^2 =$		
1003.	$\dfrac{7}{3 \cdot \dfrac{4}{9}} - \dfrac{8}{16} \cdot \dfrac{4}{14} + 25^2 =$		
1004.	$\left(15 \cdot 3 \cdot \dfrac{1}{9}\right)^2 =$		
1005.	$\left(15 \cdot 3 \cdot \dfrac{1}{9}\right)^2 - \sqrt{625} + \dfrac{\dfrac{1}{6}}{9} =$		
1006.	$\left(\dfrac{\sqrt{16 \cdot 3^2} \cdot \dfrac{1}{4} \cdot 3^2}{3^2 \cdot 4}\right) \cdot \sqrt{16 \cdot 3^2} \cdot \dfrac{1}{4} \cdot 3^2 =$		
1007.	$\left(5^2 - 2 \cdot 5 \cdot 4\right)^2 \cdot \left(5^2 - 2 \cdot 5 \cdot 4\right)^2 =$		
1008.	$\dfrac{\sqrt[3]{2^{2+1} \cdot 3^{2+1}}}{(2 \cdot 3)^3} =$		
1009.	$\sqrt{2^{23} \cdot 4} - \left(\dfrac{4}{2}\right)^{12} =$		
1010.	$\dfrac{(7 \cdot 9)^6 \cdot \sqrt[4]{7 \cdot 9}}{(7 \cdot 9)^4} =$		

Studeo® - Rechentrainer "Schlag auf Schlag – Rechnen bis ich's mag"

Nr.	Aufgaben	Ergebnis r oder f	Üben von Nr.
1011.	$\dfrac{(9^2 - 2\cdot 6)^4}{(9-6)^2} =$		
1012.	$(4\cdot 3)^{\frac{2^2+2+1}{2}} =$		
1013.	$\dfrac{(3^2 - 2\cdot 3\cdot 5)^2 \cdot (3^2 - 2\cdot 3\cdot 5)^2}{(3^2 - 2\cdot 3\cdot 5 + 5^2)} =$		
1014.	$11\cdot \sqrt{2\cdot 8\cdot \sqrt{22}} =$		
1015.	$\dfrac{1}{(4\cdot 5)^{\frac{5}{4}}} \cdot \dfrac{1}{(4\cdot 5)^{-2}} =$		
1016.	$-\dfrac{2\cdot 7\cdot (2\cdot 7 - 9)}{2\cdot 7 + 9} =$		
1017.	$\dfrac{5200}{13\cdot 14^{\frac{3}{2}}\cdot 7^2} =$		
1018.	$\left(\dfrac{(3^{-4})^{-2}}{3^{-4}}\right) =$		
1019.	$\dfrac{(5^3)^2 \cdot \sqrt[3]{6^{12}}}{(6\cdot 5)^4 \cdot 5^2} =$		
1020.	$\dfrac{1}{\left(\sqrt[7]{3^{7^2+1}}\right)^1} =$		
1021.	$\left(\dfrac{\sqrt{4}}{(6\cdot 5)^{0,5}}\right)^{0,5} \cdot \sqrt{\sqrt{\dfrac{4}{6\cdot 5}}} =$		
1022.	$\dfrac{4\cdot 11\cdot (4\cdot 4^2 - 11^2)^2}{(4 - 2\cdot 11)^4} =$		
1023.	$\dfrac{1}{6\cdot 3}\cdot 3^2 - \dfrac{5}{18}\cdot 3\cdot 4 + \dfrac{1}{9}\cdot 4\cdot 5^2 =$		
1024.	$\sqrt[5]{\dfrac{1}{(4\cdot 11)^{-3}}\cdot 3^2 \cdot 7^2} =$		
1025.	$\left((9)^4\right)^4 =$		

3 Rechentraining – Lineare Gleichungssysteme und quadratische Gleichungen

3.1 Lineare Gleichungssysteme mit 2 Gleichungen und zwei Unbekannten

Schauen Sie sich diese Musteraufgaben genau an und vollziehen Sie die Lösungen im Detail nach.

3.1.1 Algorithmus für das Lösen von linearen Gleichungssystemen

Jede lineare Gleichung mit zwei Unbekannten beschreibt eine Gerade. Die Lösung eines linearen Gleichungssystems mit zwei Gleichungen gibt die Schnittmenge der beiden Geraden an. Sind die beiden Gleichungen identisch bzw. Vielfache voneinander, so beschreiben sie dieselben Gerade. Der Schnitt besteht dann natürlich aus eben dieser Geraden, und es gibt unendlich viele Lösungen. Ebenso kann es vorkommen, dass zwei Geraden parallel zueinander sind. In diesem Fall gibt es keine Lösung (vgl. Punkt 4 im Algorithmus).

Betrachtet man ein Gleichungssystem mit mehr als zwei linearen Gleichungen, so ist es sehr wahrscheinlich, dass diese Geraden keinen gemeinsamen Schnittpunkt besitzen. Auch in diesem Fall hat das zugehörige lineare Gleichungssystem keine Lösung. Der folgende Algorithmus berechnet den Schnittpunkt zweier verschiedener Geraden.

Vorgehen beim Lösen eines linearen Gleichungssystems	Erläuterungen / Notizen
1. Ein lineares Gleichungssystem wird gelöst, indem erst eine Variable identifiziert wird, mit deren Hilfe die andere Variable ausgerechnet werden soll.	
2. Als erstes löst man eine der Gleichungen nach der gewählten Variablen auf, d.h. man stellt die Gleichung so um, dass die Variable selbst auf der linken Seite steht. Alle weiteren Glieder kommen - durch geschickte Rechenoperationen - auf die rechte Seite.	
3. Nun wird die ausgewählte Variable in der zweiten Gleichung durch diese Formel ersetzt.	
4. Diese zweite Gleichung enthält nur noch eine Variable. Diese kann nun bestimmt werden (sind die beiden Geraden parallel, so erhält man an dieser Stelle einen Widerspruch, z.B. 4=7).	
5. Die Lösung der zweiten Gleichung wird jetzt in die Gleichung mit der ausgewählten Variable eingesetzt. Auf diesem Weg kann auch diese Variable berechnet werden.	
6. Die Lösungen werden übersichtlich hingeschrieben.	

Beispiel:

Gegeben sei dieses Gleichungssystem

$$4x + y = 16 \quad [0.1]$$
$$6x + 2y = 36 \quad [0.2]$$

Vorüberlegungen:
Gleichung [0.1] enthält die Variablen x und y, wobei der Koeffizient vor y 1 ist. Daher werden wir y für das Ermitteln von x nutzen.

1. Auflösen von Gleichung [0.1] nach y:

$$y = 16 - 4x \quad [0.3]$$

2. Einsetzen von Gleichung [0.3] in Gleichung [0.2]

$$6x + 2 \cdot (16 - 4x) = 36 \quad [0.4]$$

3. Auflösen von Gleichung [0.4] nach x:

$$6x + 2 \cdot (16 - 4x) = 36$$
$$\Leftrightarrow 6x + 32 - 8x = 36$$
$$\Leftrightarrow 32 - 2x = 36$$
$$\Leftrightarrow -2x = 4$$
$$\Leftrightarrow x = -2$$
$$[0.5]$$

4. Einsetzen von [0.5] in Gleichung [1.3]:

$$y = 16 - 4x$$
$$= 16 - 4 \cdot (-2)$$
$$= 16 + 8$$
$$= 24$$

[0.6]

5. Lösung des Gleichungssystems übersichtlich hinschreiben und einrahmen:

$$\boxed{\begin{array}{l} x = -2 \\ y = 24 \end{array}}$$

3.1.2 Übungsaufgaben zu linearen Gleichungssystemen

Lösen Sie die folgenden Gleichungssysteme. Nutzen Sie falls nötig ein Rechenheft. Kontrollieren Sie Ihr Ergebnis.

Nr.	Gleichungssystem	Ergebnis r oder f	Üben
1026.	12x + 5y = 65 17x + 9y = 94		
1027.	4x + 8y = 44 5x + 7y = 52		
1028.	1x + 6y = 50 8x + 9y = 127		
1029.	2x + 8y = 20 6x + 1y = 37		
1030.	3x + 8y = 58 8x + 3y = 63		
1031.	2x + 4y = 50 8x + 3y = 83		
1032.	8x + 8y = 128 4x + 7y = 88		
1033.	2x + 2y = 22 8x + 5y = 70		
1034.	5x + 9y = 49 2x + 12y = 28		
1035.	1x + 26y = 32 2x + 31y = 43		

Rechentraining – Lineare Gleichungssysteme und quadratische Gleichungen

Nr.	Gleichungssystem	Ergebnis r oder f	Üben
1036.	$13x = 227 - 25y$ $32y = 260 - 9x$		
1037.	$0 = 67 - 13x - 15y$ $5x + 28y = 48$		
1038.	$25y = 293 - 21x$ $12x + 8y = 136$		
1039.	$2x + 9y = 93$ $12x - 324 = -28y$		
1040.	$25x + 3y = 74$ $8x = 184 - 21y$		
1041.	$18x + 11y = 156$ $5x - 10y = -35$		
1042.	$5x + 5y = 40$ $6x - 6y = 24$		
1043.	$14x + 9y = 198$ $8x - 8y = 8$		
1044.	$12x + 16y = 148$ $6x - 18y = -30$		
1045.	$5x + 6y = 50$ $4x - 5y = -9$		
1046.	$16x + 8y = 64$ $0 = -36 - 18x + 9y$		
1047.	$4x = 41 - 5y$ $9x - 2y = 79$		
1048.	$5y = 100 - 13x$ $5x = -66 + 13y$		

Nr.	Gleichungssystem	Ergebnis r oder f	Üben
1049.	$18x = 194 - 8y$ $9x - 12y - 33 = 0$		
1050.	$8x + 14y - 106 = 0$ $9x - 5y = 57$		
1051.	$17x + \frac{6}{7}y = 40\frac{6}{7}$ $13x + \frac{4}{7}y = 30\frac{4}{7}$		
1052.	$21x + \frac{2}{13}y = 189\frac{6}{13}$ $25x + \frac{2}{7}y = 225\frac{6}{7}$		
1053.	$17x + \frac{7}{11}y = 367\frac{2}{11}$ $6x + \frac{11}{12}y = 140\frac{2}{3}$		
1054.	$13x + \frac{8}{9}y = 178\frac{7}{9}$ $18x + \frac{4}{9}y = 238\frac{8}{9}$		
1055.	$16x + \frac{3}{8}y = 307$ $23x + \frac{3}{7}y = 440\frac{3}{7}$		
1056.	$5x + 9y = 51$ $12x + 20y = 108$		
1057.	$28x + 21y = -140$ $39x + 12y = -264$		
1058.	$5x + 13y = 63$ $11x + 16y = 63$		
1059.	$12x + 15y = -69$ $22x + 31y = -123$		
1060.	$11x + 18y = -26$ $20x + 32y = -48$		
1061.	$19y = -78 - 15x$ $11x = -57 - 14y$		

Rechentraining – Lineare Gleichungssysteme und quadratische Gleichungen

Nr.	Gleichungssystem	Ergebnis r oder f	Üben
1062.	$28x + 19y = -148$ $14x + 17y + 44 = 0$		
1063.	$15x = -24 - 7y$ $27x + 20y = -21$		
1064.	$17y = -143 - 35x$ $35x + 13y + 167 = 0$		
1065.	$45x = 110 - 31y$ $13x + 29y = 132$		
1066.	$14x - 8y = -162$ $13x + 22y = -121$		
1067.	$4x - 8y = -88$ $5x + 19y = 151$		
1068.	$17x - 24y = -219$ $46x + 16y = -26$		
1069.	$12x - 9y = -90$ $27x + 5y = -152$		
1070.	$41x - 16y = -178$ $32x + 34y = 140$		
1071.	$8x - 24y = -168$ $2x + 23y = 74$		
1072.	$44x - 16y = -240$ $51x + 14y = -148$		
1073.	$46x - 8y = -140$ $31x + 15y = 28$		
1074.	$-14y = -168 - 16x$ $8x + 16y = 8$		

Rechentrainer "Schlag auf Schlag – Rechnen bis ich's mag"

Nr.	Gleichungssystem	Ergebnis r oder f	Üben
1075.	40x - 9y = -178 12x = -40 - 4y		
1076.	12x + 31y = -22 17x + 21y = -19		
1077.	4x + 22y = -500 8x + 33y = -758		
1078.	1x + 8y = -583 8x + 3y = -272		
1079.	2x + 1019 = -35y 6x = -389 - 13y		
1080.	29y = -650 - 3x 824 + 8x + 36y = 0		
1081.	2x + 2y = -142 8x + 9y = -633		
1082.	8x = -144 - 10y 4x + 112 = -10y		
1083.	2x + 11y = -204 0 = -438 - 8x - 23y		
1084.	5x + 22y = -871 2x = -698 - 18y		
1085.	1x + 13y = -199 2x = -38 - 2y		
1086.	13x + 22y = -277 9x + 16y + 201 = 0		
1087.	13x + 12y = -247 28y = -399 - 5x		
Nr.	Gleichungssystem	Ergebnis r oder f	Üben

Nr.	Gleichungssystem	Ergebnis r oder f	Üben
1088.	21x + 26y = -1645 836 + 13y = -12x		
1089.	2x + 32y + 720 = 0 12x + 30y = -756		
1090.	25x + 21y = -562 8x = -54 - 1y		
1091.	12x - 1514 = 26y 23x + 870 = -12y		
1092.	4x - 15y = 88 3x + 6y = -72		
1093.	-14y = 62 - 15x 19x + 16y = -360		
1094.	16x - 8y = -96 13x = -438 - 16y		
1095.	19x - 17y = 47 17x + 13y = -635		
1096.	-14y = 87 - 23x 27x = -516 - 13y		
1097.	9x - 7y = 66 0 = -116 - 4x - 9y		
1098.	19x - 4y = -395 9y = -282 - 13x		
1099.	25x - 16y = -361 24x + 4y = -424		
1100.	19x - 7y = -263 8x + 41y = -726		

Rechentrainer "Schlag auf Schlag – Rechnen bis ich's mag"

Nr.	Gleichungssystem	Ergebnis r oder f	Üben
1101.	$12x - 31y = 41$ $17x - 21y - 81 = 0$		
1102.	$8x = -220 + 18y$ $7x - 19y = -238$		
1103.	$4x - 21y = -219$ $6x - 17y = -169$		
1104.	$14x - 9y = 99$ $19x - 16y = 123$		
1105.	$-7y = 8 - 9x$ $1x - 16y = -197$		
1106.	$14x - 11y = -29$ $-16y = -59 - 17x$		
1107.	$16x - 13y = 34$ $19x = -11 + 24y$		
1108.	$4x - 17y + 73 = 0$ $6x - 11y = -37$		
1109.	$\frac{1}{4}x - 6y = -6\frac{5}{44}$ $\frac{2}{3}x + 4y = -1\frac{25}{33}$		
1110.	$\frac{7}{15}x - 16y = -4\frac{4}{15}$ $\frac{5}{9}x + 17y = -12\frac{13}{45}$		
1111.	$\frac{1}{4}x - 13y = 10\frac{11}{36}$ $\frac{4}{5}x + 8y = -11\frac{1}{9}$		
1112.	$\frac{3}{11}x - 16y = -12\frac{98}{99}$ $\frac{11}{14}x + 5y = 2\frac{20}{63}$		
1113.	$\frac{4}{5}x - 19y = -10\frac{3}{10}$ $\frac{3}{7}x + 11y = 5\frac{1}{14}$		

Nr.	Gleichungssystem	Ergebnis r oder f	Üben
1114.	$7x - 1y = -27$ $-3y = -42 - 8x$		
1115.	$12x = -109 + 7y$ $13x - 14y = -163$		
1116.	$16x - 4y = -100$ $-5y = -129 - 21x$		
1117.	$2x - 14y = -122$ $19x - 16y = -340$		
1118.	$7x - 4y = -22$ $0 = -38 - 3x + 16y$		
1119.	$17x - 4y = -53$ $12x - 8y = -84$		
1120.	$4x = -155 + 9y$ $9x - 1y = -137$		
1121.	$17x + \dfrac{8}{13}y = 9\dfrac{203}{206}$ $14x - \dfrac{4}{7}y = 7\dfrac{3}{10}$		
1122.	$24x + \dfrac{4}{9}y = 17\dfrac{55}{189}$ $31x - \dfrac{2}{7}y = 22\dfrac{1}{21}$		
1123.	$14x + \dfrac{16}{21}y = 9\dfrac{10}{197}$ $7x - \dfrac{1}{3}y = 4\dfrac{32}{273}$		
1124.	$7x + \dfrac{5}{9}y = 3\dfrac{77}{81}$ $7x - \dfrac{7}{11}y = 3\dfrac{9}{11}$		
1125.	$12x + \dfrac{16}{23}y = 6\dfrac{96}{253}$ $4x - \dfrac{8}{9}y = 1\dfrac{17}{33}$		

Rechentrainer "Schlag auf Schlag – Rechnen bis ich's mag"

Nr.	Gleichungssystem	Ergebnis r oder f	Üben
1126.	$12x - 31y = 76$ $-21y = 16 - 17x$		
1127.	$13x - 7y = 17$ $-5y = 7 - 11x$		
1128.	$16x - 7y = -127$ $17x - 8y + 131 = 0$		
1129.	$15x - 12y = 162$ $21x = 214 + 16y$		
1130.	$6x - 11y - 28 = 0$ $5x - 13y = 77$		
1131.	$23x - 7y = -193$ $0 = -90 - 12x + 9y$		
1132.	$6x - 26y = 302$ $7x - 13y = 127$		
1133.	$11x - 9y = -61$ $19x - 8y = -211$		
1134.	$\frac{1}{11}x - \frac{1}{2}y = 2\frac{19}{22}$ $\frac{1}{3}x + \frac{1}{3}y = -4\frac{2}{3}$		
1135.	$\frac{1}{3}x - \frac{9}{11}y = 6\frac{4}{11}$ $\frac{9}{22}x + \frac{1}{5}y = -3\frac{3}{110}$		
1136.	$\frac{14}{15}x - \frac{1}{2}y = -13\frac{11}{30}$ $\frac{3}{8}x + \frac{1}{6}y = -7\frac{5}{24}$		
1137.	$\frac{14}{23}x - \frac{14}{23}y = -5\frac{11}{23}$ $\frac{7}{15}x + \frac{4}{9}y = -12\frac{2}{5}$		
Nr.	Gleichungssystem	Ergebnis r oder f	Üben

Nr.	Gleichungssystem	Ergebnis r oder f	Üben
1138.	$\frac{7}{9}x - \frac{1}{7}y = -3\frac{2}{21}$ $\frac{1}{2}x + \frac{10}{13}y = -11\frac{6}{13}$		
1139.	$\frac{1}{3}x + \frac{7}{12}y = \frac{179}{288}$ $\frac{1}{6}y + \frac{1}{3}y = \frac{25}{72}$		
1140.	$\frac{5}{6}x + \frac{1}{9}y = \frac{23}{126}$ $\frac{1}{2}x + \frac{3}{4}y = \frac{1}{2}$		
1141.	$\frac{1}{12}x + \frac{1}{4}y = \frac{4}{15}$ $\frac{1}{8}x + \frac{1}{4}y = \frac{3}{10}$		
1142.	$\frac{7}{9}x + \frac{2}{3}y = \frac{505}{567}$ $\frac{13}{14}x + \frac{1}{14}y = \frac{332}{441}$		
1143.	$\frac{1}{3}x + \frac{2}{3}y = \frac{37}{90}$ $\frac{2}{5}x + \frac{1}{5}y = \frac{28}{75}$		
1144.	$\frac{1}{5}y = \frac{17}{30} - \frac{14}{15}x$ $\frac{4}{11}x = \frac{3}{11} - \frac{2}{11}y$		
1145.	$\frac{7}{9}y = \frac{11}{15} - \frac{1}{3}x$ $\frac{2}{9}y = \frac{53}{270} - \frac{1}{18}x$		
1146.	$\frac{6}{7}x + \frac{2}{7}y = \frac{11}{14}$ $\frac{4}{7}x + \frac{3}{14}y = \frac{89}{168}$		

Nr.	Gleichungssystem	Ergebnis r oder f	Üben
1147.	$\frac{2}{13}x = \frac{38}{195} - \frac{8}{13}y$ $\frac{2}{7}y = \frac{23}{105} - \frac{2}{7}x$		
1148.	$\frac{7}{11}x + \frac{4}{11}y = \frac{61}{165}$ $\frac{11}{12}x + \frac{1}{2}y = \frac{31}{60}$		
1149.	$\frac{8}{9}x + \frac{1}{9}y = \frac{247}{315}$ $\frac{4}{9}x + \frac{8}{9}y = \frac{176}{315}$		
1150.	$\frac{3}{8}x + \frac{1}{2}y = \frac{9}{16}$ $\frac{3}{7}x + \frac{3}{7}y = \frac{15}{28}$		
1151.	$\frac{1}{8}x + \frac{1}{3}y = \frac{13}{192}$ $\frac{1}{4}x + \frac{1}{2}y = \frac{3}{32}$		
1152.	$\frac{3}{7}x + \frac{11}{14}y = -\frac{221}{294}$ $\frac{3}{7}x + \frac{8}{9}y = -\frac{52}{63}$		
1153.	$\frac{3}{4}x + \frac{3}{4}y = \frac{17}{33}$ $\frac{5}{6}x + \frac{1}{4}y = \frac{47}{396}$		
1154.	$\frac{17}{18}x + \frac{5}{6}y = -\frac{305}{324}$ $\frac{1}{9}x + \frac{4}{9}y = -\frac{23}{81}$		
1155.	$\frac{7}{9}x + \frac{4}{9}y = -\frac{23}{99}$ $\frac{7}{9}x + \frac{7}{18}y = -\frac{3}{11}$		

Nr.	Gleichungssystem	Ergebnis r oder f	Üben
1156.	$\frac{2}{3}x + \frac{8}{9}y = -\frac{40}{81}$ $\frac{1}{3}x + \frac{10}{11}y = -\frac{104}{297}$		
1157.	$\frac{9}{10}x + \frac{9}{10}y = -\frac{423}{560}$ $\frac{4}{5}x + \frac{7}{10}y = -\frac{3}{5}$		
1158.	$\frac{5}{7}x + \frac{9}{14}y = \frac{95}{336}$ $\frac{2}{7}x + \frac{4}{7}y = \frac{13}{42}$		
1159.	$\frac{1}{4}y + \frac{71}{396} = -\frac{13}{16}x$ $\frac{3}{4}x = \frac{5}{33} - \frac{2}{3}y$		
1160.	$\frac{3}{5}x + \frac{94}{525} = -\frac{7}{15}y$ $\frac{5}{9}y = -\frac{5}{21} - \frac{8}{9}x$		
1161.	$\frac{2}{3}x + \frac{32}{117} = -\frac{1}{4}y$ $\frac{4}{5}y + \frac{428}{585} = -\frac{4}{15}x$		
1162.	$\frac{8}{11}x = \frac{1}{33} - \frac{3}{11}y$ $\frac{11}{14}y = \frac{59}{126} - \frac{4}{7}x$		
1163.	$\frac{7}{9}x = -\frac{2}{9} - \frac{4}{5}y$ $\frac{8}{13}x + \frac{3}{7}y + \frac{253}{910} = 0$		
1164.	$\frac{4}{7}x - \frac{1}{2}y = \frac{531}{910}$ $\frac{7}{9}x - \frac{7}{13}y = \frac{448}{585}$		

Rechentrainer "Schlag auf Schlag – Rechnen bis ich's mag"

Nr.	Gleichungssystem	Ergebnis r oder f	Üben
1165.	$\frac{9}{11}x - \frac{10}{17}y = \frac{526}{561}$ $\frac{2}{7}x - \frac{19}{31}y = \frac{130}{217}$		
1166.	$\frac{6}{7}x - \frac{7}{15}y = \frac{11}{12}$ $\frac{1}{9}x - \frac{8}{15}y = \frac{32}{135}$		
1167.	$\frac{3}{7}x - \frac{3}{7}y = \frac{204}{385}$ $\frac{14}{15}x - \frac{7}{15}y = \frac{721}{825}$		
1168.	$\frac{4}{21}x - \frac{1}{3}y = \frac{11}{45}$ $\frac{2}{5}x - \frac{13}{20}y = \frac{49}{100}$		
1169.	$\frac{4}{9}x - \frac{4}{9}y = \frac{136}{351}$ $\frac{5}{11}x - \frac{7}{11}y = \frac{196}{429}$		
1170.	$\frac{4}{19}x - \frac{9}{16}y = \frac{203}{418}$ $\frac{7}{22}x - \frac{6}{11}y = \frac{62}{121}$		
1171.	$\frac{8}{13}x = \frac{311}{650} + \frac{1}{5}y$ $\frac{4}{7}x = \frac{27}{28} + \frac{13}{14}y$		
1172.	$\frac{4}{9}x - \frac{88}{189} = \frac{4}{9}y$ $\frac{58}{147} - \frac{4}{7}y = \frac{2}{7}x$		
1173.	$-\frac{1}{3}y = \frac{60}{91} - \frac{16}{21}x$ $0 = \frac{134}{273} - \frac{1}{3}x + \frac{1}{2}y$		
Nr.	Gleichungssystem	Ergebnis r oder f	Üben

Nr.	Gleichungssystem	Ergebnis r oder f	Üben
1174.	$\frac{5}{9}x = \frac{152}{405} + \frac{3}{5}y$ $-\frac{10}{11}y - \frac{5}{11} = -\frac{7}{11}x$		
1175.	$-\frac{242}{299} - \frac{11}{13}y = -\frac{16}{23}x$ $-\frac{17}{21}y = \frac{614}{693} - \frac{8}{9}x$		
1176.	$\frac{1}{5}x - \frac{2}{5}y = -\frac{21}{50}$ $\frac{1}{4}x - \frac{3}{8}y = -\frac{17}{40}$		
1177.	$\frac{7}{12}x - \frac{1}{9}y = \frac{23}{432}$ $\frac{1}{9}x - \frac{1}{14}y = -\frac{2}{63}$		
1178.	$\frac{3}{11}x - \frac{9}{22}y = -\frac{59}{528}$ $\frac{3}{4}x - \frac{7}{12}y = -\frac{23}{96}$		
1179.	$\frac{7}{22}x - \frac{9}{22}y = \frac{27}{220}$ $\frac{5}{22}x - \frac{7}{12}y = \frac{31}{792}$		
1180.	$\frac{3}{4}x - \frac{1}{2}y = -\frac{17}{30}$ $\frac{5}{18}x - \frac{6}{29}y = -\frac{119}{522}$		
1181.	$\frac{13}{9}x - \frac{2}{5}y = -\frac{347}{665}$ $\frac{1}{11}x - \frac{2}{5}y = -\frac{103}{385}$		
1182.	$\frac{1}{3}x - \frac{1}{4}y = -\frac{5}{32}$ $\frac{4}{11}x - \frac{28}{41}y = -\frac{15}{902}$		

Nr.	Gleichungssystem	Ergebnis r oder f	Üben
1183.	$\frac{1}{7}x - \frac{3}{26}y = -\frac{127}{910}$ $\frac{1}{2}x - \frac{16}{19}y = -\frac{533}{665}$		
1184.	$-\frac{1}{2}y + \frac{141}{440} = -\frac{1}{11}x$ $-\frac{1}{40} - \frac{1}{3}y = -\frac{1}{3}x$		
1185.	$\frac{1}{3}x = -\frac{169}{792} + \frac{9}{11}y$ $-\frac{1}{5}y = -\frac{71}{440} - \frac{9}{22}x$		
1186.	$-\frac{1}{2}y - \frac{149}{300} = -\frac{14}{15}x$ $\frac{3}{8}x - \frac{1}{6}y = \frac{13}{60}$		
1187.	$\frac{14}{23}x - \frac{18}{115} = \frac{14}{23}y$ $\frac{7}{15}x - \frac{53}{525} = \frac{4}{9}y$		
1188.	$\frac{37}{252} = -\frac{7}{9}x - \frac{1}{7}y$ $-\frac{10}{13}y = -\frac{24}{91} - \frac{1}{2}x$		

3.1.3 Zusatzaufgaben zu linearen Gleichungssystemen

Lösen Sie die folgenden linearen Gleichungssysteme. Nutzen Sie dazu ein Rechenheft. Kontrollieren Sie Ihr Ergebnis.

Nr.	Aufgaben	Ergebn. r oder f	Nr.	Aufgaben	Ergebn. r oder f	Nr.	Aufgaben	Ergebn. r oder f
1189.	9x + 5y = 51 3x + 4y = 24		1243.	3x = -984 - 19y 23y = -1198 - 5x		1297.	$\frac{1}{5}x - \frac{4}{11}y = -\frac{36}{55}$ $\frac{4}{13}x + \frac{4}{13}y = -7\frac{1}{13}$	
1190.	7x + 6y = 85 9x + 1y = 69		1244.	3x + 13y = -944 6x + 3y = -255		1298.	$\frac{7}{12}x - \frac{4}{13}y = -4\frac{2}{39}$ $\frac{1}{9}x + \frac{4}{17}y = -1\frac{55}{153}$	
1191.	9x + 7y = 30 6x + 2y = 12		1245.	6y = -603 - 7x 4x = -576 - 6y		1299.	$\frac{7}{9}x - \frac{7}{18}y = -7$ $\frac{1}{5}x + \frac{10}{11}y = -9\frac{48}{55}$	
1192.	1x + 5y = 54 7x + 3y = 90		1246.	5x = -868 - 33y 6x + 8y = -220		1300.	$\frac{8}{17}x - \frac{3}{5}y = 1\frac{61}{85}$ $\frac{3}{4}x + \frac{6}{7}y = -8\frac{1}{7}$	
1193.	3x + 6y = 33 5x + 2y = 23		1247.	39x + 9y + 354 = 0 9x + 12y = -300		1301.	$\frac{1}{8}x + \frac{3}{8}y = \frac{29}{80}$ $\frac{1}{9}x + \frac{1}{3}y = \frac{29}{90}$	
1194.	3x + 4y = 31 6x + 8y = 62		1248.	23x + 25y = -288 16x = -186 - 15y		1302.	$\frac{1}{9}x + \frac{7}{9}y = \frac{73}{108}$ $\frac{4}{5}x + \frac{9}{10}y = \frac{19}{20}$	
1195.	7x + 6y = 20 4x + 2y = 10		1249.	32y = -142 - 26x 28x + 30y = -144		1303.	$\frac{3}{8}x + \frac{7}{8}y = \frac{37}{192}$ $\frac{4}{9}x + \frac{2}{3}y = \frac{59}{324}$	
1196.	5x + 9y = 96 6x + 5y = 63		1250.	456 + 16y = -26x 556 + 22y = -18x		1304.	$\frac{3}{4}x + \frac{1}{10}y = \frac{7}{15}$ $\frac{3}{4}x + \frac{1}{20}y = \frac{11}{24}$	
1197.	39x + 15y = 123 9x + 2y = 24		1251.	22x + 11y = -473 12x = -94 - 2y		1305.	$\frac{8}{11}x + \frac{7}{11}y = \frac{223}{330}$ $\frac{14}{17}x + \frac{12}{17}y = \frac{64}{85}$	
1198.	23x + 18y = 177 16x + 12y = 120		1252.	23y = -93 - 12x 15x + 12y = -66		1306.	$\frac{3}{8}x = \frac{27}{56} - \frac{9}{16}y$ $\frac{1}{7}y = \frac{13}{49} - \frac{3}{7}x$	
1199.	26x - 247 = -13y 19y = 281 - 28x		1253.	6x + 25y = -417 0 = -504 -12x -28y		1307.	$\frac{6}{7}x = \frac{3}{4} - \frac{2}{7}y$ $\frac{5}{8}x + \frac{1}{4}y = \frac{9}{16}$	
1200.	26x + 1y = 165 18x = 216 - 12y		1254.	22x - 20y = 274 18x + 12y = -258		1308.	$\frac{4}{7}x - \frac{131}{245} = -\frac{3}{7}y$ $-\frac{53}{245} + \frac{1}{7}y = -\frac{2}{7}x$	

Rechentrainer "Schlag auf Schlag – Rechnen bis ich's mag"

Nr.	Aufgaben	Ergebn. r oder f	Nr.	Aufgaben	Ergebn. r oder f	Nr.	Aufgaben	Ergebn. r oder f
1201.	$22x - 176 = -33y$ $12x = 68 - 11y$		1255.	$8x - 41 = 9y$ $14x = -142 - 8y$		1309.	$\frac{2}{3}y = \frac{97}{160} - \frac{1}{12}x$ $\frac{4}{13}y - \frac{163}{520} = -\frac{1}{13}x$	
1202.	$22y = 214 - 12x$ $15x + 23y = 236$		1256.	$8x - 8y = -64$ $7x + 9y + 280 = 0$		1310.	$\frac{5}{9}x - \frac{61}{216} = -\frac{7}{9}y$ $\frac{3}{4}x - \frac{9}{32} = -\frac{1}{4}y$	
1203.	$6x + 6y - 36 = 0$ $12x = 72 - 12y$		1257.	$5x - 15y = 225$ $17x + 19y = -425$		1311.	$\frac{3}{7}x + \frac{4}{7}y = \frac{22}{35}$ $\frac{5}{11}x + \frac{3}{11}y = \frac{1}{2}$	
1204.	$3x + 6y = 48$ $4x - 12y = -76$		1258.	$16x - 18y = -48$ $21 + 16y = -697$		1312.	$\frac{3}{11}x + \frac{4}{11}y = \frac{183}{385}$ $\frac{2}{5}x + \frac{1}{5}y = \frac{72}{175}$	
1205.	$17x + 7y = 157$ $9x - 14y = 30$		1259.	$15x - 6y = -15$ $12x + 4y + 144 = 0$		1313.	$\frac{4}{9}x + \frac{17}{18}y = \frac{151}{504}$ $\frac{8}{9}x + \frac{1}{3}y = \frac{53}{252}$	
1206.	$7x + 3y = 31$ $6x - 14y = 10$		1260.	$6x - 4y = -54$ $8x + 6y = -106$		1314.	$\frac{2}{3}x + \frac{11}{12}y = \frac{19}{135}$ $\frac{9}{11}x + \frac{7}{11}y = -\frac{2}{45}$	
1207.	$9x + 15y = 162$ $3x - 4y = -27$		1261.	$14x = -100 + 12y$ $18x = -340 - 11y$		1315.	$\frac{4}{11}x + \frac{3}{11}y = -\frac{37}{99}$ $\frac{8}{9}x + \frac{2}{9}y = -\frac{62}{81}$	
1208.	$3x = 42 - 12y$ $7x - 14y = 14$		1262.	$16x - 16y = -240$ $24x + 14y = -664$		1316.	$\frac{4}{13}x + \frac{4}{13}y = \frac{10}{143}$ $\frac{1}{21}x + \frac{1}{3}y = \frac{101}{462}$	
1209.	$8y = 55 - 5x$ $9x = -3 + 6y$		1263.	$7x - 6y + 51 = 0$ $3x + 4y = -81$		1317.	$\frac{8}{9}x + \frac{8}{9}y = \frac{4}{27}$ $\frac{4}{5}x + \frac{1}{5}y = -\frac{4}{15}$	
1210.	$14x + 9y = 128$ $11x - 18y + 100 = 0$		1264.	$0 = 20 - 4x + 8y$ $6x - 6y = 42$		1318.	$\frac{14}{15}x + \frac{7}{9}y = -\frac{161}{165}$ $\frac{7}{8}x + \frac{15}{16}y = -\frac{171}{176}$	
1211.	$16x = 193 - 9y$ $8x - 7y = -7$		1265.	$2x - 16y = -118$ $9x = -139 + 23y$		1319.	$\frac{15}{17}x + \frac{4}{5}y = -\frac{669}{850}$ $\frac{10}{11}x + \frac{1}{4}y = -\frac{58}{165}$	
1212.	$6y = 54 - 12x$ $4x - 15y = -67$		1266.	$-8y = 2 - 11x$ $5x - 7y + 26 = 0$		1320.	$\frac{8}{9}x + \frac{2}{3}y = -\frac{56}{585}$ $\frac{1}{7}x + \frac{5}{7}y = \frac{248}{455}$	
1213.	$13x = 73 - 4y$ $-12y = 11 - 7x$		1267.	$21x - 14y = -35$ $6x = -50 + 14y$		1321.	$\frac{5}{6}x = -\frac{10}{231} - \frac{5}{6}y$ $\frac{5}{7}y = -\frac{5}{49} - \frac{11}{14}x$	

Rechentraining – Lineare Gleichungssysteme und quadratische Gleichungen

Nr.	Aufgaben	Ergebn. r oder f	Nr.	Aufgaben	Ergebn. r oder f	Nr.	Aufgaben	Ergebn. r oder f
1214.	$15x + \frac{1}{12}y = 106$ $19x + \frac{1}{13}y = 133\frac{12}{13}$		1268.	$3x - 5y = -11$ $7x - 8y = 0$		1322.	$\frac{7}{12}x = -\frac{11}{36} - \frac{1}{4}y$ $\frac{8}{13}x = -\frac{40}{117} - \frac{4}{13}y$	
1215.	$26x + \frac{5}{9}y = 315\frac{8}{9}$ $21x + \frac{3}{4}y = 257\frac{1}{4}$		1269.	$23x - 9y - 28 = 0$ $31x - 8y = 46$		1323.	$\frac{4}{7}y = \frac{104}{315} - \frac{2}{7}x$ $\frac{14}{19}x - \frac{8}{855} = -\frac{8}{19}y$	
1216.	$9x + \frac{3}{7}y = 144\frac{3}{7}$ $3x + \frac{5}{11}y = 48\frac{5}{11}$		1270.	$8x = -78 + 9y$ $2x - 5y = -58$		1324.	$-\frac{23}{117} = \frac{5}{6}x + \frac{7}{9}y$ $\frac{11}{15}x = -\frac{41}{195} - \frac{1}{5}y$	
1217.	$17x + \frac{3}{11}y = 290\frac{4}{11}$ $9x + \frac{2}{5}y = 155$		1271.	$\frac{5}{6}x - 15y = -15\frac{5}{14}$ $\frac{5}{7}x + 9y = 5\frac{4}{7}$		1325.	$\frac{2}{5}y + \frac{73}{150} = -\frac{2}{9}x$ $\frac{4}{9}x = -\frac{19}{45} - \frac{1}{9}y$	
1218.	$31x + \frac{4}{9}y = 438$ $14x + \frac{8}{9}y = 204$		1272.	$\frac{1}{4}x - 24y = 8\frac{2}{3}$ $\frac{4}{13}x + 31y = -16\frac{28}{117}$		1326.	$\frac{1}{2}x - \frac{1}{15}y = \frac{9}{40}$ $\frac{2}{5}x - \frac{1}{9}y = \frac{83}{360}$	
1219.	$16x + 2y = -106$ $21x + 13y = -108$		1273.	$\frac{4}{7}x - 5y = -12$ $\frac{8}{19}x + 9y = 1\frac{29}{95}$		1327.	$\frac{3}{8}x - \frac{4}{9}y = \frac{283}{810}$ $\frac{2}{9}x - \frac{8}{15}y = \frac{32}{135}$	
1220.	$13x + 22y = -95$ $33x + 23y = -274$		1274.	$\frac{7}{9}x - 2y = -7\frac{2}{13}$ $\frac{1}{5}x + 25y = \frac{8}{65}$		1328.	$\frac{4}{9}x - \frac{2}{3}y = \frac{95}{252}$ $\frac{3}{5}x - \frac{11}{15}y = \frac{25}{56}$	
1221.	$21x + 22y = 156$ $28x + 2y = -38$		1275.	$\frac{2}{5}x - 3y = -\frac{4}{5}$ $\frac{1}{9}x + 7y = -6\frac{22}{45}$		1329.	$\frac{1}{2}x - \frac{7}{13}y = \frac{173}{338}$ $\frac{1}{3}x - \frac{4}{9}y = \frac{43}{117}$	
1222.	$31x + 26y = -46$ $3x + 12y = 24$		1276.	$12x - 31y = -170$ $17x - 21y = -195$		1330.	$\frac{2}{3}x - \frac{2}{3}y = \frac{25}{42}$ $\frac{8}{11}x - \frac{8}{11}y = \frac{50}{77}$	
1223.	$26x + 25y = -6$ $13x + 19y = 36$		1277.	$9x - 5y + 124 = 0$ $6x - 8y = -106$		1331.	$\frac{13}{15}x - \frac{7}{15}y = \frac{167}{270}$ $\frac{11}{12}x - \frac{2}{3}y = \frac{20}{27}$	
1224.	$26x + 28y + 76 = 0$ $5x + 16y = -4$		1278.	$5x = -24 + 9y$ $11x - 3y + 36 = 0$		1332.	$\frac{3}{8}x - \frac{1}{9}y = \frac{35}{81}$ $\frac{3}{16}x - \frac{14}{15}y = \frac{269}{270}$	
1225.	$4x = 119 - 15y$ $9x - 108 = -16y$		1279.	$6x = -99 + 19y$ $7x - 16y = -97$		1333.	$\frac{15}{17}x - \frac{1}{2}y = \frac{409}{442}$ $\frac{1}{4}x - \frac{3}{8}y = \frac{211}{520}$	
1226.	$6x + 18y = 114$ $41y = 283 - 2x$		1280.	$16x - 21y = -427$ $18x - 13y = -321$		1334.	$-\frac{1}{3}y = \frac{22}{133} - \frac{7}{19}x$ $\frac{1}{20}x = \frac{233}{840} + \frac{15}{16}y$	

Rechentrainer "Schlag auf Schlag – Rechnen bis ich's mag"

Nr.	Aufgaben	Ergebn. r oder f	Nr.	Aufgaben	Ergebn. r oder f	Nr.	Aufgaben	Ergebn. r oder f
1227.	$0 = -68 - 16x - 7y$ $25x + 24y = -54$		1281.	$162 + 23x - 8y = 0$ $14x = -147 + 21y$		1335.	$\frac{3}{4}x = \frac{17}{24} + \frac{3}{4}y$ $\frac{7}{8}x - \frac{15}{16}y - \frac{41}{48} = 0$	
1228.	$19x + 13y = 34$ $4y = -17 - 15x$		1282.	$6x - 5y = -118$ $-13y = -117 - 1x$		1336.	$\frac{8}{15}x - \frac{13}{35} = \frac{7}{15}y$ $-\frac{8}{15}y = \frac{376}{735} - \frac{16}{21}x$	
1229.	$5x - 17y = -86$ $6x + 21y = 21$		1283.	$0 = -92 - 13x + 2y$ $18x - 8y = -164$		1337.	$\frac{8}{13}x - \frac{537}{572} = \frac{7}{11}y$ $\frac{4}{7}x - \frac{45}{56} = \frac{1}{2}y$	
1230.	$44x - 9y = -238$ $26x + 13y = -104$		1284.	$8x + \frac{7}{19}y = 1\frac{251}{399}$ $3x - \frac{1}{20}y = \frac{39}{70}$		1338.	$-\frac{3}{19}y = \frac{33}{95} - \frac{14}{19}x$ $\frac{3}{7}x - \frac{83}{280} = \frac{3}{8}y$	
1231.	$18x - 8y = -198$ $11x + 4y = -41$		1285.	$13x + \frac{3}{4}y = 6\frac{5}{6}$ $9x - \frac{7}{8}y = 4\frac{1}{9}$		1339.	$\frac{4}{17}x - \frac{3}{7}y = \frac{121}{408}$ $\frac{3}{4}x - \frac{3}{4}y = \frac{13}{32}$	
1232.	$16x - 19y = -156$ $36x + 14y = -124$		1286.	$6x + \frac{8}{15}y = 3\frac{53}{105}$ $14x - \frac{16}{21}y = 7\frac{131}{147}$		1340.	$\frac{1}{14}x - \frac{4}{13}y = -\frac{86}{637}$ $\frac{10}{13}x - \frac{10}{13}y = 0$	
1233.	$26x - 27y = -239$ $29x + 18y = -26$		1287.	$8x + \frac{8}{13}y = 6\frac{6}{13}$ $16x - \frac{4}{7}y = 11\frac{4}{7}$		1341.	$\frac{3}{11}x - \frac{1}{9}y = -\frac{152}{495}$ $\frac{1}{17}x - \frac{1}{14}y = -\frac{62}{595}$	
1234.	$16x - 8y = -136$ $42x + 5y = -331$		1288.	$3x + \frac{14}{19}y = 1\frac{127}{285}$ $7x - \frac{3}{7}y = 2\frac{23}{35}$		1342.	$\frac{4}{9}x - \frac{1}{9}y = -\frac{169}{567}$ $\frac{3}{4}x - \frac{5}{14}y = -\frac{253}{588}$	
1235.	$13x - 19y = -172$ $17x + 21y = 96$		1289.	$4x - 4y = 0$ $9x - 6y = -18$		1343.	$\frac{3}{17}x - \frac{9}{34}y = -\frac{8}{85}$ $\frac{1}{4}x - \frac{5}{9}y = -\frac{7}{72}$	
1236.	$24x - 32y = -352$ $25x = 68 - 21y$		1290.	$4x = -25 + 3y$ $-17y = -25 - 6x$		1344.	$\frac{2}{5}x - \frac{1}{71}y = -\frac{137}{710}$ $\frac{1}{2}x - \frac{4}{9}y = -\frac{1}{36}$	
1237.	$18x - 48y + 306 = 0$ $9x + 16y = -33$		1291.	$9x - 13y - 237 = 0$ $7x - 14y = 266$		1345.	$\frac{4}{13}x - \frac{5}{18}y = \frac{14}{117}$ $\frac{3}{11}x - \frac{3}{17}y = \frac{47}{935}$	
1238.	$16x - 45y = -395$ $0 = -56 - 28x - 12y$		1292.	$15x = -179 + 4y$ $7x - 5y = -71$		1346.	$\frac{3}{11}x = \frac{9}{44} + \frac{1}{11}y$ $\frac{5}{31}x = \frac{16}{465} + \frac{2}{5}y$	
1239.	$9x + 38y = -141$ $3x + 5y = -24$		1293.	$9x - 4y = -102$ $1x - 8y = 34$		1347.	$\frac{149}{825} - \frac{4}{11}y = -\frac{1}{5}x$ $\frac{46}{195} - \frac{4}{13}y = -\frac{4}{13}x$	

116 Funktionen, Differentiale, Integrale, Vektoren, Matrizen und Ähnliches? Im **Klausurtrainer Mathematik.** www.studeo.de

Rechentraining – Lineare Gleichungssysteme und quadratische Gleichungen

Nr.	Aufgaben	Ergebn. r oder f	Nr.	Aufgaben	Ergebn. r oder f	Nr.	Aufgaben	Ergebn. r oder f
1240.	$7x + 3y = -20$ $9x + 22y = -62$		1294.	$15x - 16y = 209$ $18x - 12y = 150$		1348.	$\frac{7}{12}x - \frac{4}{13}y + \frac{23}{260} = 0$ $-\frac{4}{17}y = -\frac{103}{795} - \frac{1}{9}x$	
1241.	$9x = -555 - 39y$ $6x + 20y = -286$		1295.	$-17y = 116 - 4x$ $3x = 14y + 97$		1349.	$\frac{7}{9}x - \frac{7}{18}y = -\frac{67}{90}$ $\frac{1}{5}x = -\frac{136}{385} + \frac{10}{11}y$	
1242.	$1x + 12y = -411$ $7x + 18y = -633$		1296.	$\frac{3}{11}x - \frac{1}{11}y = -1\frac{4}{11}$ $\frac{5}{13}x + \frac{2}{5}y = -6\frac{39}{155}$		1350.	$-\frac{3}{5}y = \frac{73}{340} - \frac{8}{17}x$ $\frac{3}{4}x = \frac{15}{56} + \frac{6}{7}y$	

3.2 Quadratische Gleichungen

3.2.1 Algorithmus für das Lösen von quadratischen Gleichungen (p-q-Formel)

Lösung	Erläuterungen / Notizen

Eine quadratische Gleichung enthält eine Variable mit einer Potenz zweiter Ordnung.
- Die allgemeine Form einer quadratischen Gleichung ist folgende: $ax^2 + bx + c = 0$, $a \neq 0$
- Sie wird umgestellt, um die sogenannte Normalform zu erhalten (Normalform bedeutet Faktor 1 vor dem x^2): $x^2 + \frac{b}{a}x + \frac{c}{a} = 0$
- Mit $\frac{b}{a} = p$ und $\frac{c}{a} = q$ wird diese Gleichung dann zu: $x^2 + px + q = 0$
- Nun kann die sogenannte p-q-Formel angewandt werden: $x_{1/2} = -\frac{p}{2} \pm \sqrt{\left(\frac{p}{2}\right)^2 - q}$
- **Vorsicht:** Insbesondere bei negativem p oder q die Vorzeichen beachten! „Minus mal Minus" ergibt Plus.
- Eine mögliche Kontrolle liefert der Satz von Vieta. Ihm zufolge gilt immer:
  $x_1 + x_2 = -p$
  $x_1 \cdot x_2 = q$

Beispiel: $2x^2 + 16x - 40 = 0$ soll gelöst werden.

Lösung:

1. Schritt: quadratische Gleichung in die Normalform bringen

$2x^2 + 16x - 40 = 0$ Ausgangsgleichung

$x^2 + 8x - 20 = 0$ Normalform

2. Schritt: Werte für p und q in die p-q-Formel einsetzen und Werte für x_1 und x_2 ermitteln.

p-q-Formel: $x_{1/2} = -\frac{p}{2} \pm \sqrt{\left(\frac{p}{2}\right)^2 - q}$

hier: $x_{1/2} = -\frac{8}{2} \pm \sqrt{\left(\frac{8}{2}\right)^2 + 20}$

x_1 ausrechnen:

$x_1 = -4 + \sqrt{(4)^2 + 20}$
$= -4 + 6$
$= 2$

x_2 ausrechnen:

$x_2 = -4 - \sqrt{(4)^2 + 20}$
$= -4 - 6$
$= -10$

3. Schritt: Lösung der quadratischen Gleichung übersichtlich hinschreiben und einrahmen:

$x_1 = 2$
$x_2 = -10$

4. Schritt: Kontrolle mit dem Satz von Vieta:

$-p = x_1 + x_2$: $2 - 10 = -8$
$q = x_1 \cdot x_2$: $2 \cdot (-10) = -20$

3.2.2 Übungsaufgaben zu quadratischen Gleichungen

Lösen Sie die folgenden quadratischen Gleichungen. Nutzen Sie falls nötig ein Rechenheft. Kontrollieren Sie Ihr Ergebnis.

Nr.	Gleichung	Ergebnis r oder f	Üben
1351.	$x^2 - 17x + 60 = 0$		
1352.	$x^2 - 14x + 45 = 0$		
1353.	$x^2 - 12x + 32 = 0$		
1354.	$x^2 - 13x + 42 = 0$		
1355.	$x^2 - 7x + 6 = 0$		
1356.	$x^2 - 16x + 63 = 0$		
1357.	$x^2 - 10x + 16 = 0$		
1358.	$x^2 - 6x + 5 = 0$		
1359.	$x^2 = +11x - 24$		
1360.	$x^2 + 18 = 9x$		
1361.	$x^2 = 6x - 8$		
1362.	$12 = -x^2 + 7x$		
1363.	$-16x = -64 - x^2$		

Nr.	Gleichung	Ergebnis r oder f	Üben
1364.	$-x^2 + 13x - 42 = 0$		
1365.	$-x^2 + 4x - 4 = 0$		
1366.	$-x^2 + 14x - 45 = 0$		
1367.	$-x^2 + 14x - 45 = 0$		
1368.	$-x^2 + 54x - 585 = 0$		
1369.	$-x^2 + 27x - 26 = 0$		
1370.	$-x^2 + 41x - 414 = 0$		
1371.	$-x^2 + 38x = 325$		
1372.	$-x^2 = -39x + 338$		
1373.	$-195 = x^2 - 28x$		
1374.	$27x = x^2 + 26$		
1375.	$-x^2 + 46x = 525$		
1376.	$4x^2 - 220x + 2904 = 0$		

Nr.	Gleichung	Ergebnis r oder f	Üben
1377.	$9x^2 - 99x + 162 = 0$		
1378.	$8x^2 - 272x + 2112 = 0$		
1379.	$5x^2 - 140x + 375 = 0$		
1380.	$4x^2 - 48x + 144 = 0$		
1381.	$7x^2 - 105x + 252 = 0$		
1382.	$4x^2 - 152x + 1408 = 0$		
1383.	$2x^2 - 22x + 56 = 0$		
1384.	$7x^2 - 70x = -175$		
1385.	$7x^2 = 119x - 420$		
1386.	$96 = -6x^2 + 60x$		
1387.	$-333x + 1674 = -9x^2$		
1388.	$-198x = -11x^2 - 792$		
1389.	$-8x^2 + 312x - 1792 = 0$		

Nr.	Gleichung	Ergebnis r oder f	Üben
1390.	$-6x^2 + 162x - 912 = 0$		
1391.	$-9x^2 + 297x - 1260 = 0$		
1392.	$-6x^2 + 120x - 576 = 0$		
1393.	$-13x^2 + 182x - 624 = 0$		
1394.	$-11x^2 + 165x - 484 = 0$		
1395.	$-6x^2 + 192x - 672 = 0$		
1396.	$-9x^2 + 279x = 1656$		
1397.	$-3x^2 = -81x + 378$		
1398.	$84x - 144 = 6x^2$		
1399.	$-1863 = 9x^2 - 288x$		
1400.	$62x = 2x^2 + 456$		
1401.	$x^2 - \frac{194}{377}x + \frac{24}{377} = 0$		
1402.	$x^2 - \frac{15}{22}x + \frac{27}{242} = 0$		

Nr.	Gleichung	Ergebnis r oder f	Üben
1403.	$x^2 - \dfrac{251}{520}x + \dfrac{21}{520} = 0$		
1404.	$x^2 - \dfrac{271}{549}x + \dfrac{4}{183} = 0$		
1405.	$x^2 - \dfrac{15}{34}x + \dfrac{27}{578} = 0$		
1406.	$x^2 - \dfrac{4}{17}x + \dfrac{3}{289} = 0$		
1407.	$x^2 - \dfrac{82}{209}x + \dfrac{8}{209} = 0$		
1408.	$x^2 - \dfrac{13}{20}x + \dfrac{1}{10} = 0$		
1409.	$x^2 + \dfrac{5}{54} = \dfrac{11}{18}x$		
1410.	$x^2 = \dfrac{11}{26}x - \dfrac{6}{169}$		
1411.	$\dfrac{1}{69} = -x^2 + \dfrac{50}{207}x$		
1412.	$x^2 = \dfrac{65}{112}x - \dfrac{1}{16}$		
1413.	$x^2 + \dfrac{9}{136} = \dfrac{35}{68}x$		
1414.	$-x^2 + \dfrac{103}{306}x - \dfrac{5}{306} = 0$		
1415.	$-x^2 + \dfrac{285}{442}x - \dfrac{27}{442} = 0$		

Nr.	Gleichung	Ergebnis r oder f	Üben
1416.	$-x^2 + \dfrac{15}{44}x - \dfrac{1}{44} = 0$		
1417.	$-x^2 + \dfrac{7}{9}x - \dfrac{5}{36} = 0$		
1418.	$-x^2 + \dfrac{137}{286}x - \dfrac{6}{143} = 0$		
1419.	$-x^2 + \dfrac{194}{377}x - \dfrac{24}{377} = 0$		
1420.	$-x^2 + \dfrac{15}{22}x - \dfrac{27}{242} = 0$		
1421.	$-x^2 + \dfrac{128}{585}x = \dfrac{7}{585}$		
1422.	$-x^2 - \dfrac{4}{183} = -\dfrac{271}{549}x$		
1423.	$-\dfrac{9}{476} = x^2 - \dfrac{40}{119}x$		
1424.	$\dfrac{4}{17}x - \dfrac{3}{289} = x^2$		
1425.	$-x^2 - \dfrac{5}{114} = -\dfrac{191}{456}x$		

3.2.3 Zusatzaufgaben zu quadratischen Gleichungen

Lösen Sie die folgenden quadratischen Gleichungen. Nutzen Sie dazu ein Rechenheft. Kontrollieren Sie Ihr Ergebnis.

Nr.	Aufgaben	Erg. r oder f	Nr.	Aufgaben	Erg. r oder f	Nr.	Aufgaben	Erg. r oder f
1426.	$x^2 - 26x + 153 = 0$		1451.	$3x^2 - 69x + 396 = 0$		1476.	$x^2 - \frac{1}{2}x + \frac{18}{289} = 0$	
1427.	$x^2 - 7x + 12 = 0$		1452.	$7x^2 - 280x + 2352 = 0$		1477.	$x^2 - \frac{131}{204}x + \frac{7}{204} = 0$	
1428.	$x^2 - 12x + 35 = 0$		1453.	$2x^2 - 76x + 690 = 0$		1478.	$x^2 - \frac{5}{13}x + \frac{4}{169} = 0$	
1429.	$x^2 - 10x + 9 = 0$		1454.	$11x^2 - 319x + 1848 = 0$		1479.	$x^2 - \frac{53}{116}x + \frac{3}{58} = 0$	
1430.	$x^2 - 17x + 72 = 0$		1455.	$6x^2 - 144x + 864 = 0$		1480.	$x^2 - \frac{109}{198}x + \frac{5}{66} = 0$	
1431.	$x^2 - 8x + 12 = 0$		1456.	$9x^2 - 414x + 4761 = 0$		1481.	$x^2 - \frac{29}{130}x + \frac{2}{161} = 0$	
1432.	$x^2 - 7x + 6 = 0$		1457.	$6x^2 - 120x + 216 = 0$		1482.	$x^2 - \frac{53}{99}x + \frac{4}{99} = 0$	
1433.	$x^2 - 10x = -21$		1458.	$3x^2 - 45x = -108$		1483.	$x^2 - \frac{47}{90}x = -\frac{1}{90}$	
1434.	$30 = -x^2 + 13x$		1459.	$2x^2 = 36x - 162$		1484.	$-\frac{101}{187}x + \frac{12}{187} = -x^2$	
1435.	$10 = -x^2 + 7x$		1460.	$180 = -3x^2 + 57x$		1485.	$x^2 - \frac{113}{132}x = -\frac{7}{44}$	
1436.	$x^2 - 11x = -24$		1461.	$-165x + 910 = -5x^2$		1486.	$-\frac{55}{84}x = -x^2 - \frac{1}{24}$	
1437.	$-14x = -48 - x^2$		1462.	$-152x = -8x^2 - 144$		1487.	$\frac{8}{87} = -x^2 + \frac{170}{261}x$	
1438.	$-x^2 + 11x - 28 = 0$		1463.	$-12x^2 + 408x - 2700 = 0$		1488.	$-x^2 + \frac{102}{253}x - \frac{9}{253} = 0$	
1439.	$-x^2 + 6x - 8 = 0$		1464.	$-4x^2 + 60x - 104 = 0$		1489.	$-x^2 + \frac{131}{461}x - \frac{13}{684} = 0$	
1440.	$-x^2 + 13x - 40 = 0$		1465.	$-7x^2 + 112x - 105 = 0$		1490.	$-x^2 + \frac{112}{171}x - \frac{16}{171} = 0$	
1441.	$-x^2 + 11x - 30 = 0$		1466.	$-5x^2 + 20x - 15 = 0$		1491.	$-x^2 + \frac{7}{15}x - \frac{2}{75} = 0$	
1442.	$-x^2 + 14x - 24 = 0$		1467.	$-2x^2 + 56x - 150 = 0$		1492.	$-x^2 + \frac{26}{51}x - \frac{1}{17} = 0$	
1443.	$-x^2 + 11x - 18 = 0$		1468.	$-14x^2 + 490x - 924 = 0$		1493.	$-x^2 + \frac{45}{104}x - \frac{1}{26} = 0$	
1444.	$-x^2 + 33x - 62 = 0$		1469.	$-10x^2 + 120x - 270 = 0$		1494.	$-x^2 + \frac{1}{2}x - \frac{18}{289} = 0$	
1445.	$-x^2 + 28x - 192 = 0$		1470.	$-7x^2 + 210x - 1232 = 0$		1495.	$-x^2 + \frac{131}{204}x - \frac{7}{204} = 0$	
1446.	$-x^2 + 41x = 288$		1471.	$-4x^2 + 40x = 84$		1496.	$-x^2 + \frac{41}{182}x = \frac{1}{91}$	
1447.	$-x^2 = -47x + 532$		1472.	$-2x^2 = -16x + 24$		1497.	$-x^2 = -\frac{53}{116}x + \frac{3}{58}$	

Nr.	Aufgaben	Erg. r oder f	Nr.	Aufgaben	Erg. r oder f	Nr.	Aufgaben	Erg. r oder f
1448.	$-140 = x^2 - 33x$		1473.	$40x - 75 = 5x^2$		1498.	$-x^2 = -\dfrac{109}{198}x + \dfrac{5}{66}$	
1449.	$30x = x^2 + 216$		1474.	$-539 = 7x^2 - 126x$		1499.	$-\dfrac{2}{161} = x^2 - \dfrac{29}{130}x$	
1450.	$-x^2 = -20x + 96$		1475.	$32x = 4x^2 + 60$		1500.	$-\dfrac{8}{45} = x^2 - \dfrac{38}{45}x$	

4 Rechentraining – Ableitungen

4.1 Musteraufgaben zu Ableitungen

4.1.1 Musteraufgabe zur Produktregel

$$f(x) = \left(x + x^2 + x^{-3}\right)\sin(x)$$

Diese Funktion besteht aus einem Produkt zweier Unterfunktionen. Sie muß also mithilfe der Produktregel abgeleitet werden.

Produktregel: Ist $f(x) = u(x) \cdot v(x)$, so gilt für die Ableitung der Funktion $f'(x) = u'(x) \cdot v(x) + u(x) \cdot v'(x)$.

Schritt 1: $u(x)$ und $v(x)$ bestimmen und die jeweiligen Ableitungen bilden:
Ich setze: $u(x) = \left(x + x^2 + x^{-3}\right)$ und $v(x) = \sin(x)$, es folgt damit
$$u'(x) = 1 + 2x - 3x^{-4} \text{ und } v'(x) = \cos(x).$$

Schritt 2: Ableitung aufschreiben, Term unter Umständen noch geschickt zusammenfassen.
Es folgt: $f'(x) = (1 + 2x - 3x^{-4})\sin(x) + (x + x^2 + x^{-3})\cos(x)$

4.1.2 Musteraufgabe zur Quotientenregel

$$f(x) = \frac{x^3 + 8}{2x - 3}$$

Diese Funktion besteht aus dem Quotienten zweier Unterfunktionen, sie muß also mithilfe der Quotientenregel abgeleitet werden.

Quotientenregel: Ist $f(x) = \dfrac{u(x)}{v(x)}$, so gilt für die Ableitung der Funktion $f'(x) = \dfrac{u'(x) \cdot v(x) - u(x) \cdot v'(x)}{v^2(x)}$.

Schritt 1: $u(x)$ und $v(x)$ bestimmen und die jeweiligen Ableitungen bilden:
Ich setze: $u(x) = x^3 + 8$ und $v(x) = 2x - 3$, es folgt damit
$$u'(x) = 3x^2 \text{ und } v'(x) = 2.$$

Schritt 2: Ableitung aufschreiben, Term unter Umständen noch geschickt zusammenfassen.
Es folgt: $f'(x) = \dfrac{(2x-3)3x^2 - 2(x^3+8)}{(2x-3)^2} = \dfrac{6x^3 - 9x^2 - 2x^3 - 16}{(2x-3)^2} = \dfrac{4x^3 - 11x^2 - 16}{(2x-3)^2}$

4.1.3 Musteraufgabe zur Kettenregel

$$f(x) = \sin(x^2 + 3x)$$

Diese Funktion besteht aus einer Verkettung zweier Unterfunktionen, sie muß also mithilfe der Kettenregel abgeleitet werden.

Kettentenregel: Ist $f(x) = v(u(x))$, so gilt für die Ableitung der Funktion $f'(x) = u'(x) \cdot v'(u(x))$.

Schritt 1: $u(x)$ und $v(u)$ bestimmen und die jeweiligen Ableitungen bilden:
Ich setze: $u(x) = x^2 + 3x$ und $v(u) = \sin(u)$, es folgt damit
$$u'(x) = 2x + 3 \text{ und } v'(u) = \cos(u).$$

Schritt 2: Ableitung aufschreiben, Term unter Umständen noch geschickt zusammenfassen.
Es folgt: $f'(x) = (2x + 3) \cdot \cos(x^2 + 3x)$

4.2 Übungsaufgaben zu Ableitungen

Leiten Sie diese Funktionen ab. Nutzen Sie falls nötig ein Rechenheft. Kontrollieren Sie anschließend Ihr Ergebnis.

Nr.	Aufgabe	Ergebnis r oder f	Üben
1501.	$f(x) = x^2$		
1502.	$f(x) = x^5$		

Nr.	Aufgabe	Ergebnis r oder f	Üben
1503.	$f(x) = x^9$		
1504.	$f(x) = 2x^3$		
1505.	$f(z) = 3z^5 + z^2 + 4z^8 - z^6 - 26 + 48$		
1506.	$f(x) = nx^n + 5x - 36 + 5x \cdot x \cdot x - x$		
1507.	$f(x) = cx^{n-2} + x^2$		
1508.	$f(x) = cx^{n-2} - x^n$		
1509.	$f(x) = 24x + 5x^7 - 34x^n$		
1510.	$f(x) = 4x^7 + 48x^2 - 112 + x^{12} - x \cdot x$		
1511.	$f(x) = 3x^{-3}$		
1512.	$f(y) = y^n + y^{-n}$		
1513.	$f(x) = 4x^7 + ax^n + x^{-3}$		
1514.	$f(y) = 23y + 26y - 50y + 7y^7$		
1515.	$f(x) = ax - bx - cx + dx + ex + fx$		

Rechentraining – Ableitungen

Nr.	Aufgabe	Ergebnis r oder f	Üben
1516.	$f(x) = 15x^4 + 16^2 + 17^3$		
1517.	$f(x) = x + (x^5 - x)$		
1518.	$f(w) = w^5 + 12w^7$		
1519.	$f(x) = x^2 + x^2 - 4x^2 + 4x^5$		
1520.	$f(x) = (x + x + x - x^4) + x^4$		
1521.	$f(x) = 5x^{-6}$		
1522.	$f(y) = 14y^{-3} + y^4 - 152$		
1523.	$f(x) = 24 - 3x^{-3} + x \cdot x - x^{-5}$		
1524.	$f(x) = 3x + 3x + x - 7x + x^{-2}$		
1525.	$f(z) = 13z^{-7} + 4z - 48$		
1526.	$f(x) = 19x^{-4} + 10x^{-10}$		
1527.	$f(x) = x^5 + x^4 + x^3 + x^2 + x + c$		
1528.	$f(x) = 15x^{15} - x^{15}$		

Nr.	Aufgabe	Ergebnis r oder f	Üben
1529.	$f(x) = 5x \cdot x + 23x - x^{-6}$		
1530.	$f(y) = y - 23y + y + y - y - 3y + y^{-8}$		
1531.	$f(x) = \sqrt{x}$		
1532.	$f(x) = \sqrt{x^4} + 13x$		
1533.	$f(x) = \sqrt{4x^2} - 17\sqrt{x^2}$		
1534.	$f(y) = \sqrt{16y^2} - 16y^2$		
1535.	$f(x) = \sqrt{4x^2} - x^2$		
1536.	$f(x) = \sqrt[3]{x^5}$		
1537.	$f(y) = \sqrt[5]{y \cdot y \cdot y \cdot y^2} - \frac{1}{2}y^2$		
1538.	$f(x) = \sqrt{x} \cdot \sqrt{x}$		
1539.	$f(x) = 14x - x\sqrt{x^2}$		
1540.	$f(x) = 0{,}5x$		
1541.	$f(x) = 0{,}125x^4 + x^7$		

Rechentraining – Ableitungen

Nr.	Aufgabe	Ergebnis r oder f	Üben
1542.	$f(x) = 14{,}5x^{-6} - 16x^{0{,}25}$		
1543.	$f(x) = 0{,}5x^4 - x^2 + x$		
1544.	$f(x) = x - 0{,}5x - 0{,}25x - 0{,}125x$		
1545.	$f(x) = 1{,}75 \cdot 1{,}75 + x^{-5} + 1{,}75x^2$		
1546.	$f(x) = (5 - 1{,}25 - 1{,}75)x^{-3}$		
1547.	$f(x) = x^{0{,}5} + x^{0{,}5} - x + x^{0{,}5}$		
1548.	$f(x) = 35x^{-2} + 0{,}05x^2$		
1549.	$f(x) = \dfrac{1}{2}x^2$		
1550.	$f(x) = x^{-8} + \dfrac{1}{4}x^{-8}$		
1551.	$f(x) = 17x - 18x^2 + \dfrac{5}{15}x^{-3}$		
1552.	$f(x) = \dfrac{\frac{256}{16}}{4}x^4$		
1553.	$f(x) = 13 + 13x - \dfrac{1}{90}x^{64+26} - 16x$		
1554.	$f(x) = ax^n - \dfrac{1}{2}ax^n - ax^n$		

Nr.	Aufgabe	Ergebnis r oder f	Üben
1555.	$f(x) = x^{13-\frac{1}{5}-17{,}5+6}$		
1556.	$f(x) = x^{0{,}25+0{,}05+\frac{1}{2}} \cdot x^{13-\frac{1}{5}-17{,}5+6} \cdot x \cdot x^{\frac{1}{5}}$		
1557.	$f(x) = x^{\sqrt{2 \cdot 2}} + x^{0{,}5} \cdot x^{0{,}5}$		
1558.	$f(x) = (25x)^{\frac{1}{2}} \cdot \sqrt{25x}$		
1559.	$f(x) = \dfrac{x^2}{2}$		
1560.	$f(x) = \dfrac{17x \cdot 4x}{27}$		
1561.	$f(x) = x^2 + x^{\frac{1}{2}}$		
1562.	$f(x) = \dfrac{1}{x^2}$		
1563.	$f(x) = \dfrac{\sqrt{16}}{4} \cdot x^3 + 26$		
1564.	$f(x) = \dfrac{1}{2x^2} \cdot x$		
1565.	$f(x) = \dfrac{x^5}{x^{-5}} \cdot \dfrac{1}{2} x$		
1566.	$f(x) = \sqrt{\sqrt{\dfrac{1}{16}x}}$		
1567.	$f(x) = 23x^{-3} - \dfrac{1}{23}x^{-3}$		

Rechentraining – Ableitungen

Nr.	Aufgabe	Ergebnis r oder f	Üben
1568.	$f(x) = \dfrac{x^4}{x^3}$		
1569.	$f(x) = \dfrac{23x - 12x^2 + 16x^4}{x^2}$		
1570.	$f(y) = \dfrac{y - 17y^3}{y - y^2}$		
1571.	$f(x) = \dfrac{1}{2} \cdot \dfrac{x - x^2}{x}$		
1572.	$f(x) = \dfrac{2x(x-1)^3}{(x-1)^2}$		
1573.	$f(y) = \dfrac{22y - 15y - y^5}{13y}$		
1574.	$f(x) = \dfrac{13}{4x + 4x^2}$		
1575.	$f(x) = \dfrac{27}{\sqrt{x \cdot x \cdot x^2} + x}$		
1576.	$f(x) = \dfrac{16}{\dfrac{1}{2}x - x^2}$		
1577.	$f(x) = \dfrac{34}{\dfrac{x}{2} \cdot x^2 + x^5}$		
1578.	$f(x) = (x+1)^2$		
1579.	$f(x) = (x+1)^{-5}$		
1580.	$f(x) = (x+1) \cdot (x+1)^2$		

Nr.	Aufgabe	Ergebnis r oder f	Üben
1581.	$f(x) = \left(x + x^2 + x^{-3}\right)^2$		
1582.	$f(x) = \left(x + x^2 + x^{-3}\right)^2 \cdot \dfrac{1}{x}$		
1583.	$f(x) = 2x\left(x - 4 + x^2\right)$		
1584.	$f(x) = 0{,}25x^4 \cdot (x + 1)$		
1585.	$f(x) = 10x - \dfrac{1}{3x} x(x + 25)$		
1586.	$f(x) = 10x - \dfrac{1}{3x} x(x + 25)^2$		
1587.	$f(x) = \left(x^2 + 3\right)^{0{,}5}$		
1588.	$f(x) = \dfrac{7}{2}x^2 + \dfrac{x - 8}{x^3 - 4}$		
1589.	$f(x) = 18{,}5x^7 - \dfrac{61x + 8^2 + \dfrac{12}{3}x^4}{2x(x + 1)}$		
1590.	$f(x) = \dfrac{16x(x - 1)^2 + 33x^{-3}}{x - 3}$		
1591.	$f(y) = 22y - \dfrac{y^3}{y - y^2 - y^3}$		
1592.	$f(x) = \sqrt{2x(x - 1)}$		
1593.	$f(x) = \dfrac{\sqrt{25^2 \cdot x^4}}{x + 27} \cdot (x + 27)$		

Rechentraining – Ableitungen

Nr.	Aufgabe	Ergebnis r oder f	Üben
1594.	$f(x)=\dfrac{15x+16x^2+17x^3}{18x^4}$		
1595.	$f(x)=14x^{\frac{1}{2}}+18x^{-5}+16x\cdot x^{\frac{4}{2}}$		
1596.	$f(y)=y\cdot y^3\cdot\dfrac{1}{y}\cdot 14$		
1597.	$f(x)=x^6+x^{-6}+x^{0,5}$		
1598.	$f(x)=17\left(x+15+x^2\right)^2$		
1599.	$f(x)=\dfrac{14x(2x-13)^3}{2x-13}$		
1600.	$f(x)=\dfrac{9x(x+8x)\cdot 7x(x-4x)}{63x}$		
1601.	$f(x)=\dfrac{9x(x+8x)\cdot 7x(x-4x)}{63x(x-4x)}\cdot\dfrac{1}{(x+8x)}+152x$		
1602.	$f(x)=\dfrac{(x+8)^2\cdot(x-3)^3}{(x-3)}$		
1603.	$f(x)=\dfrac{(x+8)^2\cdot(x-3)^3}{(x-3)\cdot(x+8)}+\dfrac{(x+8)^2\cdot(x-3)^3}{(x-3)}$		
1604.	$f(x)=x^{(0,125+0,25+0,5+0,125)\cdot 2}$		
1605.	$f(x)=x\cdot x^{\frac{n^2}{n}}$		
1606.	$f(x)=(9x)^{\frac{5+4+9}{6^2}}$		

Nr.	Aufgabe	Ergebnis r oder f	Üben
1607.	$f(x) = \dfrac{5x(x+9)^{0,25 \cdot \frac{16}{2}}}{10x}$		
1608.	$f(x) = ax^{n^2 - 3} - 48^2 x$		
1609.	$f(x) = \dfrac{ax^{n^2 - 3}}{x^{n^2}} + 116$		
1610.	$f(x) = (37x - 38x)^4 \cdot 2x$		
1611.	$f(x) = \dfrac{(37x - 38x)^4 \cdot 2x}{24x} - \left(\dfrac{2x}{24x}\right)^2$		
1612.	$f(x) = 4,5x^5 + 4,5^7$		
1613.	$f(x) = \dfrac{1}{x^{-2}}$		
1614.	$f(x) = \left(\dfrac{1}{x^{-2}}\right)^{-3} + \left(\dfrac{1}{x^{-3}}\right)^3$		
1615.	$f(x) = \dfrac{4^2 \cdot 4^{-3}}{16x}$		
1616.	$f(x) = x \cdot x^{2n} + (144x)^{\frac{1}{2}}$		
1617.	$f(x) = 16x^{-4} + 23x^4$		
1618.	$f(x) = (x - x^2 + 15)^{-4}$		
1619.	$f(x) = (x - x^2 + 15)^{-4} \cdot 26x(x+3)$		

Rechentraining – Ableitungen

Nr.	Aufgabe	Ergebnis r oder f	Üben
1620.	$f(x) = \dfrac{(x - x^2 + 15)^{-4} \cdot 26x(x+3)}{26x^2 + \dfrac{156}{2}}$		
1621.	$f(x) = \dfrac{(26x(x+3))^2}{(26x)^2}$		
1622.	$f(x) = \dfrac{x}{x + 56x - x^2}$		
1623.	$f(x) = \dfrac{(x+1)^4}{x^2 + 2x + 1} \cdot x^2 + 13$		
1624.	$f(x) = \dfrac{(x + 2x + 6x) \cdot x}{x^2}$		
1625.	$f(x) = \dfrac{\dfrac{x^2}{2}}{x^4} \cdot 2 \cdot \dfrac{x}{2}$		
1626.	$f(x) = \sqrt{\dfrac{2x+6}{13}}$		
1627.	$f(x) = \dfrac{\sqrt{16}}{\sqrt{x}} \cdot x^2 \cdot \dfrac{1}{\sqrt{x}}$		
1628.	$f(x) = \dfrac{5x + x^{-2}}{x^4}$		
1629.	$f(x) = (x-1)^2 - (x+1)^{-2}$		
1630.	$f(x) = \dfrac{(x-1)^2 \cdot (x+1)^{-2}}{(x+1)^2}$		
1631.	$f(x) = x^{-5}$		
1632.	$f(x) = 3x^2 + 2x^3$		

Nr.	Aufgabe	Ergebnis r oder f	Üben
1633.	$f(x) = 2$		
1634.	$f(x) = \dfrac{x \cdot \sqrt{x}}{3x^2 + 2x^3}$		
1635.	$f(x) = \dfrac{(3x^2 + 2x^3)^2 \cdot x + \sqrt{144}}{x^2}$		
1636.	$f(x) = \sin(x)$		
1637.	$f(x) = \sin(x) + x - 12$		
1638.	$f(x) = \sin(x) + \cos(x)$		
1639.	$f(x) = \cos(x) - \sin(x) - \tan(x)$		
1640.	$f(x) = \ln(x)$		
1641.	$f(x) = \dfrac{\sin(x)}{\cos(x)} - \tan(x) + x^2$		
1642.	$f(x) = 5\ln(x) + 3\ln(x) - \ln(x)$		
1643.	$f(x) = \dfrac{7}{\cos(x)} + \cos(x)$		
1644.	$f(x) = \left(\dfrac{13}{\sin(x)} \cdot \sin(x) + \sqrt{144}\right) \cdot \cos(x)$		
1645.	$f(x) = \dfrac{\ln(x) \cdot \ln(x) + (\ln(x))^2}{5\ln(x)}$		

Rechentraining – Ableitungen

Nr.	Aufgabe	Ergebnis r oder f	Üben
1646.	$f(x) = e^x$		
1647.	$f(x) = e^x - 2\sin(x)$		
1648.	$f(x) = \sin(x) \cdot \cos(x)$		
1649.	$f(x) = \sqrt{\sin(x)}$		
1650.	$f(x) = \dfrac{x}{\sin(x)}$		
1651.	$f(x) = \dfrac{\cos(x)}{x^2}$		
1652.	$f(x) = \sqrt{\ln(x)}$		
1653.	$f(x) = e^{4x}$		
1654.	$f(x) = \ln(x) \cdot e^x$		
1655.	$f(x) = x \cdot \sqrt{\sin(x)} \cdot \dfrac{1}{x^3}$		
1656.	$f(x) = \cos(x) \cdot (\ln(x) + \sin(x))$		
1657.	$f(x) = (\ln(x))^2 + 12x - 5x^{0,25}$		
1658.	$f(x) = (x^2 \cdot \cos(x) - \sin(x))^2$		

Klausurtrainer für Mathematik, Statistik, BWL, VWL von Studeo Verlag: www.studeo.de

Rechentrainer "Schlag auf Schlag – Rechnen bis ich's mag"

Nr.	Aufgabe	Ergebnis r oder f	Üben
1659.	$f(x)= \dfrac{x \cdot \sqrt{\ln(x)}}{\ln(x)}$		
1660.	$f(x)= \dfrac{x \cdot e^{2x} + e^{3x}}{e^x}$		
1661.	$f(x)= \dfrac{x \cdot e^{2x}}{e^x}$		

4.3 Zusatzaufgaben zu Ableitungen

Leiten Sie diese Funktionen ab. Nutzen Sie ein Rechenheft. Kontrollieren Sie anschließend Ihr Ergebnis.

Nr.	Aufgaben	Ergebnis r oder f	Nr.	Aufgaben	Ergebnis r oder f
1662.	$f(x)= x^3 - 3$		1742.	$f(x)= \left(x + x^2 + x^{-3}\right)^2 \cdot x$	
1663.	$f(x)= x^6 + 6$		1743.	$f(x)= \left(x + x^2 + x^{-3}\right)^2 \cdot \dfrac{1}{x} + 16 - x^7$	
1664.	$f(x)= x^{22} + 45$		1744.	$f(x)= \dfrac{1}{4} x (x \cdot x \cdot x + 3)^2$	
1665.	$f(x)= 12x^3 + 12x$		1745.	$f(x)= 0{,}25 x^4 (x+1)^2$	
1666.	$f(y)= \left(3y^5 + y^2\right) + \left(4y^8\right) - \left(y^6 - 26 + 48\right)$		1746.	$f(x)= 0{,}25 x^4 \cdot (x+1)^2 + x^4 \cdot (x+1)$	
1667.	$f(x)= nx^n + 5x + 5x \cdot x$		1747.	$f(x)= \left(x^2 \cdot 3\right)^{0{,}5}$	
1668.	$f(x)= cx^{n-2} - x^2$		1748.	$f(x)= \left(x^2 - 3\right)^{0{,}5} \cdot x + 144$	
1669.	$f(x)= x \cdot x \cdot x \cdot x \cdot x - x$		1749.	$f(x)= \dfrac{17x^{0{,}5} + 13x^{\frac{1}{2}} + 16}{14x(7-x)}$	
1670.	$f(w)= w^3 - w - w \cdot w + w^2 - 25$		1750.	$f(x)= 16x(x-1)^2 + 33x^{-3}$	
1671.	$f(g)= g^5 + 3g^2 - g - g + 5g$		1751.	$f(x)= 49 \cdot \dfrac{1}{7} x^{-7} + x \cdot x \cdot (x + 14)$	
1672.	$f(x)= 5x - x^{-5} + x^5$		1752.	$f(x)= 19 \dfrac{1}{2} x + 0{,}125 x^8 + \sqrt{x}$	
1673.	$f(x)= 4x^{12} + x^{-2} + x$		1753.	$f(x)= \dfrac{\sqrt{25^2} \cdot x^4}{x + 27}$	
1674.	$f(y)= y \cdot y^3 + 8y^4$		1754.	$f(x)= 0{,}12^{12} x + x^{-\frac{1}{4}} + 62$	
1675.	$f(x)= x + x + x + x - 4x + 5x^3$		1755.	$f(x)= \dfrac{x}{\frac{1}{2} x} + 13{,}5 x^2$	
1676.	$f(x)= ax^2 + bx^3$		1756.	$f(x)= \left(x^2\right)^4 + 16^{0{,}25}$	
1677.	$f(y)= y^3 - 4^4 + 4^6$		1757.	$f(y)= y \cdot 0{,}5 y^{\frac{8}{4}} + 25$	
1678.	$f(x)= (x \cdot x) + (x) - (x + x + x)$		1758.	$f(x)= \dfrac{x^6 + x^{-6} + x^{0{,}5}}{x}$	
1679.	$f(z)= 14z^3 + 15 - 16 + 15z^2 + 18z^3$		1759.	$f(x)= 14x(2x - 13)^3$	

Rechentraining – Ableitungen

Nr.	Aufgaben	Ergebnis r oder f	Nr.	Aufgaben	Ergebnis r oder f
1680.	$f(z) = z - z + 45 - z^4$		1760.	$f(x) = 9x(x+8) \cdot 7x(x-4x)$	
1681.	$f(x) = 24x + 25x^4 - 100$		1761.	$f(x) = \dfrac{9x(x+8) \cdot 7x(x-4x)}{63x(x-4x)}$	
1682.	$f(x) = 12x^{-5} + x^{-3}$		1762.	$f(x) = (x+8)^2 \cdot (x-3)^3$	
1683.	$f(z) = z^{-7} + z - z^3$		1763.	$f(x) = \dfrac{(x+8)^2 \cdot (x-3)^3}{(x-3) \cdot (x+8)}$	
1684.	$f(y) = 7y^{-4} + 6y^{-4} - 4y^{-4}$		1764.	$f(x) = \dfrac{(x+8)^2 \cdot (x-3)^3}{(x-3)} - \dfrac{(x+8)^2 \cdot (x-3)^3}{(x-3) \cdot (x+8)}$	
1685.	$f(x) = 144x^{12} + 121x^{11} - 144 \cdot 121$		1765.	$f(x) = x^{\frac{0,5+6 \cdot 3}{3}}$	
1686.	$f(x) = 17x + (18x - 45x^2) + 3$		1766.	$f(y) = y + y^{\frac{0,25}{2} \cdot 16}$	
1687.	$f(x) = ax^{-n} + bx^n$		1767.	$f(x) = 5x(x+9)^{0,25 \cdot \frac{16}{2}}$	
1688.	$f(z) = (27z + 3z + 11z - z) - 30z + 45z^2$		1768.	$f(x) = 17x - \dfrac{17}{x} + 162x^{0,5 \cdot 3 - 1,5 + 1}$	
1689.	$f(x) = 15x^{15} - x^{-15}$		1769.	$f(x) = \dfrac{ax^{n^2-3}}{x^n}$	
1690.	$f(x) = 7 + 42 - 7x^7$		1770.	$f(x) = \dfrac{ax^{n^2-3}}{x^{n^2-3}} + 31x^{-4}$	
1691.	$f(x) = 3x^4 + 4x^3 + 2x^6 + 6x^2 + x^{12}$		1771.	$f(x) = \dfrac{(37x - 38x)^4 \cdot 2x}{24x}$	
1692.	$f(x) = \left(\sqrt{x}\right)^2$		1772.	$f(x) = \left(\dfrac{2x}{24x}\right)^2 \cdot x^{-2} + 194x \cdot \dfrac{1}{87}$	
1693.	$f(x) = \sqrt{4x^2 - 17x^2}$		1773.	$f(x) = 13x - 25x^{10} + 144 \cdot \dfrac{1}{12}x$	
1694.	$f(y) = \sqrt{y^4} + \sqrt{y^4}$		1774.	$f(x) = \left(\dfrac{1}{x^{-2}}\right)^{-3}$	
1695.	$f(y) = \sqrt{16y^2} - 16\sqrt{y^2}$		1775.	$f(x) = 4^2 \cdot 4^{-3}x$	
1696.	$f(x) = \sqrt{4x^2} - \sqrt{x^2}$		1776.	$f(x) = 0,5x^{12-\frac{9}{3}} + 152x^{-2}$	
1697.	$f(x) = \sqrt[4]{x^{-3}} + 16x$		1777.	$f(x) = 27x + 14x^{-8} + \dfrac{x \cdot x}{x + x}$	
1698.	$f(y) = \sqrt[5]{y \cdot y \cdot y \cdot y^2} - \dfrac{1}{2}\sqrt{y^2} + y$		1778.	$f(x) = (x - x^2 + 15)^2$	
1699.	$f(x) = \sqrt{x} \cdot \sqrt{x} + \sqrt{x^4}$		1779.	$f(x) = (x - x^2 + 15)^{-4} \cdot 26x$	
1700.	$f(x) = \sqrt{16\sqrt{x^4}}$		1780.	$f(x) = \dfrac{(x - x^2 + 15)^{-4}}{(x - x^2 + 15)^4}$	
1701.	$f(x) = 0,25x^2 + 0,225$		1781.	$f(x) = (26x(x+3))^2$	
1702.	$f(x) = 12x^{0,5 \cdot 4} + 27x \cdot x$		1782.	$f(x) = 49x^{-3} + 15x^{-2} + 14x - 29$	
1703.	$f(x) = 14,5x^{-6} - (16x)^{0,25}$		1783.	$f(x) = \dfrac{(x+1)^4}{x^2 + 2x + 1}$	
1704.	$f(x) = 0,8 \cdot 0,8x^3 - 1225$		1784.	$f(x) = (24x - 23x)^2 \cdot x$	

Rechentrainer "Schlag auf Schlag – Rechnen bis ich's mag"

Nr.	Aufgaben	Ergebnis r oder f	Nr.	Aufgaben	Ergebnis r oder f
1705.	$f(x)=(x-0,5x-0,25x-0,125x)^2$		1785.	$f(x)=\dfrac{x^2}{\frac{2}{x^4}}\cdot 2$	
1706.	$f(x)=1,5x^n + ax^n$		1786.	$f(x)=\left(\dfrac{x^2}{\frac{2}{x^4}}\cdot 2\cdot\dfrac{x}{2}\right)^2$	
1707.	$f(x)=(24,55x-14,55x)x$		1787.	$f(x)=\dfrac{\sqrt{16}}{\sqrt{x}}\cdot x^2$	
1708.	$f(x)=19x-0,125x^2$		1788.	$f(x)=\dfrac{\sqrt{16}}{\sqrt{x}}\cdot x^2\cdot\dfrac{1}{\sqrt{x}}\cdot x$	
1709.	$f(x)=3x\cdot 0,35x-17x^2$		1789.	$f(x)=(24x\cdot x-24x)^2$	
1710.	$f(x)=\dfrac{1}{4}x^6+\dfrac{1}{16}x^8$		1790.	$f(x)=\dfrac{(x-1)^2-(x+1)^{-2}}{(x+1)^2}$	
1711.	$f(x)=\dfrac{5}{25}x^5-\dfrac{1}{5}x^5+x$		1791.	$f(x)=x^{15}$	
1712.	$f(x)=24\dfrac{1}{2}x^2\cdot\dfrac{1}{12}+7x$		1792.	$f(x)=2x^6$	
1713.	$f(x)=\dfrac{47}{\frac{7}{\frac{64}{8}}}x^{-5}+x\cdot x\cdot x-x^{-7}$		1793.	$f(x)=nx^n$	
1714.	$f(x)=ax^n+\dfrac{1}{2}ax^n$		1794.	$f(x)=x\cdot\sqrt{x}$	
1715.	$f(x)=\dfrac{24}{50}x^{\frac{1}{2}+0,5-\frac{2}{8}}$		1795.	$f(x)=(3x^2+2x^3)^2$	
1716.	$f(x)=x^{0,25+0,05+\frac{1}{2}}\cdot x^{13-\frac{1}{5}-17,5+6}$		1796.	$f(x)=\dfrac{(3x^2+2x^3)^2\cdot x\cdot\sqrt{144}}{x^2}$	
1717.	$f(x)=x^{0,25+0,05+\frac{1}{2}}\cdot x^{13-\frac{1}{5}-17,5+6}\cdot\sqrt{x}\cdot x^{\frac{1}{5}}$		1797.	$f(x)=\cos(x)$	
1718.	$f(x)=37x^{\frac{1}{4}}-37x$		1798.	$f(x)=\sin(x)+\sin(x)$	
1719.	$f(x)=(25x)^{\frac{1}{2}}\cdot\left(\sqrt{25x}\right)^{\frac{1}{2}}$		1799.	$f(x)=\tan(x)$	
1720.	$f(x)=\dfrac{x\cdot x\cdot x^2}{4+8}$		1800.	$f(x)=2\cdot\cos(x)$	
1721.	$f(x)=(x+3)\cdot 2x$		1801.	$f(x)=\dfrac{\sin(x)}{\cos(x)}$	
1722.	$f(x)=\dfrac{1}{x}$		1802.	$f(x)=2\cdot\cos(x)+\ln(x)$	
1723.	$f(x)=\dfrac{1}{x^4}+24x^{-6}$		1803.	$f(x)=\dfrac{4}{\cos(x)}$	
1724.	$f(x)=\dfrac{8x^{-3}}{0,5}-\dfrac{1}{2}$		1804.	$f(x)=\dfrac{13}{\sin(x)}\cdot\sin(x)+\sqrt{144}$	
1725.	$f(x)=\dfrac{17}{x^3}x\cdot x\cdot x$		1805.	$f(x)=\ln(x)\cdot\ln(x)+(\ln(x))^2$	
1726.	$f(x)=0,25x\cdot\dfrac{1}{8}x+x^{-9}$		1806.	$f(x)=\sqrt{\dfrac{\ln(x)}{\ln(x)}}\cdot 9$	

Rechentraining – Ableitungen

Nr.	Aufgaben	Ergebnis r oder f	Nr.	Aufgaben	Ergebnis r oder f
1727.	$f(x)=\dfrac{x^{-4}}{\sqrt{x \cdot x \cdot 4}}$		1807.	$f(x)= e^x + 17x^2$	
1728.	$f(x)= x^{2^2} + 16^{\frac{1}{3}}$		1808.	$f(x)= 3 \cdot e^x$	
1729.	$f(x)=\dfrac{x^2 + 4x}{x}$		1809.	$f(x)= x \cdot \sin(x)$	
1730.	$f(y)=\dfrac{y \cdot y^2}{y+2}$		1810.	$f(x)= \sqrt{\sin(x)} \cdot \sqrt{\cos(x)}$	
1731.	$f(y)=\dfrac{17+16y}{y}$		1811.	$f(x)=\dfrac{x}{4\cos(x)}$	
1732.	$f(x)=\dfrac{5x}{x^2 - x}$		1812.	$f(x)=\dfrac{x}{\sin(x)} - \dfrac{\cos(x)}{x^2} \cdot x$	
1733.	$f(x)=\dfrac{x^{16} + x^{-2}}{4}$		1813.	$f(x)= \sin^2(x)$	
1734.	$f(y)=\dfrac{48y^3 + 45y^{-3}}{7}$		1814.	$f(x)= e^{7x-3}$	
1735.	$f(x)=\dfrac{19}{x^2 - x^{-3}}$		1815.	$f(x)= x \cdot \sqrt{\sin(x)}$	
1736.	$f(x)=\dfrac{12}{\frac{1}{x}}$		1816.	$f(x)= \cos(x) \cdot \ln(x) + \sin(x)$	
1737.	$f(x)=\dfrac{5}{\sqrt{16 \cdot x^{\frac{1}{2}}}}$		1817.	$f(x)= e^{-x}$	
1738.	$f(x)=\dfrac{11x}{\frac{11}{x}}$		1818.	$f(x)= x^2 \cdot \cos(x) - \sin(x)$	
1739.	$f(x)= (x+1)^4$		1819.	$f(x)= x \cdot \sqrt{\ln(x)}$	
1740.	$f(x)= (x+1) \cdot (x+1)$		1820.	$f(x)= x \cdot e^{2x} + e^{3x}$	
1741.	$f(x)= (x+1)^n$		1821.	$f(x)=\dfrac{x \cdot (e^{2x} + e^{3x})}{e^x}$	

5 Rechentraining – Summen und Produkte

Berechnen Sie die folgenden Summen und Produkte. Nutzen Sie falls nötig ein Rechenheft. Kontrollieren Sie anschließend Ihr Ergebnis.

Nr.	Aufgabe	Ergebnis r oder f	Üben
1822.	$\sum_{i=1}^{10} i$		
1823.	$\sum_{i=3}^{8} i^2 + 12$		
1824.	$\sum_{i=4}^{9} \left(\frac{1}{i} - \frac{1}{4} \right)$		
1825.	$\sum_{i=-1}^{3} 2^i$		
1826.	$\sum_{i=5}^{11} 4i - \frac{i}{2}$		
1827.	$\sum_{j=1}^{5} (3j+2)^j$		
1828.	$\sum_{j=3}^{6} \left(\frac{1}{j} \right)^j$		
1829.	$\sum_{j=1}^{4} (j+i)^2$		
1830.	$\sum_{j=-2}^{1} (j+3)^j - 144$		
1831.	$\sum_{j=24}^{31} (3x + 4i - 8)$		
1832.	$\sum_{i=4}^{9} \frac{1}{i} + \sum_{i=4}^{9} \frac{i}{4} + 3$		
1833.	$\sum_{i=-8}^{-3} (4i+3)^j + \sum_{i=-8}^{-3} 2^i$		

Nr.	Aufgabe	Ergebnis r oder f	Üben
1834.	$\sum_{j=3}^{8}\frac{4}{j}+\sum_{j=3}^{8}-j+\sum_{j=3}^{8}(j^j-j)$		
1835.	$\sum_{i=1}^{4}(i-2i)-\sum_{i=1}^{4}(i+2i)$		
1836.	$\sum_{j=5}^{11}\left(\frac{1}{j}\right)^2-\sum_{j=5}^{12}\sqrt{(j)^4}-\sum_{j=5}^{11}(j^2)$		
1837.	$\sum_{i=2}^{4}i^2+\sum_{i=5}^{9}i^2$		
1838.	$\sum_{i=-3}^{-1}(4i-3)+\sum_{i=0}^{2}(4i-3)+\sum_{i=3}^{7}(4i-3)$		
1839.	$\sum_{i=-8}^{-5}\left(\frac{1}{2i}\right)+\sum_{i=-4}^{-2}\left(\frac{1}{2i}\right)+\sum_{i=-1}^{-1}\left(\frac{1}{2i}\right)$		
1840.	$\sum_{j=-3}^{1}2^j-\sum_{j=6}^{8}2^j-\sum_{j=2}^{5}2^j$		
1841.	$\sum_{j=4}^{5}\left(\frac{1}{i^2}\right)\cdot i-\sum_{j=6}^{9}\left(\frac{1}{i^2}\right)\cdot i+\sum_{j=1}^{3}\left(\frac{1}{i^2}\right)\cdot i$		
1842.	$\sum_{i=1}^{13}x$		
1843.	$\sum_{i=1}^{9}\frac{1}{4}$		
1844.	$\sum_{j=1}^{11}(4x^2+6)$		
1845.	$\sum_{j=1}^{5}\frac{8x-3}{5}$		
1846.	$\sum_{j=1}^{7}7$		

Nr.	Aufgabe	Ergebnis r oder f	Üben
1847.	$\sum_{i=3}^{8} 4i$		
1848.	$\sum_{i=-3}^{2} 8i^2$		
1849.	$\sum_{i=4}^{11} \frac{i}{4}$		
1850.	$\sum_{i=-1}^{4} 3^2 \cdot i^2$		
1851.	$\sum_{i=3}^{7} 4x^3 \cdot \frac{i}{2}$		
1852.	$\sum_{i=1}^{3} \sum_{j=2}^{4} i \cdot j$		
1853.	$\sum_{i=8}^{11} \sum_{j=-3}^{4} (2i + 3j)$		
1854.	$\sum_{i=4}^{7} \sum_{j=-3}^{-1} \frac{i}{j}$		
1855.	$\sum_{i=-5}^{-2} \sum_{j=6}^{8} \frac{4}{i+j}$		
1856.	$\sum_{i=4}^{6} \sum_{j=-3}^{-1} 2^{i+j}$		
1857.	$\prod_{i=11}^{17} i$		
1858.	$\prod_{i=3}^{9} \frac{1}{i}$		
1859.	$\prod_{i=-2}^{4} i^2$		

Rechentraining – Summen und Produkte

Nr.	Aufgabe	Ergebnis r oder f	Üben
1860.	$\prod_{i=-6}^{-2}(4i-3)$		
1861.	$\prod_{i=2}^{4}\left(\frac{1}{i}\right)^{i}+15$		
1862.	$\prod_{i=-2}^{4} 2^{-i}$		
1863.	$\prod_{j=-1}^{3}(j^{3}-7)$		
1864.	$\prod_{j=1}^{5}\left(\frac{j}{4}\right)^{2}$		
1865.	$\prod_{i=7}^{11}\sqrt{i \cdot 4i}$		
1866.	$\prod_{j=-3}^{4} x^{j}$		
1867.	$\prod_{i=8}^{15} i^{2} \cdot \prod_{i=8}^{15} \frac{1}{i}$		
1868.	$\prod_{i=-3}^{6} 3i \cdot \prod_{i=-3}^{6}(-i)$		
1869.	$\prod_{i=-4}^{-1}(3i+i^{2}) \cdot \prod_{i=-4}^{-1}(3i+i^{2})$		
1870.	$\prod_{i=1}^{5}\left(\frac{4}{i}\right)^{\frac{1}{2}} \cdot \prod_{i=1}^{5}\left(\frac{4}{i}\right)^{\frac{1}{2}}$		
1871.	$\prod_{i=1}^{3}\left(\frac{1}{i}\right) \cdot \prod_{i=1}^{3}\left(\frac{1}{i}+4i-\frac{i}{2}\right)$		
1872.	$\dfrac{\prod_{i=8}^{11} i^{2}}{\prod_{i=8}^{11} i^{2}}$		

Nr.	Aufgabe	Ergebnis r oder f	Üben
1873.	$\dfrac{\prod_{i=-6}^{-2}(i^2)}{\prod_{i=-6}^{-2}(8i-4)}$		
1874.	$\dfrac{\prod_{i=-5}^{9}\dfrac{1}{5i}}{\prod_{i=-5}^{9}\dfrac{1}{7i}}$		
1875.	$\dfrac{\prod_{i=-2}^{4}(i^i-10)}{\prod_{i=-2}^{4}(i^i-10i)}$		
1876.	$\dfrac{\prod_{i=1}^{5}3x^i}{\prod_{i=1}^{5}8x^{2i}}$		
1877.	$\prod_{i=2}^{4}(3i+8)\cdot\prod_{i=5}^{7}(3i+8)$		
1878.	$\prod_{i=-1}^{3}\dfrac{i}{4}\cdot\prod_{i=4}^{7}\dfrac{i}{4}$		
1879.	$\prod_{i=7}^{8}(i+2)^2\cdot\prod_{i=5}^{6}(i+2)^2$		
1880.	$\prod_{i=-3}^{-2}\left(\dfrac{1}{2}\right)^i\cdot\prod_{i=-1}^{2}\left(\dfrac{1}{2}\right)^i$		
1881.	$\prod_{i=1}^{3}(3i-i)\cdot\prod_{i=4}^{7}(3i-i)$		
1882.	$\prod_{i=-3}^{9}\dfrac{i}{4}$		
1883.	$\prod_{i=-1}^{4}(3i+3)$		
1884.	$\prod_{i=4}^{7}7i^2$		
1885.	$\prod_{i=-5}^{-2}\dfrac{4}{8i}$		

Nr.	Aufgabe	Ergebnis r oder f	Üben
1886.	$\prod_{i=4}^{8} 8i$		
1887.	$\prod_{i=1}^{3} 9$		
1888.	$\prod_{i=1}^{16} 2$		
1889.	$\prod_{i=1}^{7} \frac{1}{2}$		
1890.	$\prod_{i=1}^{22} x$		
1891.	$\prod_{i=1}^{8} \frac{4}{x}$		

6 Rechentraining - Logarithmen

6.1 Musteraufgabe mit Algorithmus zu Logarithmen

Berechnen Sie $\log_a\left(\dfrac{\log_b(b^a)}{c^{\log_c(a)}}\right)^a$.

Lösung	Erläuterungen / Notizen

$\log_a\left(\dfrac{\log_b(b^a)}{c^{\log_c(a)}}\right)^a$
 	
 Vorüberlegungen:
 	
 Struktur definieren:
 	
 Strategie:
  Von innen nach außen
  Von oben nach unten
  Zähler vereinfachen
  Nenner vereinfachen
 	
 Schritt 1: Zähler vereinfachen:
 Mit Regel LR 9: $\log_b(b^a) = a$
 	
 Schritt 2: Nenner vereinfachen:
 Mit Regel LR 12 gilt: $c^{\log_c a} = a$
 	
 Schritt 3: Bruch in der Klammer vereinfachen: $\dfrac{a}{a} = 1$
 	
 Somit ergibt sich für die Aufgabe eine neue Struktur: $\log_a 1^a$
 	
 Schritt 4: Wegen $1^a = 1$ und $\log_a 1 = 0$ folgt: $\log_a 1^a = \log_a 1 = 0$
 	
 Es ist also: $\boxed{\log_a\left(\dfrac{\log_b(b^a)}{c^{\log_c(a)}}\right)^a = 0}$	

6.2 Logarithmen Übungsaufgaben

Lösen Sie diese Logarithmen mit dem Taschenrechner oder durch Umformung. Kontrollieren Sie anschließend Ihr Ergebnis.

Nr.	Aufgabe	Ergebnis r oder f	Üben
1892.	$\log_{12} 1 =$		
1893.	$\log_{27} 1 =$		
1894.	$\log_{43} 1 =$		
1895.	$\log_{109} 1 =$		
1896.	$\log_{217} 1 =$		
1897.	$\log_{31} 31 =$		

Rechentraining - Logarithmen

Nr.	Aufgabe	Ergebnis r oder f	Üben
1898.	$\log_{97} 97 =$		
1899.	$\log_{126} 126 =$		
1900.	$\log_{248} 248 =$		
1901.	$\log_{311} 311 =$		
1902.	$\log_e 7 =$		
1903.	$\log_e 12 =$		
1904.	$\log_e 55 =$		
1905.	$\log_e 13 =$		
1906.	$\log_e 104 =$		
1907.	$\log_e 0,32 =$		
1908.	$\log_e 0,4 =$		
1909.	$\log_e 0,75 =$		
1910.	$\log_e 0,9 =$		
1911.	$\log_e 0,1 =$		
1912.	$\log_5 (5^7) =$		
1913.	$\log_{12} (12^{15}) =$		
1914.	$\log_7 (7^{23}) =$		
1915.	$\log_{28} (28^{104}) =$		

Nr.	Aufgabe	Ergebnis r oder f	Üben
1916.	$\log_{103}(103^{77})=$		
1917.	$\log_{56}(56^{144})=$		
1918.	$\log_{19}(19^{41})=$		
1919.	$\log_{4}(4^{9})=$		
1920.	$\log_{37}(37^{63})=$		
1921.	$\log_{100}(100^{0,8})=$		
1922.	$14^{\log_{14}83}=$		
1923.	$62^{\log_{62}11}=$		
1924.	$11^{\log_{11}73}=$		
1925.	$7^{\log_{7}49}=$		
1926.	$15^{\log_{15}37}=$		
1927.	$106^{\log_{106}19}=$		
1928.	$111^{\log_{111}103}=$		
1929.	$58^{\log_{58}94}=$		
1930.	$91^{\log_{91}57}=$		
1931.	$74^{\log_{74}13}=$		
1932.	$\log_{4}(14^{9})=$		
1933.	$\log_{11}(28^{6})=$		

Nr.	Aufgabe	Ergebnis r oder f	Üben
1934.	$\log_{13}(61^7) =$		
1935.	$\log_9(1^{34}) =$		
1936.	$\log_{21}(17^{21}) =$		
1937.	$\log_{17}(23^8) =$		
1938.	$\log_{39}(8^{12}) =$		
1939.	$\log_{41}(y^n) =$		
1940.	$\log_2(x^6) =$		
1941.	$\log_3(x^{11}) =$		
1942.	$\log_7(5 \cdot 31) =$		
1943.	$\log_{13}(19 \cdot 11) =$		
1944.	$\log_{24}(16 \cdot 9) =$		
1945.	$\log_8(31 \cdot 4) =$		
1946.	$\log_4(17 \cdot 18) =$		
1947.	$\log_{11}(51 \cdot 19) =$		
1948.	$\log_{41}(4 \cdot 21) =$		
1949.	$\log_9(6 \cdot 7) =$		
1950.	$\log_8(47 \cdot 13) =$		
1951.	$\log_{13}(12 \cdot 8) =$		

Nr.	Aufgabe	Ergebnis r oder f	Üben
1952.	$\log_7\left(\dfrac{12}{81}\right)=$		
1953.	$\log_{11}\left(\dfrac{16}{99}\right)=$		
1954.	$\log_8\left(\dfrac{7}{11}\right)=$		

6.3 Zusatzaufgaben zu Logarithmen

Nr.	Aufgaben	Ergebnis r oder f	Nr.	Aufgaben	Ergebnis r oder f
1954.	$\log_8\left(\dfrac{7}{11}\right)=$		1981.	$\log_2(4\cdot\log_4(4^4)-\log_4(2^{16}))+\log_2(2^7)=$	
1955.	$\log_{21}\left(\dfrac{14}{19}\right)=$		1982.	$\log_{15}(3375^{17})-\log_{15}(225^{17})=$	
1956.	$\log_{19}\left(\dfrac{13}{81}\right)=$		1983.	$\log_{21}((13^{\log_{13}21})^9)=$	
1957.	$\log_3\left(\dfrac{111}{12}\right)=$		1984.	$\log_3\left(\dfrac{81}{\log_4(2^{18})}\right)=$	
1958.	$\log_9\left(\dfrac{15}{4}\right)=$		1985.	$\log_e(e^{(\log_e(2)-\log_e(16))})+\log_e(e^{0,875})=$	
1959.	$\log_{17}\left(\dfrac{38}{94}\right)=$		1986.	$\log_7\left(\dfrac{18}{7}\right)-\log_7\left(\dfrac{18}{7}\right)=$	
1960.	$\log_{31}\left(\dfrac{17}{33}\right)=$		1987.	$\log_4\left(\dfrac{x^n}{4x^{2n}}\right)=$	
1961.	$\log_{16}\left(\dfrac{18}{3}\right)=$		1988.	$\log_n(n^{37})=$	
1962.	$\log_4(2^{16})=$		1989.	$\log_n\left(\dfrac{17^n}{4^n}\right)=$	
1963.	$\log_{16}(4^{46})=$		1990.	$\log_n(n^2)+\log_n\left(\dfrac{1}{n}\right)=$	
1964.	$\log_9(3^{27})=$		1991.	$\log_n(x^n)-\log_n\left(\dfrac{x^n}{n^n}\right)=$	
1965.	$\log_{15}(15^{31})=$		1992.	$\log_3(4x+7)=$	
1966.	$\log_7(49^4)=$		1993.	$\log_7\left(\log_9(4)+9x\right)=$	
1967.	$\log_4(16384)=$		1994.	$\log_4(3x-15)^{12}=$	
1968.	$\log_7(2401)=$		1995.	$\log_{11}\sqrt[5]{(x^2+19)}=$	
1969.	$\log_{11}(121)=$		1996.	$\log_{13}\sqrt[9]{\dfrac{(4x-16)}{(16x-4)}}=$	

Nr.	Aufgaben	Ergebnis r oder f	Nr.	Aufgaben	Ergebnis r oder f
1970.	$\log_8(32768) =$		1997.	$\log_3\left(\log_3 \sqrt[3]{27}\right) =$	
1971.	$\log_9(729) =$		1998.	$\log_4\left(\sqrt[4]{\log_4\left(\dfrac{16x+4}{4x+1}\right)}\right) =$	
1972.	$\log_3\left(\dfrac{6561}{81}\right) =$		1999.	$\log_7(a+b) + \log_7(a+b) =$	
1973.	$\log_4\left(\dfrac{576}{36}\right) =$		2000.	$\log_9\left(\sqrt[3]{a^3 + 3a^2b + 3ab^2 + b^3}\right) =$	
1974.	$\log_7\left(\dfrac{19208}{8}\right) =$		2001.	$\log_7\left(\sqrt[7]{\dfrac{\log_{49}(63-14)^7}{\log_{21}(9+7+5)}}\right) =$	
1975.	$\log_6\left(\dfrac{\log_{21}(21^6)}{\log_{17}(17)}\right) =$				

Teil B Lösungen

1 Lösungen zu Termumformungen

1.1 Lösungen zu den Übungsaufgaben – Einfache Terme

Nr.	Lösungen	Nr.	Lösungen	Nr.	Lösungen
56.	$9x^3$	57.	$9x^3$	58.	$-5x^3$
59.	$20x^6$	60.	$2x^3(1-6x^3)$	61.	$\frac{2}{5}x^3$
62.	$-\frac{4}{5}x^3$				
63.	$-\frac{4}{25}x^6$	64.	$\frac{1}{5}x^3\left(1-\frac{6}{5}x^3\right)$	65.	$\frac{1}{5}x^3-\frac{6}{25}$
66.	$\frac{3}{25}-\frac{2}{5}x^3$	67.	$12x^2$	68.	$32x^2$
69.	$272x^2$	70.	x^2	71.	$x(3x-2)$
72.	$6x-18y-4$	73.	$4y(1-2x)$	74.	$\frac{1}{2}x+\frac{3}{2}$
75.	$\frac{9}{2}$	76.	$3{,}5x+13y$	77.	$2(y-3x)$
78.	$(4z-x)^2$	79.	$\frac{2x}{x-1}$	80.	$\frac{2x}{(x-1)^2}$
81.	$10x^5$	82.	$25x^3$	83.	$x^2(4+5x^2)$
84.	$0{,}5x^3$	85.	a^n	86.	$-x^n$
87.	$106x^5$	88.	$22x^7$	89.	$7x^2$
90.	2^{x+1}	91.	$10x^{18}$	92.	$\sqrt[4]{x}+\sqrt[3]{x}$
93.	$41x^2+\frac{3}{x^2}$	94.	x^5	95.	$0{,}2x^{\frac{17}{2}}$
96.	$2x^9$	97.	$4{,}5x^5(1+x^2)$	98.	$\frac{25}{x^3}$
99.	$4x^4$	100.	$-4x^5$	101.	$\frac{7}{4}x^{\frac{13}{2}}$
102.	$\frac{195}{x^8}$	103.	$27^q \cdot b^{4q}$	104.	$32x^4$
105.	$-272x^2$	106.	$2(g+h)^2$	107.	$\frac{1}{3}$
108.	$-\frac{1}{3}$	109.	$-\frac{1}{3}$	110.	$-\frac{1}{3}$
111.	$\frac{2}{9}$	112.	$\frac{4}{81}$	113.	$\frac{4}{81}$
114.	$-\frac{8}{729}$	115.	$\frac{16}{6561}$	116.	$4a^x$
117.	$a^x(1+3a^x)$	118.	$3a^{3x}$	119.	$3a^x$
120.	$3a^{x(4x-1)}$	121.	$\frac{3}{a^{x(4x-1)}}$	122.	$3a^{x(4x+1)}$
123.	$\frac{3}{a^{4x(1+x)}}$	124.	$\frac{3}{a^{4x(3-x)}}$	125.	$\frac{3}{a^{4x(x-1)}}$

Lösungen zu Termumformungen

#	Lösung	#	Lösung	#	Lösung
126.	$\dfrac{1+b^{n-5}}{b^2}$	127.	b^{n-2}	128.	b^{n-12}
129.	$\dfrac{1}{b^{n+12}}$	130.	$\dfrac{1}{b^{n-2}}$	131.	$\dfrac{1}{b^{3nx-5x}}$
132.	$2y+\dfrac{2}{3}x$	133.	$\dfrac{2}{3}y-2x$	134.	$2y-\dfrac{2}{3}x$
135.	$-\dfrac{2}{3}y-2x$	136.	$\dfrac{1+x^2}{x^4}$	137.	$\dfrac{1}{x^4}$
138.	$\dfrac{2}{x^2}$	139.	$\dfrac{2x^2}{1+x^4}$	140.	$\dfrac{2}{x^2(1+x^4)}$
141.	$\dfrac{2}{x^8}$	142.	$2x^4$	143.	$2x^8$
144.	$2x^4$	145.	$\dfrac{2}{x^4}$	146.	$\dfrac{a^2}{4b^2}$
147.	$\dfrac{4b^2}{a^2}$	148.	$\dfrac{a}{b}+1$	149.	1
150.	$\dfrac{a^4}{16b^4}$	151.	$\dfrac{1}{4b^2}-\dfrac{1}{4a^2}$	152.	$\dfrac{1}{4}$
153.	$\dfrac{4b^4}{a^4}$	154.	$\dfrac{4}{a^4}$	155.	4
156.	$x^{10}(1+x^2)$	157.	$\dfrac{1}{x^{10}}+x^{12}$	158.	$2^{20}(1+x^2)^2$
159.	x^{23}	160.	x^4	161.	$\dfrac{1}{x^{16}}$
162.	$\dfrac{y^4}{x^2}$	163.	$\dfrac{x^2}{y^4}$	164.	$\dfrac{y^{18}}{x^8}$
165.	$\dfrac{1}{y^{26}}$	166.	$256y^{n+16}$	167.	$16y^{15}(1+y^{n-13})$
168.	$16y^{15}(1+4y^{n-1})$	169.	$16y^{17}(4+y^{n-15})$	170.	$16y^{13}(y^{n-15}+4)$
171.	$\dfrac{64}{y^{n-10}}+16y^9=16y^9(\dfrac{4}{y^{n-1}}+1)$	172.	$256y^{16}$	173.	$\dfrac{12}{y^7}$
174.	$\dfrac{8}{y^{16}}$	175.	$\dfrac{16}{y^8}$	176.	$16y^8$
177.	$\dfrac{16}{y^8}$	178.	$\dfrac{1}{x^2 \cdot y^3}$	179.	$\dfrac{x^2}{y^8}$
180.	$\dfrac{y^3}{x^5}$	181.	$\dfrac{y^2}{4x^2}$	182.	$\dfrac{4}{3y^5}$
183.	$\dfrac{x}{4y^3}$	184.	$-\dfrac{x}{4y^3}$	185.	$4y^4$
186.	xy	187.	$(xy)^2$	188.	$2x^2$
189.	$30(y^4 \cdot x^3)$	190.	$y^2 \cdot x^4$	191.	$y^2 \cdot x^4$
192.	$\dfrac{1}{y^6 \cdot x^9}$	193.	$\dfrac{1}{y^2 \cdot x^3}$	194.	$\dfrac{1}{y \cdot x^{\frac{3}{2}}}$
195.	$\dfrac{1}{y \cdot x^{\frac{3}{2}}}$	196.	$\dfrac{1}{2\sqrt{x}}$	197.	$2\sqrt{x}$

Rechentrainer "Schlag auf Schlag – Rechnen bis ich's mag"

Nr.	Lösung	Nr.	Lösung	Nr.	Lösung
198.	$8x^{\frac{3}{2}}$	199.	1	200.	4
201.	$4x$	202.	$4x^2$	203.	$8x^3$
204.	$8x^5$	205.	$-2a$	206.	$6(b-a)$
207.	$-6a$	208.	$6a$	209.	$-6a$
210.	1	211.	$\frac{ab}{c} + \frac{c}{ab}$	212.	$\frac{ab}{c} + \frac{2ac}{b}$
213.	$\frac{2abc}{3}$	214.	$\frac{2}{3} + \frac{b}{3c}$	215.	$2c^3$
216.	$1 + \frac{4}{a^4 \cdot b^3 \cdot c^2}$	217.	$\frac{a}{c} + \frac{4a}{c^3}$	218.	$2(e+d)$
219.	$(e+d)^3$	220.	$\frac{16}{(e-d)^2}$	221.	y^{n-3}
222.	$\frac{2}{3}y^{n-6}$	223.	$\frac{1}{2}y^{n-3}$	224.	$\frac{y^6}{65536}$
225.	$2a(a-1)^2$	226.	$2a^2 - 2a$	227.	$2a$
228.	$\frac{2a}{(a-1)}$	229.	$\frac{2a}{(a-1)^3} + 1$	230.	$4b$
231.	$\sqrt[8]{xy}$	232.	$\sqrt[8]{(xy)^3}$	233.	$3\sqrt[8]{(xy)^3}$
234.	$\sqrt[8]{xy}$	235.	1	236.	$4 + x - y$
237.	$\frac{1}{(4+x-y)^2}$	238.	$cd^2 + c$	239.	$c^3 \cdot d^2$
240.	$\frac{d}{c}$	241.	$\frac{1}{d^7 \cdot c^9}$	242.	$\frac{1}{c^3 \cdot d}$
243.	$\frac{2}{g+h}$	244.	$g+h$	245.	$\frac{(g+h)^5}{1+(g+h)^2}$
246.	$(g+h)^2$	247.	$2\sqrt{d+1}$	248.	$d+1$
249.	$(d+1)^2$	250.	1	251.	$\frac{1}{(d+1)^2}$
252.	$5s^{\frac{n}{2}}$	253.	$4s^n$	254.	$4s^{\frac{n^2+4}{2n}}$
255.	$4s^{\frac{n^2}{2}}$	256.	$\frac{1}{t^{\frac{n}{4}}}$	257.	1
258.	$\frac{1}{t^{2n}}$	259.	$\frac{1}{t^n}$		

1.2 Lösungen zu den Zusatzaufgaben – Einfache Terme

Nr.	Lösungen	Nr.	Lösungen	Nr.	Lösungen
260.	a^{12}	261.	$a^{3pq} \cdot b^{3pq}$	262.	x^p
263.	1156	264.	$343^n = 7^{3n}$	265.	$9 \cdot s^{10} \cdot t^{11}$
266.	$\frac{n^4}{16}$	267.	$x^5 \cdot y^2$	268.	$(xy)^6$
269.	$a^8 \cdot b^{12}$	270.	$x^{4n} \cdot y^n$	271.	$2x^{165}$
272.	$(xy)^{10}$	273.	$2x^{77}$	274.	$3^q \cdot a^q \cdot b^{pq}$
275.	$552x^9$	276.	$-5x^6$	277.	a^{p+q}
278.	$x^7 + 2x$	279.	$552x^2$	280.	$24b^6$

Lösungen zu Termumformungen

#		#		#	
281.	$9^p \cdot a^{3p}$	282.	$3s^4 \cdot t^3$	283.	$15x^7$
284.	$0,2x^{\frac{11}{2}}$	285.	$x^3 \cdot y^5$	286.	$x^{\frac{13}{2}}$
287.	$\dfrac{1}{x^2}$	288.	$\dfrac{1}{x^{2n+6}}$	289.	$120x^{71}$
290.	$125^p \cdot x^{2p}$	291.	$x^5 \cdot \left(\dfrac{1}{2}x^3 - 45\right)$	292.	x^{2k-5}
293.	27^p	294.	$x^3 \cdot y^6$	295.	x^7
296.	$64x^3$	297.	$279841(a^2 \cdot b \cdot c^3 \cdot e)$	298.	$10x^3(9x^8 + 2)$
299.	$120x^{71} + 2x - x^2$	300.	1296	301.	$(x + y)^6$
302.	$46x^{23}$	303.	$10x^{18}$	304.	$(xyz)^2$
305.	$(g \cdot h)^{\frac{1}{4}}$	306.	$(g \cdot h)^{\frac{1}{2}}$	307.	$-\sqrt{a} - 1$
308.	$\sqrt[3]{15 - 4^{3p}}$	309.	$x^6 \cdot (34 - 78x)$	310.	$270x^9$
311.	x^4	312.	$23x + 10x^{13} - \sqrt{2x} - 13x^9$	313.	$x \cdot \sqrt[3]{0,5}$
314.	$4x \cdot (1 - 3x^3)$	315.	$12500\sqrt{x-2}$	316.	$2x^3 - 4x^2 + 2x$
317.	$x^5 \cdot y^2$	318.	$2x^2 - 2x$	319.	$\dfrac{1}{\sqrt{x+16}}$
320.	$2x$	321.	$\sqrt{x+16}$	322.	$6 \cdot \sqrt[4]{x} + 26\sqrt[3]{x^2}$
323.	$x\left(17\sqrt{5} + 89x^4\right)$	324.	$x^5 \cdot \left(\sqrt[3]{4 \cdot x^2} + 4,5\right)$	325.	$2x \cdot \sqrt{1 + \dfrac{5}{4}x^2}$
326.	$(22x)^{\frac{7}{2}}$	327.	$0,2x^{\frac{19}{4}}$	328.	2
329.	$-x - 3 + \dfrac{4}{x^2}$	330.	$14,5x + 2y$	331.	$2w^{11}$
332.	$w^{11}(1 + w^4)$	333.	$w^4(1 + w^{14})$	334.	$\dfrac{w^2(1 + w^{14})}{7}$
335.	$\dfrac{1}{7w^6}$	336.	$49w^8$	337.	$\dfrac{2}{25w} - \dfrac{27}{25}$
338.	$\dfrac{2}{25}w^{11} - \dfrac{27}{25}w^{12}$	339.	$\dfrac{3w}{2}$	340.	$\dfrac{3w^5}{2}$
341.	$\dfrac{3w^7}{2}$	342.	$\dfrac{3}{2w}$	343.	$\dfrac{2}{d^{\frac{1}{12}}}$
344.	$\dfrac{2}{d^{\frac{7}{12}}}$	345.	$\dfrac{1}{d^{\frac{1}{12}}}$	346.	$\dfrac{1}{4d^{\frac{7}{12}}}$
347.	$4d^{\frac{1}{12}}$	348.	$\dfrac{1}{2d^{\frac{5}{12}}}$	349.	$\dfrac{1}{8d^{\frac{11}{12}}}$
350.	$\dfrac{1}{2d^{\frac{1}{4}}}$	351.	$17z - 3u$	352.	$-3z + 15u$
353.	$\dfrac{1}{4u}$	354.	$\dfrac{1}{16u^2}$	355.	$\dfrac{2}{u}$
356.	$\dfrac{4}{u^2}$	357.	$\dfrac{1}{2}$	358.	$\dfrac{(k+1)^3}{2}$
359.	$\dfrac{1}{2(k+1)^2}$	360.	1	361.	4

Nr.	Lösungen	Nr.	Lösungen	Nr.	Lösungen
362.	$3x^{n-5}$	363.	$\dfrac{1}{7x^{n-5}}$	364.	$4x^n$
365.	1	366.	2	367.	$x^{\frac{n}{5}}$

1.3 Lösungen zu den Übungsaufgaben – Schwierige Terme

Nr.	Lösungen	Nr.	Lösungen	Nr.	Lösungen
368.	$16x^8$	369.	$z^3 \cdot w^6 \cdot x^5$	370.	$(abc)^6$
371.	$3125(abc)^6$	372.	$(abc)^{15}$	373.	$a^2 + 2ab + b^2 - a^3 - 3a^2b - 3ab^?$
374.	$(abc)^{12}$	375.	$16x^2 + 2x^3 + \dfrac{x^4}{16}$	376.	$(abc)^3$
377.	$a^4 - 4a^3b + 4a^2b^2 - 2ab + 2b^2$	378.	$a^4 - 4a^3b + 4a^2b^2$	379.	$\left(\left(a^2 - 2ayb\right)\cdot\left(a^2 - 2axb\right)\right)^2 - (x$
380.	$a^5 + 5a^4b + 10a^3b^2 + 10a^2b^3 + 5ab^4 + b^5$	381.	$(abc)^{18}$	382.	$a^4 + 2b^2 - 2ab - 4a^3b + 4a^2b^2 + \dfrac{1}{a^2} - \dfrac{1}{b^2}$
383.	$a^6 + 6a^5b + 15a^4b^2 + 20a^3b^3 + 15a^2b^4 + 6ab^5 + b^6$	384.	$a^7 + 7a^6b + 21a^5b^2 + 35a^4b^3 + 35a^3b^4 + 21a^2b^5 + 7ab^6 + b^7$	385.	$\dfrac{1}{81 \cdot s^{20} \cdot t^{22}}$
386.	$a^8 + 8a^7b + 28a^6b^2 + 56a^5b^3 + 70a^4b^4 + 56a^3b^5 + 28a^2b^6 + 8ab^7 + b^8$	387.	$a^{18} \cdot t^{54}$	388.	2
389.	x^2	390.	1	391.	$\dfrac{1}{(a+b)^2}$
392.	$\dfrac{1}{(abc)^3}$	393.	$\dfrac{1+x^2}{x^4}$	394.	$\dfrac{1+x^7}{x^9}$
395.	$\dfrac{x^2}{1+x^4}$	396.	$\dfrac{1}{x^8}$	397.	$\dfrac{x^3}{16}$
398.	1	399.	$\dfrac{1+x^2}{x^7}$	400.	$\dfrac{y^2\left(1+y^4\right)+x^3}{y^2\left(1+y^4\right)}$
401.	$\left(\dfrac{zy}{xw}\right)^2$	402.	$\sqrt{2}y^{\frac{3}{2}}$	403.	$\dfrac{x^9}{16}$
404.	1	405.	$\dfrac{1}{4x}$	406.	$\dfrac{x}{4}$
407.	$2\sqrt{x} \cdot x$	408.	$\sqrt{yzw} + x^2$	409.	$\dfrac{1}{(abc)^3}$
410.	$\dfrac{x}{y}$	411.	$70\sqrt{x} \cdot x$	412.	x^2
413.	$2\sqrt{x} \cdot x$	414.	2	415.	$x^2 + 2xy + y^2$
416.	$2x^2$	417.	$s \cdot t^{\frac{4}{3}}$	418.	$(xy)^{n+1}$
419.	$\dfrac{1}{c^8}$	420.	$j^6 \cdot h^2$	421.	$\dfrac{1}{4}$
422.	2	423.	$4x + \dfrac{x^2}{4}$	424.	$16x^{12}$
425.	$(abc)^{12}$	426.	$\dfrac{1+x^{14}}{x^{368}}$	427.	$(xy)^3$

Lösungen zu Termumformungen

Nr.	Lösungen	Nr.	Lösungen	Nr.	Lösungen
428.	$4x^4$	429.	$\dfrac{1}{16x^2}$	430.	$\dfrac{x^6}{64}$
431.	$\dfrac{1}{(a+b)^2}$	432.	$\dfrac{1}{a+b}$	433.	$\dfrac{1}{(a+b)^8}$
434.	$\dfrac{(a+b)^7}{1-(a+b)}$	435.	$(a+b)^4$	436.	$(abc)^{14}$
437.	$((a+b)^2 \cdot (a-b))^2$	438.	$\dfrac{((a+b)^2 \cdot (a-b))^2}{8}$	439.	$(a+b)^{32} + (a+b)$
440.	0	441.	$5(a+b)^4$	442.	$(x+y)^4$
443.	1	444.	1	445.	$\dfrac{s^{\frac{14}{3}}}{t^2}$
446.	$\dfrac{s^9 \cdot \sqrt[3]{s}}{t^4}$	447.	$\dfrac{1}{(x+y)^4}$	448.	$\dfrac{1}{o^{32}}$
449.	$\dfrac{1}{t^2 \cdot z^3 \cdot u^4}$	450.	$\dfrac{1}{k^{24}}$	451.	$16x^{12}$
452.	$c^{36} \cdot r^{108}$	453.	1	454.	$4x(4x-1)$
455.	$zw^2 \cdot x^{\frac{5}{3}}$	456.	$8x(2x-1)$	457.	$2x^3 \cdot \sqrt{xyzw} - \sqrt{yzw} \cdot x^2$
458.	$289z^2 - 102zu + 9u^2$	459.	$-17z + 3u$	460.	$3z - 15u$

1.4 Lösungen zu den Zusatzaufgaben – Schwierige Terme

Nr.	Lösungen	Nr.	Lösungen	Nr.	Lösungen
461.	x^{-12}	462.	$x^{\frac{5}{2}} \cdot y$	463.	x^{-48}
464.	$x^3 (20x^2 - 48x + 23)$	465.	$5^{n+1} \cdot (n+3)^n$	466.	$s^3 \cdot w^2 \cdot z^4 \cdot r^2 - s^3 \cdot w^3 \cdot z^4 \cdot r$
467.	$-n \cdot 2^{n+1}$	468.	1	469.	$x^7 \cdot y^2$
470.	$(xy)^{3n} \cdot x^3$	471.	$3x^3 + 9x^2 y^2 + 9xy^4 + 3y^6$	472.	$43200 x^{32}$
473.	$x^8 (4,6 - 10x^7)$	474.	$r^{n+2} \cdot s^{n+2} \cdot t^{n+2}$	475.	$\dfrac{1}{(g \cdot h)^{\frac{1}{4}}}$
476.	$(xy)^2 - x^2 - 2xy - y^2$	477.	$x^{\frac{3n-4}{n}}$	478.	$(rst) \cdot \sqrt[n]{(rst)^2}$
479.	$\dfrac{1}{g \cdot h}$	480.	$x^4 y^2 - 2x^3 y^3 + x^2 y^4$	481.	$a^3 - 3a^2 b + 3ab^2 - b^3$
482.	$(rst)^2 \cdot \dfrac{1}{\sqrt[n]{(rst)}}$	483.	$a^4 - 4a^3 b + 6a^2 b^2 - 4ab^3 + b^4$	484.	$(rst) \cdot \dfrac{1}{\sqrt[n]{(rst)^3}}$
485.	$(rs)^4$	486.	$\sqrt{(ab)^5}$	487.	$(rs)^2$
488.	$(ab)^5$	489.	$d \cdot c^2 \cdot \sqrt{a \cdot b \cdot d}$	490.	$(rs)^8$
491.	$(h+g)^4$	492.	$(uv)^2 - 2u^2 + \left(\dfrac{u}{v}\right)^2$	493.	$h^3 g + 3h^2 g^2 + 3hg^3 + g^4 + h$
494.	$(uv) - 2\dfrac{\sqrt{u^3}}{\sqrt{v}} + \left(\dfrac{u}{v}\right)^2$	495.	$(rs)^{24}$	496.	$(rs)^8$
497.	$5 \cdot \sqrt{jkl}^{n+2}$	498.	$\dfrac{1}{d^3 \cdot \sqrt{f^3}}$	499.	$\dfrac{1}{9 \cdot s^{10} \cdot t^{11}}$
500.	$(sw)^{\frac{2}{3}} \cdot t$	501.	$(xy)^{2n}$	502.	$(xy)^2$

Rechentrainer "Schlag auf Schlag – Rechnen bis ich's mag"

Nr.	Lösungen	Nr.	Lösungen	Nr.	Lösungen
503.	2	504.	$\dfrac{1}{\sqrt[4]{a}}$	505.	$\dfrac{1}{4x^3}$
506.	$\dfrac{1}{s^{\frac{16}{3}} \cdot t^{\frac{14}{3}}}$	507.	558	508.	$\dfrac{1}{s^{\frac{7}{3}} \cdot t^{\frac{2}{3}}}$
509.	$\dfrac{-b + 2b \cdot \sqrt{ac}}{2a}$	510.	$-b^2 \cdot a \cdot c$	511.	1
512.	$\dfrac{g^3}{h^2}$	513.	$\left(\dfrac{12}{a-b}\right)^2$	514.	h^2
515.	$\dfrac{g^2}{h}$	516.	$0{,}2\sqrt{x}$	517.	$\dfrac{1}{h^5 \cdot g^2}$
518.	$(cd)^n$	519.	$\dfrac{s^{\frac{14}{3}}}{t^2} - \left(\dfrac{s}{t}\right)^{12}$	520.	$\dfrac{4x^2}{(x-1)^3}$
521.	$(xy)^{2n}$	522.	$-1 + \dfrac{4}{x^3 + x^2}$	523.	$\dfrac{8x^3}{(x-1)^3}$
524.	$\dfrac{9}{t} + \dfrac{1}{s^6 \cdot t^2}$	525.	$(sw)^{\frac{2}{3}} \cdot t - (sw)^{\frac{5}{3}} \cdot t$	526.	$\dfrac{64x^6}{(x-1)^6}$
527.	$x^{10} \cdot y^4$	528.	$25x^{13}$	529.	$\dfrac{x-8}{x^2 - x - 2}$
530.	$9 \cdot s^2 \cdot t^4$	31.	$\dfrac{s^3 \cdot w^2 \cdot z \cdot r^2 - s^3 \cdot w^3 \cdot z \cdot r}{t^{45}}$	532.	$\dfrac{x}{\sqrt{4x^5 - 3}}$
533.	$\dfrac{1}{x}$	534.	$x^9 \cdot y^2$	535.	$256^{\frac{4}{3}} \cdot x^{16}$
536.	$s^6 \cdot t^8$	537.	$\dfrac{x^6}{117649}$	538.	$\dfrac{40353607}{x^9}$
539.	$\dfrac{2ab}{(2a+b)^2}$	540.	$\dfrac{117649}{x^6}$	541.	$\dfrac{4a^2}{b} - b$
542.	1	543.	$\dfrac{s^{\frac{41}{3}}}{t^{11}}$	544.	$g \cdot h$
545.	$(xy)^2$	546.	$\dfrac{8a^3}{4a^2 - b^2} - b^2$	547.	xy
548.	$g^2 \cdot h + h^2 \cdot g$	549.	$2a$	550.	$\dfrac{2x^4 - 3x^3 - 3x^2 + 7x - 3}{x}$
551.	$16 \cdot b^2 \cdot a^7 \cdot c^7$	552.	$g \cdot h$	553.	$\dfrac{1}{a-b}$
554.	$\dfrac{2x^3 - x^2 + 4x + 3}{x^2 + x}$	555.	$(b-2a)^4$	556.	$\left(rstw^2\right)^2$
557.	$\dfrac{1}{(a-b)^2}$	558.	$\sqrt{\dfrac{r}{st}}$	559.	$\dfrac{1}{\sqrt{(a-b)^{11}}}$
560.	$\dfrac{(rs)^4}{t^4}$	561.	$r^4 \cdot s^4 \cdot t^4 \cdot w^8$	562.	$0{,}25 \cdot \left(r^3 \cdot s^5 \cdot t^5 \cdot w^4\right)$
563.	$\dfrac{s^2}{23y + 16z}$	564.	$(ijkh)^{\frac{2}{3}}$	565.	$(rst)^3 w^4 - 0{,}25 \cdot (strw)^2$
566.	$\dfrac{20736}{(a-b)^4}$	567.	$(cd)^{2n}$	568.	$12^{12} \cdot (a-b)^{28}$

Funktionen, Differentiale, Integrale, Vektoren, Matrizen und Ähnliches? Im **Klausurtrainer Mathematik.** www.studeo.de

Lösungen zu Termumformungen

Nr.	Lösungen	Nr.	Lösungen	Nr.	Lösungen
569.	$5 \cdot \sqrt{jkl}^{n-12}$	570.	$\dfrac{12(a-b)^4}{(b+a)}$	571.	$(cd)^{2n^2+12n}$
572.	$-x^{n-1}$	573.	$\sqrt{x} \cdot x^5$	574.	$10a^{qp+p}$
575.	$x^{\frac{5n+1}{2}}$	576.	$256^{\frac{1}{3}} \cdot x^4$	577.	$2s^{\frac{8}{3}} \cdot t^{\frac{7}{3}}$
578.	$x^{\frac{7}{2}} \cdot y$	579.	$256^{\frac{2}{3}} \cdot x^8$	580.	$s^{\frac{16}{3}} \cdot t^{\frac{14}{3}}$
581.	$15x^n$	582.	$4x^6 - 3x^3$	583.	$a^n \cdot x^{m+1}$
584.	x^{2n-2}	585.	x^{k+1}	586.	$\sqrt[n]{x^{n^2-2n-3}}$
587.	$x^{\frac{2n-6}{n}}$	588.	$s^{\frac{8}{3}}$	589.	n^{n+6}
590.	$y \cdot \sqrt[n]{y^4}$	591.	$4y^2 \cdot \sqrt[n]{2y}$	592.	$(a^2+b^2)^{\frac{1}{2}}$
593.	$4096x^4(16-x^2)$	594.	$65536x^4(1+16x^6)$	595.	$\dfrac{1}{16^9 x^{14}}$
596.	$-x^{14}$	597.	x^{26}	598.	$\dfrac{1}{x^{32}}$
599.	$a + \dfrac{8}{3}b$	600.	$-\dfrac{10}{3}b$	601.	$-3a + \dfrac{10}{3}b$
602.	$-a + \dfrac{8}{3}b$	603.	$-a$	604.	0
605.	$\dfrac{x^6}{8y^2}$	606.	$\dfrac{y^2}{8x^6}$	607.	$\dfrac{1}{64x^3}$
608.	$\dfrac{1}{16}$	609.	$8x^5$	610.	$\dfrac{1}{x^{21}}$
611.	x^6	612.	$\dfrac{1}{4x^6}$	613.	$\dfrac{x^6}{4}$
614.	$\dfrac{64}{x^4}$	615.	$\dfrac{x^4}{64}$	616.	$\dfrac{64}{x^4}$
617.	$4x^4$	618.	$\dfrac{1}{3}(c-d)$	619.	$-\dfrac{1}{3}c - \dfrac{2}{6}d$
620.	$-2c - \dfrac{1}{6}d$	621.	$\dfrac{2}{3}c - \dfrac{1}{6}d$	622.	$2c - \dfrac{1}{6}d$
623.	$\dfrac{ab+1}{(ab)^3 + 3(ab)^2}$	624.	$\dfrac{c^8}{(ab)^{16}}$	625.	$(e+d)^3$
626.	$\dfrac{1}{(e+d)^9}$	627.	$\dfrac{1}{(e-d)^2} + \dfrac{(e+d)^2}{(e-d)^4}$	628.	$\dfrac{(e+d)^2}{(e-d)^2}$
629.	$\dfrac{(e-d)^3}{(e+d)}$	630.	$\dfrac{(e+d)}{(e-d)^9}$	631.	$(e+d)^{14}$
632.	$\dfrac{3}{2}$	633.	y^{40}	634.	$\dfrac{y^{16}}{16}$
635.	$\dfrac{64}{y^5} - 4$	636.	$\dfrac{4b}{(b+3)^2} + 1$	637.	1
638.	$(b+3)^8$	639.	$(b+3)^6$	640.	1
641.	$\dfrac{1}{(xy)^3}$	642.	$\sqrt[8]{\dfrac{1}{(xy)^3}}$	643.	$\dfrac{1}{b^{2n-6}}$

Nr.	Lösungen	Nr.	Lösungen	Nr.	Lösungen
644.	$-\dfrac{1}{b^{2n-6}}$	645.	$\dfrac{1}{b^{4n-6}}$	646.	b^{4n+6}
647.	$\dfrac{1}{c^3 \cdot d}$	648.	$\dfrac{(c+d)^4}{d^4 \cdot c^2}$	649.	$c^7 \cdot d^5$
650.	$(cd)^9 \cdot (c+d)^2$	651.	$\dfrac{1}{(cd)^{23} \cdot (c+d)^{14}}$	652.	$-\dfrac{1}{g+h}$
653.	$-\dfrac{1}{(g+h)^{12}}$	654.	$-(g+h)^5$	655.	$(g+h)^6$
656.	$\dfrac{1}{(g+h)^6}$	657.	$\dfrac{1}{(d+1)^7}$	658.	$(d+1)^7$
659.	$(d+1)^4$	660.	$(d+1)^6$	661.	$\dfrac{1}{(d+1)^{28}}$
662.	$4s^{\left(\frac{-n^3+2n^2}{8}\right)}$	663.	$4s^{\left(\frac{n^3+2n^2}{8}\right)}$	664.	$4s^{\left(\frac{-4n^2-n^4}{16}\right)}$
665.	$4s^{\left(\frac{-4n^4+n^6}{64}\right)}$	666.	$-16s^{\left(\frac{-12n^3+n^6}{32}\right)}$	667.	$16s^{-3n}$
668.	2	669.	$t^{\frac{9}{2}n-1}$	670.	$\dfrac{15t^{\frac{9n^2}{4}}}{7}$
671.	$\dfrac{15t^{\frac{7}{8}n^3-n^2}}{7}$	672.	$\dfrac{5t^{2n}}{16t^{\frac{n^2}{4}}}$	673.	$\dfrac{1600}{t^4 n^4}$
674.	$(xy)^{2n+1}$	675.	$s^{\frac{8}{3}} \cdot t^{\frac{7}{3}}$	676.	$2x^3 \cdot \sqrt{xyzw}$
677.	$\dfrac{13}{36}t - \dfrac{93}{77}s$	678.	$-\dfrac{5}{36}t + \dfrac{5}{77}s$	679.	$-\dfrac{5}{36}t - \dfrac{5}{77}s$
680.	$\dfrac{5}{36}t - \dfrac{5}{77}s$	681.	$\dfrac{13}{36}t - \dfrac{93}{77}s$	682.	$\dfrac{1}{2}$
683.	$\dfrac{1}{4u^7}$	684.	$\dfrac{4}{u^4}$	685.	$512u^5$
686.	$128u^3$				

1.5 Lösungen zu den Übungsaufgaben – Komplexe Terme

Nr.	Lösungen	Nr.	Lösungen	Nr.	Lösungen
687.	$\sqrt{2}$	688.	$\dfrac{x^4}{4}$	689.	$85750\sqrt{x} \cdot x$
690.	$25(a+b)^4$	691.	1	692.	$70\sqrt{x} \cdot x$
693.	$\left(25(a+b)^4\right)^{\frac{4}{3}}$	694.	$\dfrac{1}{(abc)^2}$	695.	1
696.	$((a+b) \cdot (a+b))^2$	697.	1	698.	$a^4(a-2b)^4$
699.	$-\dfrac{15}{4}(x+y)^2$	700.	$\sqrt{\dfrac{s^{23}}{t^{15}}} - \left(\dfrac{s}{t}\right)^{12}$	701.	$(sw)^{\frac{2}{3}} \cdot t - w^{\frac{10}{3}}$
702.	$\dfrac{(xy)^2 \cdot \sqrt[n]{xy}}{(xy)^n}$	703.	$(xy) \cdot \sqrt[n]{xy}$	704.	$\dfrac{125^2}{5} \cdot (abc)^{12}$
705.	$\dfrac{a^4(a-2b)^4}{(a-b)^2}$	706.	$(a+b)^7$	707.	$5(a+b)^9$

Lösungen zu Termumformungen

Nr.	Lösungen	Nr.	Lösungen	Nr.	Lösungen
708.	$(abc)^{29}$	709.	1	710.	$\dfrac{(a^2-2ab)^8}{(a-b)^2}$
711.	$(a+b)^7\left(1+(a+b)^{25}\right)$	712.	$(x+y)^2$	713.	$(sw)^{\frac{2}{3}}\cdot t - \dfrac{w^{\frac{10}{3}}}{s^5\cdot t}$
714.	$(xy)^{\frac{n^2+n+1}{n}}$	715.	$(xy)^{2n}$	716.	$y^2\cdot 2x\sqrt{x}$
717.	$5(a+b)^9$	718.	$\dfrac{125^2}{5}$	719.	$\dfrac{0{,}125}{(a-b)^2}$
720.	$a^4\left(a^2-2b\right)^4$	721.	$(a+b)^6$	722.	1
723.	$(xy)^{n-1}$	724.	$(xy)^{2n^2}$	725.	$y\cdot\sqrt{2x}\cdot\sqrt{x}$
726.	$5(a+b)^{11}$	727.	$\dfrac{1}{(x+y)^2}$	728.	$(xy)^{n^2-n}$
729.	$(xy)^{2n}$	730.	$x^{27}y^{12}$	731.	$x^{18}y^4$
732.	1	733.	$142848x^{12}$	734.	$(xy)^{2n}$
735.	$(xy)^{4n}$	736.	$\dfrac{(a^2-2ab)^{32}}{(a-b)^8}$	737.	$(xy)^{2n^2}$
738.	$(xy)^{4n+6}$	739.	$4^{\frac{8}{3}}\cdot 36569088 x^{32}+\dfrac{1}{7}$	740.	$\dfrac{2}{3}c-d$
741.	$2a$	742.	$25(a+b)^{22}$	743.	$(xy)^{2n^2+n}$
744.	$(xy)^{4n^2+6n}$	745.	x^9y^4	746.	$256^{\frac{13}{3}}\cdot x^{44}$
747.	$\dfrac{-2ab}{(2a+b)^3(2a-b)}$	748.	$\dfrac{d}{c}+c^7\cdot d^5$	749.	$\dfrac{1+(d+1)^5}{(d+1)^7}$
750.	$\dfrac{1}{e\cdot f^{\frac{3}{2}}\cdot g^2}$	751.	12	752.	$\dfrac{1}{\sqrt{ab}}$
753.	$\dfrac{1}{u^{10}\cdot v^{15}\cdot w^{20}}$	754.	$\dfrac{262144d^8c^6}{3}-\dfrac{2048d^6c^{15}}{3}+\dfrac{4}{\;}$	755.	$\dfrac{1}{h^8}$
756.	$\dfrac{1}{g^{24}}$	757.	$\dfrac{1}{s^{16}}$		

1.6 Lösungen zu den Zusatzaufgaben – Komplexe Terme

Nr.	Lösungen	Nr.	Lösungen	Nr.	Lösungen
758.	$\dfrac{x^5+4x^4+x^3-10x^2-4x+8}{x^3+x^2}$	759.	2	760.	1
761.	$\dfrac{x^{\frac{2n-1}{3}}\cdot y^{\frac{2n-3}{3}}}{2^{\frac{1}{3}}}$	762.	$\sqrt{xy}$	763.	$(xy)^2$
764.	x	765.	x^{2n-2}	766.	$\dfrac{1}{\sqrt[n]{x^{n^2+1}}}$
767.	$\left(\dfrac{ab}{(b-2a)^8\cdot(4a^2-b^2)^2}\right)^2$	768.	$(cd)^{2n+12}$	769.	$(gh)^2 ij-(gij)^2$

Rechentrainer "Schlag auf Schlag – Rechnen bis ich's mag"

Nr.	Lösungen	Nr.	Lösungen	Nr.	Lösungen
770.	$\left(\dfrac{r}{st}\right)^{\frac{1}{2}}$	771.	$x^{2-n-\frac{2}{n}}$	772.	$\dfrac{ab}{(b-2a)^8 \cdot (4a^2-b^2)^2}$
773.	$\dfrac{a}{3b}+\dfrac{2c}{3}$	774.	$\dfrac{1}{6b}a^2-\dfrac{5}{18}ac+\dfrac{1}{9}bc^2$	775.	$c^9 d^7$
776.	$h^4 g - ij$	777.	$\sqrt[8]{\dfrac{r}{st}}$	778.	$\dfrac{a^2}{6b}+\dfrac{ac}{6}-\dfrac{bc^2}{9}$
779.	$\dfrac{1}{4}(a+x-3bc)$	780.	$(ab)^2$	781.	$\sqrt[4]{(cd)^9}$
782.	$\dfrac{1}{\sqrt{(ab)^3}}$	783.	$\dfrac{a^2}{9b^2}+\dfrac{4ac}{9b}+\dfrac{4c^2}{9}$	784.	$\dfrac{a}{x}-\dfrac{1}{2}a-\dfrac{1}{2}x+\dfrac{1}{2}bc-cx$
785.	$\dfrac{1}{4}(a+x+bc)$	786.	$\dfrac{-ab^2 g - eb^2 g}{ba-be+ga-ge}$	787.	$\sqrt[4]{(cd)^9}-(cd)^n$
788.	$(ijhg)^2$	789.	$\dfrac{1}{\sqrt{(ab)^3}}+(ab)^2$	790.	$\dfrac{1}{4}(a-x-bc)$
791.	$x^{\frac{2n^2+3n-2}{n}}$	792.	$\dfrac{1}{q^{32}}$	793.	$\dfrac{\left(\sqrt{jkl}\right)^{n-13} \cdot 25}{(n+3)^2}$
794.	$2^{\frac{3}{n}} \cdot y^{1+\frac{7}{n}}$	795.	$w^{12} \cdot r^4$	796.	$\dfrac{4y^2}{\sqrt[n]{(2y)^2}}$
797.	$2^{2-\frac{2}{n}} \cdot y^{\frac{3n+2}{n}}$	798.	$-b^2 \cdot a \cdot c$	799.	$\dfrac{1}{4} \cdot \sqrt[n]{y^{n+1}}$
800.	$\dfrac{y^{n+1}}{2^{2n}}$	801.	$\dfrac{1}{2y^{2n-2}}$	802.	$\dfrac{(n-3)^{n-7}}{n^{n-1}}$
803.	$\dfrac{1}{2y^{2n}}$	804.	$\dfrac{1}{n^{n-1} \cdot (n-3)^{19}}$	805.	$81x^6$
806.	$-\dfrac{8}{125}x^9$	807.	$\dfrac{1}{27}$	808.	$20,25$
809.	$3a+8b$	810.	$3-\dfrac{10b}{3a}$	811.	$\dfrac{4}{x^4}$
812.	$\dfrac{a^4}{16b^4}$	813.	$\dfrac{4}{a^4}+4$	814.	x^{39}
815.	$\dfrac{1}{y^{23} \cdot x^5}$	816.	$\dfrac{x^6}{6y^7}$	817.	$\dfrac{x^2}{4y^2}$
818.	$2y^2 \cdot x^4$	819.	$\dfrac{1}{2y \cdot x^2}$	820.	$\dfrac{1}{4}$
821.	$x(x^5+4)$	822.	$\dfrac{16}{x^{10}}$	823.	-1
824.	$256^{\frac{7}{3}} \cdot x^{28}$	825.	$\dfrac{ab}{c}+\dfrac{c}{ab}$	826.	$2(e+d)^3$
827.	$\dfrac{1}{2}y^{n-3}$	828.	$\dfrac{3}{2}(e+d)^{14}$	829.	$16y^8(1+16y^8)$
830.	$a-1$	831.	$(b+3)^6$	832.	$(xy)^3$
833.	$\dfrac{b^{12}}{b^{6n}}$	834.	$\dfrac{(ab)^2}{(2a-b)^5(2a+b)}$	835.	$\dfrac{3}{8}$
836.	$-\dfrac{1}{x^{12}}$	837.	2	838.	1

Lösungen zu Termumformungen

Nr.	Lösungen	Nr.	Lösungen	Nr.	Lösungen
839.	$-d$	840.	2	841.	t^{-3n}
842.	$\dfrac{1}{e^4 \cdot f^6 \cdot g^8}$	843.	$\dfrac{1}{g+h}$	844.	$\dfrac{d^2+1}{c^2 \cdot d^2}$
845.	b^{2n-14}	846.	9	847.	$\sqrt[4]{xy}$
848.	$(b+3)^2$	849.	$4a^3 - 4a^2$	850.	$\dfrac{32}{y^8}$
851.	$\dfrac{ab}{c} + \dfrac{2ac}{b} + 2c^3$	852.	$\dfrac{255}{64}x^4$	853.	1
854.	$-\dfrac{x}{2y^3}$	855.	$\dfrac{(ag-be)^2}{g(b+g)^2}$	856.	$\sqrt{2}$
857.	$a^4(a-2b)^4$	858.	$\dfrac{(xy)^2 \cdot \sqrt[n]{xy}}{(xy)^n}$	859.	$(xy) \cdot \sqrt[n]{xy}$
860.	$\dfrac{a^4(a-2b)^4}{(a-b)^2}$	861.	$(xy)^{\frac{n^2+n+1}{n}}$		

2 Lösungen zu den Taschenrechneraufgaben

Nr.	Lösungen	Nr.	Lösungen	Nr.	Lösungen
917.	331776	918.	−0,9685	919.	252
920.	0,0625	921.	0,0117	922.	5,125
923.	576	924.	−14,4568	925.	15,8745
926.	25,5291	927.	8,25	928.	1,0226
929.	24	930.	−124,9999	931.	111,1216
932.	20,1602	933.	23	934.	8
935.	−109	936.	4000,376	937.	0,0039
938.	51,0582	939.	$\sqrt{5}$	940.	158,5667
941.	−1086,3354	942.	63504	943.	−236,1355
944.	0,0049	945.	9,51	946.	4,15
947.	100	948.	−36997779,96	949.	−14,8745
950.	2	951.	12,2795	952.	1097,901
953.	252	954.	252	955.	0,0029
956.	83,1703	957.	7,675	958.	98
959.	0	960.	−0,0049	961.	6917,2966
962.	5,5	963.	7,8462	964.	−63252
965.	9,625	966.	43,1612	967.	80,8201
968.	0,3594	969.	121	970.	1025,9132
971.	726,5727	972.	0,0898	973.	840
974.	1023855,805	975.	527907,8869	976.	7,5
977.	3,125	978.	1296	979.	0,512
980.	26,25	981.	−1121,9706	982.	2
983.	5184	984.	0,3277	985.	−16867
986.	0,1678	987.	51,6667	988.	0,2097
989.	1225	990.	920482,8132	991.	5
992.	1	993.	9,375	994.	0,25
995.	11,232	996.	6,3496	997.	243
998.	15625	999.	576	1000.	−1940320
1001.	37,8	1002.	1428,84	1003.	630,1071
1004.	25	1005.	0,0185	1006.	20,25
1007.	50625	1008.	0,0278	1009.	1696,6188
1010.	11181,9163	1011.	2518569	1012.	5985,9676
1013.	48620,25	1014.	95,2924	1015.	0,0005
1016.	−3,0435	1017.	0,0059	1018.	531441
1019.	1	1020.	2558,6387	1021.	0,3651
1022.	1,3618	1023.	8,2778	1024.	4270,8095
1025.	14348907				

3 Lösungen zu linearen und quadratischen Gleichungen

3.1 Lösungen zu den Übungsaufgaben – Lineare Gleichungssysteme

Nr.	Lösungen		Nr.	Lösungen		Nr.	Lösungen	
	x	y		x	y		x	y
1026.	5	1	1027.	9	1	1028.	8	7
1029.	6	1	1030.	6	5	1031.	7	9
1032.	8	8	1033.	5	6	1034.	8	1
1035.	6	1	1036.	4	7	1037.	4	1
1038.	8	5	1039.	6	9	1040.	2	8
1041.	5	6	1042.	6	2	1043.	9	8
1044.	7	4	1045.	4	5	1046.	1	6
1047.	9	1	1048.	5	7	1049.	9	4
1050.	8	3	1051.	2	8	1052.	9	3
1053.	21	16	1054.	13	11	1055.	19	8
1056.	-6	9	1057.	-8	4	1058.	-3	6
1059.	-7	1	1060.	-4	1	1061.	-9	3
1062.	-8	4	1063.	-3	3	1064.	-7	6
1065.	-1	5	1066.	-11	1	1067.	-4	9
1068.	-3	7	1069.	-6	2	1070.	-2	6
1071.	-9	4	1072.	-4	4	1073.	-2	6
1074.	-7	4	1075.	-4	2	1076.	-1	-1
1077.	-4	-22	1078.	-7	-72	1079.	-2	-29
1080.	-4	-22	1081.	-6	-65	1082.	-8	-8
1083.	-3	-18	1084.	-7	-38	1085.	-4	-15
1086.	-1	-12	1087.	-7	-13	1088.	-9	-56
1089.	-8	-22	1090.	-4	-22	1091.	-6	-61
1092.	-8	-8	1093.	-8	-13	1094.	-14	-16
1095.	-19	-24	1096.	-9	-21	1097.	-2	-12
1098.	-21	-1	1099.	-17	-4	1100.	-19	-14
1101.	6	1	1102.	4	14	1103.	3	11
1104.	9	3	1105.	11	13	1106.	5	9
1107.	7	6	1108.	3	5	1109.	-7	$\frac{8}{11}$
1110.	-16	$-\frac{1}{5}$	1111.	-5	$-\frac{8}{9}$	1112.	-2	$\frac{7}{9}$
1113.	-1	$\frac{1}{2}$	1114.	-3	6	1115.	-5	7
1116.	-4	9	1117.	-12	7	1118.	-2	2
1119.	-1	9	1120.	-14	11	1121.	$\frac{11}{20}$	$\frac{7}{10}$
1122.	$\frac{5}{7}$	$\frac{1}{3}$	1123.	$\frac{8}{13}$	$\frac{4}{7}$	1124.	$\frac{5}{9}$	$\frac{1}{9}$
1125.	$\frac{1}{2}$	$\frac{6}{11}$	1126.	-4	-4	1127.	-3	-8
1128.	-11	-7	1129.	-2	-16	1130.	-21	-14
1131.	-9	-2	1132.	-6	-13	1133.	-17	-14
1134.	-7	-7	1135.	-3	-9	1136.	-17	-5
1137.	-18	-9	1138.	-6	-11	1139.	$\frac{1}{3}$	$\frac{7}{8}$

Nr.	Lösungen		Nr.	Lösungen		Nr.	Lösungen	
	x	y		x	y		x	y
1140.	$\frac{1}{7}$	$\frac{4}{7}$	1141.	$\frac{4}{5}$	$\frac{4}{5}$	1142.	$\frac{7}{9}$	$\frac{3}{7}$
1143.	$\frac{5}{6}$	$\frac{1}{5}$	1144.	$\frac{1}{2}$	$\frac{1}{2}$	1145.	$\frac{1}{3}$	$\frac{4}{5}$
1146.	$\frac{5}{6}$	$\frac{1}{4}$	1147.	$\frac{3}{5}$	$\frac{1}{6}$	1148.	$\frac{1}{5}$	$\frac{2}{3}$
1149.	$\frac{6}{7}$	$\frac{1}{5}$	1150.	$\frac{1}{2}$	$\frac{3}{4}$	1151.	$-\frac{1}{8}$	$\frac{1}{4}$
1152.	$-\frac{4}{9}$	$-\frac{5}{7}$	1153.	$\frac{1}{11}$	$\frac{7}{9}$	1154.	$-\frac{5}{9}$	$-\frac{1}{2}$
1155.	$-\frac{5}{7}$	$\frac{8}{11}$	1156.	$-\frac{4}{9}$	$-\frac{2}{9}$	1157.	$\frac{1}{8}$	$\frac{5}{7}$
1158.	$-\frac{1}{6}$	$\frac{5}{8}$	1159.	$-\frac{4}{9}$	$\frac{8}{11}$	1160.	$-\frac{1}{7}$	$-\frac{1}{5}$
1161.	$-\frac{1}{13}$	$-\frac{8}{9}$	1162.	$-\frac{1}{4}$	$\frac{7}{9}$	1163.	$-\frac{4}{5}$	$\frac{1}{2}$
1164.	$\frac{11}{13}$	$\frac{1}{5}$	1165.	$\frac{2}{3}$	$\frac{2}{3}$	1166.	$\frac{14}{15}$	$\frac{1}{4}$
1167.	$\frac{7}{11}$	$\frac{3}{5}$	1168.	$\frac{7}{15}$	$\frac{7}{15}$	1169.	$\frac{7}{13}$	$\frac{1}{3}$
1170.	$\frac{4}{11}$	$\frac{8}{11}$	1171.	$\frac{11}{20}$	$\frac{7}{20}$	1172.	$\frac{5}{7}$	$\frac{1}{3}$
1173.	$\frac{8}{13}$	$\frac{4}{7}$	1174.	$\frac{5}{9}$	$\frac{1}{9}$	1175.	$\frac{1}{2}$	$\frac{6}{11}$
1176.	$-\frac{1}{2}$	$-\frac{4}{5}$	1177.	$\frac{1}{4}$	$\frac{5}{6}$	1178.	$-\frac{2}{9}$	$-\frac{1}{8}$
1179.	$\frac{3}{5}$	$-\frac{1}{6}$	1180.	$-\frac{1}{5}$	$-\frac{5}{6}$	1181.	$-\frac{3}{7}$	$-\frac{4}{7}$
1182.	$-\frac{3}{4}$	$\frac{3}{8}$	1183.	$-\frac{2}{5}$	$-\frac{5}{7}$	1184.	$\frac{7}{8}$	$-\frac{4}{5}$
1185.	$-\frac{1}{3}$	$-\frac{1}{8}$	1186.	$\frac{4}{5}$	$-\frac{1}{2}$	1187.	$-\frac{3}{5}$	$\frac{6}{7}$
1188.	$-\frac{1}{7}$	$-\frac{1}{4}$						

3.2 Lösungen zu den Zusatzaufgaben – Lineare Gleichungssysteme

Nr.	Lösungen		Nr.	Lösungen		Nr.	Lösungen	
	x	y		x	y		x	y
1189.	4	3	1190.	7	6	1191.	1	3
1192.	9	9	1193.	3	4	1194.	1	7
1195.	2	1	1196.	3	9	1197.	2	3
1198.	3	6	1199.	8	3	1200.	6	9
1201.	2	4	1202.	5	7	1203.	5	1
1204.	2	7	1205.	8	3	1206.	4	1
1207.	3	9	1208.	6	2	1209.	3	5
1210.	4	8	1211.	7	9	1212.	2	5
1213.	5	2	1214.	7	12	1215.	12	7
1216.	16	1	1217.	17	5	1218.	14	9

Lösungen zu linearen und quadratischen Gleichungen

1219.	-7	3	1220.	-9	1	1221.	-2	9
1222.	-4	3	1223.	-6	6	1224.	-4	1
1225.	-4	9	1226.	-2	7	1227.	-6	4
1228.	-3	7	1229.	-7	3	1230.	-5	2
1231.	-7	9	1232.	-5	4	1233.	-4	5
1234.	-8	1	1235.	-3	7	1236.	-4	8
1237.	-9	3	1238.	-5	7	1239.	-3	-3
1240.	-2	-2	1241.	-1	-14	1242.	-3	-34
1243.	-5	-51	1244.	-7	-71	1245.	-9	-90
1246.	-2	-26	1247.	-4	-22	1248.	-6	-6
1249.	-3	-2	1250.	-4	-22	1251.	-1	-41
1252.	-2	-3	1253.	-7	-15	1254.	-3	-17
1255.	-5	-9	1256.	-22	-14	1257.	-6	-17
1258.	-21	-16	1259.	-7	-15	1260.	-11	-3
1261.	-14	-8	1262.	-23	-8	1263.	-15	-9
1264.	9	2	1265.	5	8	1266.	6	8
1267.	1	4	1268.	8	7	1269.	2	2
1270.	6	14	1271.	-3	$\frac{6}{7}$	1272.	-8	$-\frac{4}{9}$
1273.	-14	$\frac{4}{5}$	1274.	-9	$\frac{1}{13}$	1275.	-8	$-\frac{4}{5}$
1276.	-9	2	1277.	-11	5	1278.	-3	1
1279.	-7	3	1280.	-7	15	1281.	-6	3
1282.	-13	8	1283.	-6	7	1284.	$\frac{4}{21}$	$\frac{2}{7}$
1285.	$\frac{1}{2}$	$\frac{4}{9}$	1286.	$\frac{4}{7}$	$\frac{1}{7}$	1287.	$\frac{3}{4}$	$\frac{3}{4}$
1288.	$\frac{2}{5}$	$\frac{1}{3}$	1289.	-6	-6	1290.	-7	-1
1291.	-4	-21	1292.	-13	-4	1293.	-14	-6
1294.	-1	-14	1295.	-5	-8	1296.	-9	-12
1297.	-16	-7	1298.	-8	-2	1299.	-13	-8
1300.	-4	-6	1301.	$\frac{1}{2}$	$\frac{4}{5}$	1302.	$\frac{1}{4}$	$\frac{5}{6}$
1303.	$\frac{2}{9}$	$\frac{1}{8}$	1304.	$\frac{3}{5}$	$\frac{1}{6}$	1305.	$\frac{1}{5}$	$\frac{5}{6}$
1306.	$\frac{3}{7}$	$\frac{4}{7}$	1307.	$\frac{3}{4}$	$\frac{3}{8}$	1308.	$\frac{2}{5}$	$\frac{5}{7}$
1309.	$\frac{7}{8}$	$\frac{4}{5}$	1310.	$\frac{1}{3}$	$\frac{1}{8}$	1311.	$\frac{4}{5}$	$\frac{1}{2}$
1312.	$\frac{3}{5}$	$\frac{6}{7}$	1313.	$\frac{1}{7}$	$\frac{1}{4}$	1314.	$-\frac{2}{5}$	$\frac{4}{9}$
1315.	$-\frac{7}{9}$	$-\frac{1}{3}$	1316.	$-\frac{1}{2}$	$\frac{8}{11}$	1317.	$-\frac{1}{2}$	$\frac{2}{3}$
1318.	$-\frac{9}{11}$	$-\frac{3}{11}$	1319.	$-\frac{1}{6}$	$-\frac{4}{5}$	1320.	$-\frac{4}{5}$	$\frac{12}{13}$
1321.	$-\frac{10}{11}$	$\frac{6}{7}$	1322.	$-\frac{1}{3}$	$-\frac{4}{9}$	1323.	$-\frac{4}{9}$	$\frac{4}{5}$
1324.	$\frac{4}{13}$	$\frac{1}{13}$	1325.	$-\frac{3}{4}$	$-\frac{4}{5}$	1326.	$\frac{1}{3}$	$\frac{7}{8}$

Nr.			Nr.			Nr.		
1327.	$\frac{4}{5}$	$\frac{1}{9}$	1328.	$\frac{2}{7}$	$\frac{3}{8}$	1329.	$\frac{9}{13}$	$\frac{4}{13}$
1330.	$\frac{1}{7}$	$\frac{3}{4}$	1331.	$\frac{4}{9}$	$\frac{1}{2}$	1332.	$\frac{8}{9}$	$\frac{8}{9}$
1333.	$\frac{7}{10}$	$\frac{8}{13}$	1334.	$\frac{4}{21}$	$\frac{2}{7}$	1335.	$\frac{1}{2}$	$\frac{4}{9}$
1336.	$\frac{4}{7}$	$\frac{1}{7}$	1337.	$\frac{3}{4}$	$\frac{3}{4}$	1338.	$\frac{2}{5}$	$\frac{1}{3}$
1339.	$-\frac{1}{3}$	$\frac{7}{8}$	1340.	$\frac{4}{7}$	$-\frac{4}{7}$	1341.	$-\frac{4}{5}$	$-\frac{4}{5}$
1342.	$-\frac{7}{9}$	$\frac{3}{7}$	1343.	$-\frac{5}{6}$	$\frac{1}{5}$	1344.	$-\frac{1}{2}$	$\frac{1}{2}$
1345.	$-\frac{1}{3}$	$\frac{4}{5}$	1346.	$\frac{5}{6}$	$-\frac{1}{4}$	1347.	$-\frac{3}{5}$	$-\frac{1}{6}$
1348.	$\frac{1}{5}$	$-\frac{2}{3}$	1349.	$-\frac{6}{7}$	$-\frac{1}{5}$	1350.	$-\frac{1}{2}$	$\frac{3}{4}$

3.3 Lösungen zu den Übungsaufgaben – Quadratische Gleichungen

Nr.	Lösungen		Nr.	Lösungen		Nr.	Lösungen	
	x_1	x_2		x_1	x_2		x_1	x_2
1351.	12	5	1352.	9	5	1353.	4	8
1354.	7	6	1355.	1	6	1356.	9	7
1357.	2	8	1358.	1	5	1359.	3	8
1360.	3	6	1361.	2	4	1362.	3	4
1363.	8	8	1364.	7	6	1365.	2	2
1366.	5	9	1367.	5	9	1368.	39	15
1369.	1	26	1370.	23	18	1371.	13	25
1372.	26	13	1373.	13	15	1374.	26	1
1375.	21	25	1376.	22	33	1377.	2	9
1378.	12	22	1379.	25	3	1380.	6	6
1381.	12	3	1382.	22	16	1383.	4	7
1384.	5	5	1385.	5	12	1386.	8	2
1387.	6	31	1388.	6	12	1389.	7	32
1390.	8	19	1391.	5	28	1392.	8	12
1393.	6	8	1394.	4	11	1395.	4	28
1396.	8	23	1397.	6	21	1398.	2	12
1399.	9	23	1400.	19	12	1401.	$\frac{4}{13}$	$\frac{6}{29}$
1402.	$\frac{9}{22}$	$\frac{3}{11}$	1403.	$\frac{3}{8}$	$\frac{7}{65}$	1404.	$\frac{3}{61}$	$\frac{4}{9}$
1405.	$\frac{9}{34}$	$\frac{3}{17}$	1406.	$\frac{1}{17}$	$\frac{3}{17}$	1407.	$\frac{2}{11}$	$\frac{4}{19}$
1408.	$\frac{1}{4}$	$\frac{2}{5}$	1409.	$\frac{5}{18}$	$\frac{1}{3}$	1410.	$\frac{3}{26}$	$\frac{4}{13}$
1411.	$\frac{3}{23}$	$\frac{1}{9}$	1412.	$\frac{7}{16}$	$\frac{1}{7}$	1413.	$\frac{1}{4}$	$\frac{9}{34}$
1414.	$\frac{5}{18}$	$\frac{1}{17}$	1415.	$\frac{3}{26}$	$\frac{9}{17}$	1416.	$\frac{1}{11}$	$\frac{1}{4}$
1417.	$\frac{1}{2}$	$\frac{5}{18}$	1418.	$\frac{4}{11}$	$\frac{3}{26}$	1419.	$\frac{4}{13}$	$\frac{6}{29}$

Nr.	Lösungen		Nr.	Lösungen		Nr.	Lösungen	
	x_1	x_2		x_1	x_2		x_1	x_2
1420.	$\frac{9}{22}$	$\frac{3}{11}$	1421.	$\frac{1}{9}$	$\frac{7}{65}$	1422.	$\frac{3}{61}$	$\frac{4}{9}$
1423.	$\frac{9}{34}$	$\frac{1}{14}$	1424.	$\frac{1}{17}$	$\frac{3}{17}$	1425.	$\frac{5}{24}$	$\frac{4}{19}$

3.4 Lösungen zu den Zusatzaufgaben – Quadratische Gleichungen

Nr.	Lösungen		Nr.	Lösungen		Nr.	Lösungen	
	x_1	x_2		x_1	x_2		x_1	x_2
1426.	17	9	1427.	3	4	1428.	5	7
1429.	9	1	1430.	8	9	1431.	6	2
1432.	6	1	1433.	7	3	1434.	10	3
1435.	5	2	1436.	8	3	1437.	6	8
1438.	4	7	1439.	4	2	1440.	8	5
1441.	6	5	1442.	2	12	1443.	9	2
1444.	2	31	1445.	16	12	1446.	9	32
1447.	28	19	1448.	5	28	1449.	18	12
1450.	12	8	1451.	12	11	1452.	12	28
1453.	15	23	1454.	8	21	1455.	12	12
1456.	23	23	1457.	18	2	1458.	3	12
1459.	9	9	1460.	4	15	1461.	7	26
1462.	1	18	1463.	9	25	1464.	2	13
1465.	1	15	1466.	3	1	1467.	3	25
1468.	2	33	1469.	3	9	1470.	8	22
1471.	7	3	1472.	2	6	1473.	5	3
1474.	11	7	1475.	5	3	1476.	$\frac{4}{17}$	$\frac{9}{34}$
1477.	$\frac{7}{12}$	$\frac{1}{17}$	1478.	$\frac{4}{13}$	$\frac{1}{13}$	1479.	$\frac{6}{29}$	$\frac{1}{4}$
1480.	$\frac{3}{11}$	$\frac{5}{18}$	1481.	$\frac{7}{65}$	$\frac{3}{26}$	1482.	$\frac{4}{9}$	$\frac{1}{11}$
1483.	$\frac{1}{45}$	$\frac{1}{2}$	1484.	$\frac{3}{17}$	$\frac{4}{11}$	1485.	$\frac{3}{11}$	$\frac{7}{12}$
1486.	$\frac{7}{12}$	$\frac{1}{14}$	1487.	$\frac{4}{9}$	$\frac{6}{29}$	1488.	$\frac{3}{23}$	$\frac{3}{11}$
1489.	$\frac{3}{17}$	$\frac{7}{65}$	1490.	$\frac{4}{19}$	$\frac{4}{9}$	1491.	$\frac{2}{5}$	$\frac{1}{15}$
1492.	$\frac{1}{3}$	$\frac{3}{17}$	1493.	$\frac{4}{13}$	$\frac{1}{8}$	1494.	$\frac{4}{17}$	$\frac{9}{34}$
1495.	$\frac{7}{12}$	$\frac{1}{17}$	1496.	$\frac{1}{14}$	$\frac{2}{13}$	1497.	$\frac{6}{29}$	$\frac{1}{4}$
1498.	$\frac{3}{11}$	$\frac{5}{18}$	1499.	$\frac{7}{65}$	$\frac{3}{26}$	1500.	$\frac{4}{9}$	$\frac{2}{5}$

4 Lösungen zu Ableitungen von Funktionen

4.1 Lösungen zu den Übungsaufgaben – Ableitungen von Funktionen

Nr.	Lösungen	Nr.	Lösungen
1501.	$2x$	1502.	$5x^4$
1503.	$9x^8$	1504.	$6x^2$
1505.	$15z^4 + 2z + 32z^7 - 6z^5$	1506.	$n^2x^{n-1} + 4 + 15x^2$
1507.	$(n-2)cx^{n-3} + 2x$	1508.	$(n-2)cx^{n-3} - nx^{n-1}$
1509.	$24 + 35x^6 - 34nx^{n-1}$	1510.	$28x^6 + 94x + 12x^{11}$
1511.	$-9x^{-4}$	1512.	$ny^{n-1} - ny^{-n-1}$
1513.	$28x^6 + nax^{n-1} - 3x^{-4}$	1514.	$49y^6 - 1$
1515.	$a - b - c + d + e + f$	1516.	$60x^3$
1517.	$5x^4$	1518.	$5w^4 + 84w^6$
1519.	$-4x + 20x^4$	1520.	3
1521.	$-30x^{-7}$	1522.	$-42y^{-4} + 4y^3$
1523.	$9x^{-4} + 2x + 5x^{-6}$	1524.	$-2x^{-3}$
1525.	$-91z^{-8} + 4$	1526.	$-76x^{-5} - 100x^{-11}$
1527.	$5x^4 + 4x^3 + 3x^2 + 2x + 1$	1528.	$210x^{14}$
1529.	$10x + 23 + 6x^{-7}$	1530.	$-24 - 8y^{-9}$
1531.	$\dfrac{1}{2\sqrt{x}}$	1532.	$2x + 13$
1533.	-15	1534.	$4 - 32y$
1535.	$2 - 2x$	1536.	$\dfrac{5}{3}x^{\frac{2}{3}}$
1537.	$1 - y$	1538.	1
1539.	$14 - 2x$	1540.	$0{,}5$
1541.	$0{,}5x^3 + 7x^6$	1542.	$-87x^{-7} - 4x^{-0{,}75}$
1543.	$2x^3 - 2x + 1$	1544.	$0{,}125$
1545.	$-5x^{-6} + 3{,}5x$	1546.	$-6x^{-4}$
1547.	$\dfrac{3}{2\sqrt{x}} - 1$	1548.	$-70x^{-3} + 0{,}1x$
1549.	x	1550.	$-10x^{-9}$
1551.	$17 - 36x - x^{-4}$	1552.	$16x^3$
1553.	$-x^{89} - 3$	1554.	$-\dfrac{1}{2}nax^{n-1}$
1555.	$1{,}3x^{0{,}3}$	1556.	$3{,}3x^{2{,}3}$
1557.	$2x + 1$	1558.	25
1559.	x	1560.	$\dfrac{136}{27}x$
1561.	$2x + \dfrac{1}{2\sqrt{x}}$	1562.	$-\dfrac{2}{x^3}$
1563.	$3x^2$	1564.	$-\dfrac{1}{2x^2}$
1565.	$\dfrac{11x^{10}}{2}$	1566.	$\dfrac{1}{8}x^{-\frac{3}{4}}$

Lösungen zu Ableitungen von Funktionen

Nr.	Lösungen	Nr.	Lösungen
1567.	$-69x^{-4} + \dfrac{3}{23}x^{-4}$	1568.	1
1569.	$\dfrac{32x^3 - 23}{x^2}$	1570.	$\dfrac{17y^2 - 34y + 1}{(y-1)^2}$
1571.	$-\dfrac{1}{2}$	1572.	$2(2x-1)$
1573.	$-\dfrac{4y^3}{13}$	1574.	$-\dfrac{13(2x+1)}{4x^2(x+1)^2}$
1575.	$-\dfrac{27(2x+1)}{x^2(x+1)^2}$	1576.	$\dfrac{32(4x-1)}{x^2(2x-1)^2}$
1577.	$-\dfrac{68(10x^2+3)}{x^4(2x^2+1)^2}$	1578.	$2(x+1)$
1579.	$-\dfrac{5}{(x+1)^6}$	1580.	$3(x+1)^2$
1581.	$\dfrac{2(x^5+x^4+1)(2x^5+x^4-3)}{x^7}$	1582.	$2(x^{-1}+1+x^{-5})(-x^{-2}-5x^{-6})$
1583.	$2(3x^2+2x-4)$	1584.	$\dfrac{x^3 \cdot (5x+4)}{4}$
1585.	$\dfrac{29}{3}$	1586.	$-\dfrac{2}{3}x + \dfrac{80}{3}$
1587.	$\dfrac{x}{\sqrt{x^2+3}}$	1588.	$7x - \dfrac{2(x^3-12x^2+2)}{(x^3-4)^2}$
1589.	$\dfrac{259x^{10}+518x^9+259x^8-8x^5-12x^4+61x^2+128x+64}{2x^2(x+1)^2}$	1590.	$\dfrac{32x^7-176x^6+192x^5-48x^4-132x+297}{x^4(x-3)^2}$
1591.	$\dfrac{y(y-2)}{(y^2+y-1)^2} + 22$	1592.	$\dfrac{\sqrt{2} \cdot (2x-1)}{2\sqrt{x(x-1)}}$
1593.	$50x$	1594.	$-\dfrac{17x^2+32x+45}{18x^4}$
1595.	$48x^2 + \dfrac{7}{\sqrt{x}} - \dfrac{90}{x^6}$	1596.	$42y^2$
1597.	$6x^5 - \dfrac{6}{x^7} + \dfrac{1}{2\sqrt{x}}$	1598.	$34(x^2+x+15)(2x+1)$
1599.	$14(2x-13)\cdot(6x-13)$	1600.	$-81x^2$
1601.	153	1602.	$2(x-3)\cdot(x+8)\cdot(2x+5)$
1603.	$(x-3)\cdot(4x^2+45x+93)$	1604.	$2x$
1605.	$(n+1)x^n$	1606.	$\dfrac{3}{2\sqrt{x}}$
1607.	$x+9$	1608.	$(n^2-3)ax^{n^2-4} - 2304$
1609.	$-\dfrac{3a}{x^4}$	1610.	$10x^4$
1611.	$\dfrac{x^3}{3}$	1612.	$22{,}5x^4$
1613.	$2x$	1614.	$9x^8 - \dfrac{6}{x^7}$

Nr.	Lösungen	Nr.	Lösungen
1615.	$-\dfrac{1}{64x^2}$	1616.	$x^{2n}(2n+1) + \dfrac{6}{\sqrt{x}}$
1617.	$92x^3 - \dfrac{64}{x^5}$	1618.	$\dfrac{4(1-2x)}{(x^2-x-15)^5}$
1619.	$-\dfrac{26(6x^3+19x^2+21x+45)}{(x^2-x-15)^5}$	1620.	$-\dfrac{8x^5+23x^4+3x^3+12x^2+63x+135}{(x^2+3)^2 \cdot (x^2-x-15)^5}$
1621.	$2(x+3)$	1622.	$\dfrac{1}{(x-57)^2}$
1623.	$4x^3 + 6x^2 + 2x$	1624.	0
1625.	$-\dfrac{1}{2x^2}$	1626.	$\dfrac{\sqrt{26}}{26 \cdot \sqrt{x+3}}$
1627.	4	1628.	$-\dfrac{3 \cdot (5x^3+2)}{x^7}$
1629.	$\dfrac{2x \cdot (x^3+2x^2-2)}{(x+1)^3}$	1630.	$\dfrac{2 \cdot (1-x) \cdot (x-3)}{(x+1)^5}$
1631.	$-\dfrac{5}{x^6}$	1632.	$6x + 6x^2$
1633.	0	1634.	$-\dfrac{3 \cdot (2x+1)}{2x^{\frac{3}{2}} \cdot (2x+3)^2}$
1635.	$\dfrac{20x^7+48x^6+27x^5-24}{x^3}$	1636.	$\cos(x)$
1637.	$\cos(x) + 1$	1638.	$\cos(x) - \sin(x)$
1639.	$-\cos(x) - \dfrac{1}{\cos(x)^2} - \sin(x)$	1640.	$\dfrac{1}{x}$
1641.	$2x$	1642.	$\dfrac{7}{x}$
1643.	$\dfrac{7\sin(x)}{\cos(x)^2} - \sin(x)$	1644.	$-25\sin(x)$
1645.	$\dfrac{2}{5x}$	1646.	e^x
1647.	$e^x - 2\cos(x)$	1648.	$-\sin^2 x + \cos^2 x$
1649.	$\dfrac{\cos(x)}{2\sqrt{\sin(x)}}$	1650.	$\dfrac{1}{\sin(x)} - \dfrac{x \cdot \cos(x)}{\sin(x)^2}$
1651.	$-\dfrac{2 \cdot \cos(x)}{x^3} - \dfrac{\sin(x)}{x^2}$	1652.	$\dfrac{1}{2x\sqrt{\ln(x)}}$
1653.	$4e^{4x}$	1654.	$e^x(\ln(x) + \dfrac{1}{x})$
1655.	$\dfrac{\cos(x)}{2 \cdot x^2 \sqrt{\sin(x)}} - \dfrac{2 \cdot \sqrt{\sin(x)}}{x^3}$	1656.	$-\sin(x) \cdot \ln(x) + 2 \cdot \cos(x)^2 + \dfrac{\cos(x)}{x} - 1$
1657.	$\dfrac{2\ln(x)}{x} - \dfrac{5}{4x^{\frac{3}{4}}} + 12$	1658.	$(4x^3 - 4x^2)\cos^2 x - 2(x^2+2x-1)\sin x \cdot \cos x + 2x^2$
1659.	$\dfrac{1}{\sqrt{\ln(x)}} - \dfrac{1}{2 \cdot \ln(x)^{\frac{3}{2}}}$	1660.	$2 \cdot e^{2x} + e^x \cdot (x+1)$

Lösungen zu Ableitungen von Funktionen

Nr.	Lösungen	Nr.	Lösungen
1661.	$e^x(x+1)$		

4.2 Lösungen zu den Zusatzaufgaben – Ableitungen von Funktionen

Nr.	Lösungen	Nr.	Lösungen
1662.	$3x^2$	1663.	$6x^5$
1664.	$22x^{21}$	1665.	$36x^2 + 12$
1666.	$15y^4 + 2y + 32y^7 - 6y^5$	1667.	$n^2x^{n-1} + 5 + 10x$
1668.	$(n-2)cx^{n-3} - 2x$	1669.	$5x^4 - 1$
1670.	$3w^2 - 1$	1671.	$5g^4 + 6g + 3$
1672.	$5x^{-6} + 5x + 5$	1673.	$48x^{11} - 2x^{-3} + 1$
1674.	$36y^3$	1675.	$15x^2$
1676.	$2ax + 3bx^2$	1677.	$3y^2$
1678.	$2x - 2$	1679.	$96z^2 + 30z$
1680.	$-4z^3$	1681.	$100x^3 + 24$
1682.	$-60x^{-6} - 3x^{-4}$	1683.	$-7z^{-8} + 1 - 3z^2$
1684.	$-36y^{-5}$	1685.	$1728x^{11} + 1331x^{10}$
1686.	$35 - 90x$	1687.	$-nax^{-n-1} + nbx^{n-1}$
1688.	$10 + 90z$	1689.	$225x^{15} + 15x^{-16}$
1690.	$-49x^6$	1691.	$12x^3 + 12x^2 + 12x^5 + 12x + 12x^{11}$
1692.	1	1693.	$2 - 34x$
1694.	$4y$	1695.	-12
1696.	1	1697.	$-\dfrac{3}{4}x^{-\frac{7}{4}} + 16$
1698.	$\dfrac{3}{2}$	1699.	$1 + 2x$
1700.	4	1701.	$0,5x$
1702.	$78x$	1703.	$-87x^{-7} - 0,5x^{-0,75}$
1704.	$1,92x^2$	1705.	$0,03125x$
1706.	$1,5nx^{n-1} + nax^{n-1}$	1707.	$20x$
1708.	$19 - 0,25x$	1709.	$-31,9x$
1710.	$\dfrac{3}{2}x^5 + \dfrac{1}{2}x^7$	1711.	1
1712.	$2x + 7$	1713.	$-\dfrac{235}{56}x^{-6} + 3x^2 + 7x^{-8}$
1714.	$\dfrac{3}{2}nax^{n-1}$	1715.	$\dfrac{9}{25}x^{-\frac{1}{4}}$
1716.	$2,1x^{\frac{11}{10}}$	1717.	$2,8x^{\frac{9}{5}}$
1718.	$\dfrac{37}{4}x^{-\frac{3}{4}} - 37$	1719.	$\dfrac{15 \cdot \sqrt{5}}{4x^{\frac{1}{4}}}$
1720.	$\dfrac{1}{3}x^3$	1721.	$4x + 6$
1722.	$-\dfrac{1}{x^2}$	1723.	$-\dfrac{4}{x^5} - 144x^{-7}$
1724.	$-48x^{-4}$	1725.	0

Rechentrainer "Schlag auf Schlag – Rechnen bis ich's mag"

Nr.	Lösungen	Nr.	Lösungen
1726.	$\frac{1}{16}x - 9x^{-10}$	1727.	$-\frac{5}{2x^6}$
1728.	$4x^3$	1729.	1
1730.	$\frac{2y^2(y+3)}{(y+2)^2}$	1731.	$-\frac{17}{y^2}$
1732.	$-\frac{5}{(x-1)^2}$	1733.	$4x^{15} - \frac{1}{2}x^{-3}$
1734.	$\frac{144}{7}y^2 - \frac{135}{7y^4}$	1735.	$-\frac{19(2x+3x^{-4})}{(x^2-x^{-3})^2}$
1736.	12	1737.	$-\frac{5}{8x^{\frac{3}{2}}}$
1738.	$2x$	1739.	$4(x+1)^3$
1740.	$2(x+1)$	1741.	$n(x+1)^{n-1}$
1742.	$2(x^3 + x^4 + x^{-1})(3x^2 + 4x^3 - x^{-2})$	1743.	$2(x^{-1} + 1 + x^{-5})(-x^{-2} - x^{-6} - 7x^6)$
1744.	$\frac{1}{2}(x^5 + 3x^2)(5x^4 + 6x)$	1745.	$x^3(x+1)\left(\frac{3}{2}x+1\right)$
1746.	$x^3\left(\frac{3}{2}x^2 + \frac{15}{2}x + 5\right)$	1747.	$\sqrt{3}$
1748.	$\frac{2x^2 - 3}{\sqrt{x^2 - 3}}$	1749.	$\frac{-15x^{\frac{1}{2}} + 16}{142x^4(7-x)}$
1750.	$\frac{48x^6 - 64x^5 + 16x^4 - 99}{x^4}$	1751.	$\frac{3x^{10} + 28x^9 - 49}{x^8}$
1752.	$x^7 + \frac{1}{2\sqrt{x}} + \frac{39}{2}$	1753.	$\frac{25x(x+54)}{(x+27)^2}$
1754.	$0{,}12^{0{,}12} - \frac{1}{4x^{\frac{5}{4}}}$	1755.	$28x$
1756.	$8x^7$	1757.	$1{,}5y^2$
1758.	$\frac{10x^{12} - x^{\frac{13}{2}} - 14}{2x^8}$	1759.	$14(2x-13)^2 \cdot (8x-13)$
1760.	$-6804x^3$	1761.	$18x$
1762.	$(x+8)(x-3)^2(5x+18)$	1763.	$(x-3)(3x+13)$
1764.	$(x-3)(4x^2 + 39x + 67)$	1765.	$\frac{37}{6}x^{\frac{31}{6}}$
1766.	$1 + 2y$	1767.	$15(x+3)(x+9)$
1768.	$\frac{17}{x^2} + 179$	1769.	$(n^2 - n - 3)ax^{n^2-n-4}$
1770.	$-\frac{124}{x^5}$	1771.	$\frac{x^3}{3}$
1772.	$\frac{194}{87} - \frac{1}{72x^3}$	1773.	$-250x^9 + 25$
1774.	$-\frac{6}{x^7}$	1775.	$\frac{1}{4}$
1776.	$\frac{9x^8}{2} - \frac{304}{x^3}$	1777.	$\frac{55}{2} - \frac{112}{x^9}$

Lösungen zu Ableitungen von Funktionen

Nr.	Lösungen	Nr.	Lösungen
1778.	$2(x^2-x-15)\cdot(2x-1)$	1779.	$-\dfrac{26(7x^2-3x+15)}{(x^2-x-15)^5}$
1780.	$\dfrac{8(2x-1)}{(x^2-x+15)^9}$	1781.	$1352x(x+3)\cdot(2x+3)$
1782.	$-\dfrac{30}{x^3}-\dfrac{147}{x^4}+14$	1783.	$2(x+1)$
1784.	$3x^2$	1785.	$-\dfrac{2}{x^3}$
1786.	$-\dfrac{1}{2x^3}$	1787.	$6\cdot\sqrt{x}$
1788.	$8x$	1789.	$1152x\cdot(x-1)\cdot(2x-1)$
1790.	$\dfrac{4x\cdot(x^2+x-1)}{(x+1)^5}$	1791.	$15x^{14}$
1792.	$12x^5$	1793.	$n^2 x^{n-1}$
1794.	$\dfrac{3\cdot\sqrt{x}}{2}$	1795.	$12x^2\cdot(3x+2x^2)\cdot(1+x)$
1796.	$12x^2\cdot(2x+3)\cdot(10x+9)$	1797.	$-\sin(x)$
1798.	$2\cos(x)$	1799.	$\dfrac{1}{\cos(x)^2}$
1800.	$-2\sin(x)$	1801.	$\dfrac{1}{\cos(x)^2}$
1802.	$\dfrac{1}{x}-2\sin(x)$	1803.	$\dfrac{4\sin(x)}{\cos(x)^2}$
1804.	0	1805.	$\dfrac{4\ln(x)}{x}$
1806.	0	1807.	e^x+34x
1808.	$3e^x$	1809.	$x\cdot\cos(x)+\sin(x)$
1810.	$\dfrac{\cos(x)^{\frac{3}{2}}}{2\sqrt{\sin(x)}}-\dfrac{\sin(x)^{\frac{3}{2}}}{2\sqrt{\cos(x)}}$	1811.	$\dfrac{1}{4\cdot\cos(x)}+\dfrac{x\cdot\sin(x)}{4\cos(x)^2}$
1812.	$\cos(x)\cdot\left(\dfrac{1}{x^2}-\dfrac{x}{\sin(x)^2}\right)+\dfrac{\sin(x)}{x}+\dfrac{1}{\sin(x)}$	1813.	$2\cdot\sin(x)\cdot\cos(x)$
1814.	$7e^{7x-3}$	1815.	$\dfrac{x\cdot\cos(x)}{2\cdot\sqrt{\sin(x)}}+\sqrt{\sin(x)}$
1816.	$\left(\dfrac{1}{x}+1\right)\cos(x)-\sin(x)\cdot\ln(x)$	1817.	$-e^{-x}$
1818.	$(2x-1)\cdot\cos(x)-x^2\cdot\sin(x)$	1819.	$\sqrt{\ln(x)}+\dfrac{1}{2\sqrt{\ln(x)}}$
1820.	$3\cdot e^{3x}+e^{2x}\cdot(2x+1)$	1821.	$e^{2x}\cdot(2x+1)+e^x(x+1)$

5 Lösungen zu Summen und Produkten

Nr.	Lösungen	Nr.	Lösungen	Nr.	Lösungen
1822.	55	1823.	211	1824.	$-0,504365079$
1825.	15,5	1826.	196	1827.	1459673
1828.	0,041284721	1829.	$4i^2 + 20i + 30$	1830.	$-137,5$
1831.	$24x + 32i - 64$	1832.	13,74563492	1833.	0,244756328
1834.	17650761,87	1835.	-40	1836.	$-1095,865579$
1837.	284	1838.	55	1839.	$-1,358928571$
1840.	511,875	1841.	2,828968254	1842.	$13x$
1843.	$\frac{9}{4}$	1844.	$44x^2 + 66$	1845.	$8x - 3$
1846.	49	1847.	132	1848.	152
1849.	15	1850.	279	1851.	$50x^2$
1852.	54	1853.	656	1854.	$-\frac{121}{3}$
1855.	$\frac{259}{15}$	1856.	98	1857.	98017920
1858.	$\frac{1}{181440}$	1859.	0	1860.	-1946835
1861.	15,00003617	1862.	$\frac{1}{128}$	1863.	-6720
1864.	$\frac{225}{16384}$	1865.	1774080	1866.	x^4
1867.	259459200	1868.	10497600	1869.	0
1870.	$\frac{128}{15}$	1871.	$\frac{975}{16}$	1872.	1
1873.	$-\frac{45}{4004}$	1874.	$\frac{16807}{3125}$	1875.	$\frac{697}{672}$
1876.	$\frac{243}{32768x^{15}}$	1877.	82547920	1878.	0
1879.	25401600	1880.	8	1881.	645120
1882.	$\frac{2835}{256}$	1883.	0	1884.	1694145600
1885.	$\frac{1}{1920}$	1886.	220200960	1887.	729
1888.	65536	1889.	$\frac{1}{128}$	1890.	x^{22}
1891.	$\frac{65536}{x^8}$				

6 Lösungen zu Logarithmen

Nr.	Lösungen	Nr.	Lösungen	Nr.	Lösungen
1892.	0	1893.	0	1894.	0
1895.	0	1896.	0	1897.	1
1898.	1	1899.	1	1900.	1
1901.	1	1902.	1,945910149	1903.	2,48490665
1904.	4,007333185	1905.	2,564949357	1906.	4,644390899
1907.	-1,139434283	1908.	-0,916290732	1909.	-0,287682072
1910.	-0,0105360516	1911.	-2,302585093	1912.	7
1913.	15	1914.	23	1915.	104
1916.	77	1917.	144	1918.	41
1919.	9	1920.	63	1921.	0,8
1922.	83	1923.	11	1924.	73
1925.	49	1926.	37	1927.	19
1928.	103	1929.	94	1930.	57
1931.	13	1932.	$9 \cdot \log_4 14$	1933.	$6 \cdot \log_{11} 28$
1934.	$7 \cdot \log_{13} 61$	1935.	$34 \cdot \log_9 1 = 0$	1936.	$21 \cdot \log_{21} 17$
1937.	$8 \cdot \log_{17} 23$	1938.	$12 \cdot \log_{39} 8$	1939.	$n \cdot \log_{41} y$
1940.	$6 \cdot \log_2 x$	1941.	$11 \cdot \log_3 x$	1942.	$\log_7 5 + \log_7 31$
1943.	$\log_{13} 19 + \log_{13} 11$	1944.	$\log_{24} 16 + \log_{24} 9$	1945.	$\log_8 31 + \log_8 4$
1946.	$\log_4 17 + \log_4 18$	1947.	$\log_{11} 51 + \log_{11} 19$	1948.	$\log_{41} 4 + \log_{41} 21$
1949.	$\log_9 6 + \log_9 7$	1950.	$\log_8 47 + \log_8 13$	1951.	$\log_{13} 12 + \log_{13} 8$
1952.	$\log_7 12 - \log_7 81$	1953.	$\log_{11} 16 - \log_{11} 99$	1954.	$\log_8 7 - \log_8 11$
1955.	$\log_{21} 14 - \log_{21} 19$	1956.	$\log_{19} 13 - \log_{19} 81$	1957.	$\log_3 111 - \log_3 12$
1958.	$\log_9 15 - \log_9 4$	1959.	$\log_{17} 38 - \log_{17} 94$	1960.	$\log_{31} 17 - \log_{31} 33$
1961.	$\log_{16} 18 - \log_{16} 3$	1962.	8	1963.	23
1964.	13,5	1965.	31	1966.	8
1967.	7	1968.	4	1969.	2
1970.	5	1971.	3	1972.	4
1973.	2	1974.	4	1975.	1
1976.	14	1977.	0,125	1978.	1173
1979.	41	1980.	1	1981.	10
1982.	17	1983.	9	1984.	2
1985.	-1,204441542	1986.	0	1987.	$-n \cdot \log_4(4x)$
1988.	37	1989.	$n \cdot \log_n(4,25)$	1990.	1
1991.	n	1992.	$\log_3(4x+7)$	1993.	$\log_7(\log_9(4)+9x)$
1994.	$12 \cdot \log_4(3x-15)$	1995.	$\frac{1}{5} \cdot \log_{11}(x^2+19)$	1996.	$\frac{1}{9} \cdot (\log_{13}(x-4) - \log_{13}(4x-1))$
1997.	0	1998.	0	1999.	$2 \cdot \log_7(a+b)$
2000.	$\log_9(a+b)$	2001.	$\frac{1}{7}$		

Rechentrainer "Schlag auf Schlag – Rechnen bis ich's mag"

Teil C Rechenregeln mit Beispielen

Rechenregeln und Formeln für Termumformungen

- TR 1. Kommutativgesetz ... 188
- TR 2. Assoziativgesetz ... 188
- TR 3. Distributivgesetz ... 188
- TR 4. n-te Potenz einer Zahl a ... 188
- TR 5. Sonderregel 0-te Potenz ... 188
- TR 6. Multiplikation von Potenzen mit gleichen Basen ... 188
- TR 7. Potenzen mit negativem Exponenten ... 189
- TR 8. Potenzierung einer Potenz ... 189
- TR 9. Multiplikation von Potenzen mit verschiedenen Basen und gleichen Exponenten ... 189
- TR 10. Wurzel aus einer Potenz ziehen ... 189

Erläuterungen zu Termumformungen

1. Addition von Potenzen mit gleichen Basen, Exponenten und Faktoren vor den Potenzen (TR 3) ... 189
2. Addition von Potenzen mit gleichen Basen und Exponenten, aber verschiedenen Faktoren vor den Potenzen (TR 3) ... 189
3. Addition von Potenzen mit gleichen Basen, aber verschiedenen Exponenten und Faktoren vor den Potenzen (TR 3) ... 189
4. Addition von Potenzen mit gleichen Basen, verschiedenen Exponenten und gleichen Faktoren vor den Potenzen (TR 3) ... 190
5. Addition von Potenzen mit verschiedenen Basen, aber gleichen Exponenten und Faktoren vor den Potenzen (TR 3) ... 190
6. Addition von Potenzen mit verschiedenen Basen und Exponenten und gleichen Faktoren vor den Potenzen (TR 3) ... 190
7. Addition von Potenzen mit verschiedenen Basen, gleichen Exponenten und verschiedenen Faktoren vor den Potenzen ... 190
8. Addition von Potenzen mit verschiedenen Basen, Exponenten und Faktoren vor den Potenzen ... 190
9. Subtraktion von Potenzen mit gleichen Basen, Exponenten und Faktoren vor den Potenzen ... 191
10. Subtraktion von Potenzen mit gleichen Basen und Exponenten, aber verschiedenen Faktoren vor den Potenzen (TR 3) ... 191
11. Subtraktion von Potenzen mit gleichen Basen, verschiedenen Exponenten und gleichen Faktoren vor den Potenzen (TR 3) ... 191
12. Subtraktion von Potenzen mit gleichen Basen, aber verschiedenen Exponenten und Faktoren vor den Potenzen (TR 3) ... 191
13. Subtraktion von Potenzen mit verschiedenen Basen aber gleichen Exponenten und Faktoren vor den Potenzen (TR 3) ... 191
14. Subtraktion von Potenzen mit verschiedenen Basen, gleichen Exponenten und verschiedenen Faktoren vor den Potenzen ... 191
15. Subtraktion von Potenzen mit verschiedenen Basen und Exponenten, aber gleichen Faktoren vor den Potenzen (TR 3) ... 192
16. Subtraktion von Potenzen mit verschiedenen Basen, Exponenten und Faktoren vor den Potenzen ... 192
17. Spezialfall: 3. binomische Formel (TR 3) ... 192
18. Multiplikation von Potenzen mit gleichen Basen und Exponenten (TR 6) ... 193
19. Multiplikation von Potenzen mit gleichen Basen und verschiedenen Exponenten (TR 6) ... 193
20. Multiplikation von Potenzen mit verschiedenen Basen und gleichen Exponenten (TR 9) ... 193
21. Multiplikation von Potenzen mit verschiedenen Basen und Exponenten ... 193
22. Division von Potenzen mit gleichen Basen und Exponenten (TR 6, TR 7) ... 193
23. Division von Potenzen mit gleichen Basen und verschiedenen Exponenten (TR 6, TR 7) ... 193
24. Division von Potenzen mit verschiedenen Basen und gleichen Exponenten (TR 9) ... 193
25. Division von Potenzen mit verschiedenen Basen und Exponenten ... 193
26. Potenzierung einer Potenz (TR 8) ... 194
27. Potenz mit gebrochenen rationalem Exponenten = Wurzel (TR 10) ... 194
28. Wurzel in Potenzschreibweise darstellen (TR10) ... 194
29. Multiplikation von Wurzeln mit gleichen Wurzelexponenten und Radikanden (TR 9) ... 194
30. Multiplikation von Wurzeln mit gleichen Wurzelexponenten und verschiedenen Radikanden (TR 9) ... 194
31. Multiplikation von Wurzeln mit verschiedenen Wurzelexponenten und gleichen Radikanden (TR 6) ... 194
32. Multiplikation von Wurzeln mit verschiedenen Wurzelexponenten und Radikanden ... 194
33. Division von Wurzeln mit gleichen Wurzelexponenten und Radikanden ... 195
34. Division von Wurzeln mit gleichen Wurzelexponenten und verschiedenen Radikanden (TR 9, TR 10) ... 195
35. Division von Wurzeln mit verschiedenen Wurzelexponenten und gleichen Radikanden (TR 6, TR 7, TR 10) ... 195
36. Division von Wurzeln mit verschiedenen Wurzelexponenten und Radikanden (TR 7, TR 10) ... 195
37. Ziehen der Wurzel aus einer Wurzel (TR 9) ... 195
38. Potenzierung einer Wurzel (TR 8) ... 195
39. Multiplikation einer Variable mit einer Wurzel ("unter eine Wurzel" bringen) (TR 6, TR 10) ... 195
40. Division einer Potenz durch eine Wurzel (TR 6, TR 7, TR 10) ... 196
41. Division einer Wurzel durch eine Variable (TR 6, TR 7, TR 10) ... 196
42. Addition von Termen in Klammern (TR 2) ... 196
43. Subtraktion von Termen in Klammern (TR 2) ... 196
44. Multiplikation von Termen in Klammern (TR 3) ... 196
45. 1. binomischen Formel (TR3) ... 196
46. 2. binomischen Formel (TR3) ... 196
47. 3. binomischen Formel (TR3) ... 196
48. Binomischer Satz (Pascal'sches Dreieck) ... 197
49. Verallgemeinerung der zweiten binomischen Formel ... 198

Funktionen, Differentiale, Integrale, Vektoren, Matrizen und Ähnliches? Im **Klausurtrainer Mathematik.** www.studeo.de

50. Multiplikation von Potenzen mit gleichen Klammerbasen und Exponenten (TR 6) 198
51. Multiplikation von Potenzen mit gleichen Klammerbasen und verschiedenen Exponenten (TR 6) 198
52. Multiplikation von Potenzen mit verschiedenen Klammerbasen und gleichen Exponenten (TR9) 198
53. Multiplikation von Potenzen mit verschiedenen Klammerbasen und Exponenten 198
54. Division von Potenzen mit gleichen Klammerbasen und Exponenten 198
55. Division von Potenzen mit gleichen Klammerbasen und verschiedenen Exponenten (TR 6, TR 7) 198
56. Division von Potenzen mit verschiedenen Klammerbasen und gleichen Exponenten (TR 9) 199
57. Division von Potenzen mit verschiedenen Klammerbasen und Exponenten 199
58. 0-te Potenz mit Klammerbasis (TR 5) 199
59. 1-te Potenz mit Klammerbasis 199
60. Potenz mit Klammerbasen mit negativem Exponenten (TR 7) 199
61. Potenzierung einer Potenz mit Klammerbasis (TR 8) 199
62. Potenz mit Klammerbasis und gebrochenem Exponenten (TR 10) 199
63. Wurzelziehen von Klammerausdrücken (TR 1) 200
64. Multiplikation von Wurzeln mit gleichen Wurzelexponenten und Radikanden (TR 9) 200
65. Multiplikation von Wurzeln mit gleichen Wurzelexponenten und verschiedenen Radikanden (TR 9) 200
66. Multiplikation von Wurzeln mit verschiedenen Wurzelexponenten und gleichen Radikanden (TR 6) 200
67. Multiplikation von Wurzeln mit verschiedenen Wurzelexponenten und Radikanden (TR 10) 200
68. Division von Wurzeln mit gleichen Wurzelexponenten und Radikanden 200
69. Division von Wurzeln mit gleichen Wurzelexponenten und verschiedenen Radikanden (TR 9) 201
70. Division von Wurzeln mit verschiedenen Wurzelexponenten und gleichen Radikanden (TR 6, TR 7) 201
71. Division von Wurzeln mit verschiedenen Wurzelexponenten und Radikanden 201
72. Wurzelziehen von einer Wurzel mit Radikanden (TR 8) 201
73. Potenzierung einer Wurzel mit Radikanden 201
74. Multiplikation eines Bruchs mit einer Zahl 201
75. Multiplikation eines Bruchs mit einem Bruch 202
76. Erweitern eines Bruchs 202
77. Division eines Bruchs durch einen Bruch (Doppelbruch) 202
78. Division eines Bruchs durch eine Zahl 202
79. Division einer Zahl durch einen Bruch 202
80. Addition von Brüchen mit gleichem Nenner 202
81. Addition von Brüchen mit verschiedenen Nennern 203
82. Addition von Brüchen mit verschiedenen Nennern, wenn ein Nenner ein Vielfaches des anderen Nenners ist ... 203
83. Addition von Brüchen mit verschiedenen Nennern, wenn beide Nenner Vielfache einer Zahl n sind 204
84. Subtraktion von Brüchen mit gleichem Nenner 204
85. Subtraktion von Brüchen mit verschiedenen Nennern 204
86. Subtraktion von Brüchen mit verschiedenen Nennern, wenn ein Nenner ein Vielfaches des anderen Nenners ist ... 205
87. Subtraktion von Brüchen mit verschiedenen Nennern, wenn beide Nenner Vielfache einer Zahl n sind 205
88. Kürzen in Brüchen mit nicht potenzierten Variablen 206
89. Kürzen in Brüchen mit Potenzen mit gleichen Basen und Exponenten 206
90. Kürzen in Brüchen mit Potenzen mit gleichen Basen und verschiedenen Exponenten (TR6, TR7) 206
91. Kürzen in Brüchen mit Potenzen mit verschiedenen Basen und gleichen Exponenten (TR9) 206
92. Kürzen in Brüchen mit Potenzen mit verschiedenen Basen und Exponenten 206
93. Kürzen in Brüchen mit Wurzeln mit gleichen Radikanden und Wurzelexponenten 206
94. Kürzen in Brüchen mit Wurzeln mit gleichen Radikanden und verschiedenen Wurzelexponenten (TR 6, TR 7, TR 10) 206
95. Kürzen in Brüchen mit Wurzeln mit verschiedenen Radikanden und gleichen Wurzelexponenten (TR9, TR10) 207
96. Kürzen in Brüchen mit Wurzeln mit verschiedenen Radikanden und Wurzelexponenten 207
97. Kürzen in Brüchen mit Klammern 207

Ableitungsregeln

- AR 1. Ableitung von Konstanten 208
- AR 2. Ableitung von Potenzfunktionen 208
- AR 3. Ableitung von additiven / subtraktiven Konstanten in Funktionen 208
- AR 4. Ableitung konstanter Faktoren in Funktionen 208
- AR 5. Ableitung der Summe/Differenz aus zwei Funktionen mit derselben Variablen 208
- AR 6. Ableitung eines Produktes aus zwei Funktionen mit derselben Variablen (Produktregel) 208
- AR 7. Ableitung eines Quotienten aus zwei Funktionen mit derselben Variablen (Quotientenregel) 208
- AR 8. Ableitung von verketteten Funktionen (Kettenregel) 209
- AR 9. Ableitung einer einfachen Exponentialfunktion 209
- AR 10. Ableitung einer verketteten Exponentialfunktion 209
- AR 11. Ableitung der e-Funktion (Sonderfall) 209
- AR 12. Ableitung der verketteten e-Funktion 209
- AR 13. Ableitung einer einfachen Logarithmusfunktion 209
- AR 14. Ableitung einer verketteten Logarithmusfunktion 209
- AR 15. Ableitung der Logarithmus naturalis - Funktion 209
- AR 16. Ableitung der verketteten Logarithmus naturalis - Funktion 210
- AR 17. Ableitung der Sinus-Funktion 210
- AR 18. Ableitung der verketteten Sinus-Funktion 210
- AR 19. Ableitung der Kosinus-Funktion 210
- AR 20. Ableitung der verketteten Kosinus-Funktion 210
- AR 21. Ableitung der Tangens-Funktion 210
- AR 22. Ableitung der verketteten Tangens-Funktion 210

Regeln für das Rechnen mit Summenzeichen

- SR 1. Summe über eine Konstante 211
- SR 2. Summe über die Indexvariable i 211
- SR 3. Potenzsumme 211
- SR 4. Summe mit Indexvariable und Konstante als Summanden 211
- SR 5. Summe mit konstantem Faktor und Indexvariable als Faktor 212
- SR 6. Summe mit Indexvariable als Divisor 212
- SR 7. Summe einer Konstanten mit der Indexvariable als Exponent 212
- SR 8. Summe mit additiver / subtraktiver, nicht durch eine Klammer oder verbundene Konstante 212
- SR 9. Multiplikation zweier Summen 212
- SR 10. Division zweier Summen 212
- SR 11. Summe mit konstantem Faktor 213
- SR 12. Addition von Summen mit gleichen Summationsunter- und -obergrenzen und ungleichen Summationsvariablen 213
- SR 13. Addition von Summen mit gleichen Summationsunter- und -obergrenzen und gleichen Summationsvariablen 213
- SR 14. Differenz von Summen mit gleichen Summationsunter- und -obergrenzen und ungleichen Summationsvariablen 213
- SR 15. Differenz von Summen mit gleichen Summationsunter- und -obergrenzen und gleichen Summationsvariablen 213
- SR 16. Addition von Summen mit gleichen Summationsvariablen und verschiedenen, aber verbundenen Summationsunter- und -obergrenzen 213
- SR 17. Addition von Summen mit gleichen Summationsvariablen und verschiedenen, nicht verbundenen Summationsunter- und -obergrenzen 214
- SR 18. Addition von Summen mit unterschiedlichen Summationsvariablen und verschiedenen, aber verbundenen Summationsunter- und -obergrenzen 214
- SR 19. Addition von Summen mit gleichen Summationsvariablen und verschiedenen, nicht verbundenen Summationsunter- und -obergrenzen 214
- SR 20. Bildung einer Doppelsumme 214

Rechenregeln

Regeln für das Rechnen mit Produktzeichen

PR 1. Produkt über die Indexvariable = Spezialfall Fakultät 215
PR 2. Produkt über die Indexvariable 215
PR 3. Produkt von einer Konstanten 215
PR 4. Produkt mit Indexvariable als Summand.. 215
PR 5. Produkt mit Indexvariable als Subtrahend.. 216
PR 6. Produkt mit Indexvariable als Faktor 216
PR 7. Produkt mit Indexvariable als Divisor 216
PR 8. Produkt mit Indexvariable als Exponent einer Potenz.. 216
PR 9. Produkt mit Indexvariable als Basis einer Potenz 216
PR 10. Produkt mit additiver / subtraktiver, nicht durch Klammer verbundener Konstante 216
PR 11. Produkt mit konstantem Faktor 216
PR 12. Addition zweier Produkte... 217
PR 13. Subtraktion zweier Produkte 217
PR 14. Multiplikation zweier Produkte mit verschiedenen Multiplikationsvariablen und gleichen Multiplikationsunter- und -obergrenzen.. 217
PR 15. Multiplikation zweier Produkte mit gleichen Multiplikationsvariablen und gleichen Multiplikationsunter- und -obergrenzen.. 217
PR 16. Division zweier Produkte mit verschiedenen Multiplikationsvariablen und gleichen Multiplikationsunter- und -obergrenzen.. 217
PR 17. Division zweier Produkte mit gleichen Multiplikationsvariablen und gleichen Multiplikationsunter- und -obergrenzen 218
PR 18. Division zweier Produkte mit gleichen Multiplikationsvariablen und verschiedenen Multiplikationsunter- und -obergrenzen 218
PR 19. Division zweier Produkte mit verschiedenen Multiplikationsvariablen und Multiplikationsunter- und -obergrenzen 218
PR 20. Multiplikation von Produkten mit gleichen Multiplikationsvariablen und verschiedenen, aber verbundenen Multiplikationsunter- und -obergrenzen 218
PR 21. Multiplikation von Produkten mit gleichen Multiplikationsvariablen und verschiedenen, nicht verbundenen Multiplikationsunter- und -obergrenzen 218
PR 22. Multiplikation von Produkten mit verschiedenen Multiplikationsvariablen und verschiedenen, aber verbundenen Multiplikationsunter- und -obergrenzen 219
PR 23. Multiplikation von Produkten mit gleichen Multiplikationsvariablen und verschiedenen, nicht verbundenen Multiplikationsunter- und -obergrenzen 219
PR 24. Bildung eines Doppelproduktes.. 219

Regeln für Logarithmen

LR 1. Definition des Logarithmus von a zur Basis b 220
LR 2. Logarithmus von 1 zur Basis b. 220
LR 3. Logarithmus von b zur Basis b 220
LR 4. Definition von ln(a) (Logarithmus von a zur Basis e).. 220
LR 5. Definition von lg(a) (Logarithmus von a zur Basis 10).. 220
LR 6. Logarithmus von a zur Basis b 220
LR 7. Logarithmus der Potenz a^n zur Basis b 220
LR 8. Logarithmus einer Wurzel 221
LR 9. Logarithmus der Potenz b^n zur Basis b 221
LR 10. Logarithmus eines Produktes.. 221
LR 11. Logarithmus eines Quotienten.. 221
LR 12. Potenz mit einem Logarithmus als Exponent 221
LR 13. Logarithmus einer Summe in Klammern 221
LR 14. Logarithmus einer Potenz mit Klammerbasis 221
LR 15. Logarithmus einer Wurzel mit Radikanden in Klammer 221

1 Grundregeln für Termumformungen (TR 1 = Termregel 1 etc.)

In den folgenden Regeln seien a, b, c und d reelle und n, m und k natürliche Zahlen ($a,b,c,d \in \mathbb{R}, n,m,k \in \mathbb{N}$). Dabei gehen wir davon aus, dass a,b,c,d, sowie n und m verschiedene Zahlen seien. Falls weitere Einschränkungen nötig sind, werden diese in der einzelnen Regel angegeben. Allerdings wird der Übersicht wegen nicht immer der größtmögliche Definitionsbereich angegeben sein. So wird z.B. immer verlangt, dass ein Radikand positiv ist, obwohl eine ungerade Wurzel auch aus negativen Zahlen gezogen werden kann (z.B. $\sqrt[3]{-8} = -2$).

1.1 Grundregeln der Termumformungen

1.1.1 Grundgesetze

Nr.	Regel, Name und Inhalt	Beispielaufgabe	Übungs-aufgaben	Klar	Üben
1.	**TR 1. Kommutativgesetz** Bei der Addition $\quad a + b = b + a$ Bei der Multiplikation $\quad a \cdot b = b \cdot a$	$2 + 3 = 3 + 2 = 5$ $2 \cdot 3 = 3 \cdot 2 = 6$	56-66		
2.	**TR 2. Assoziativgesetz** Bei der Addition $\quad a + (b + c) = (a + b) + c$ Bei der Multiplikation $\quad a \cdot (b \cdot c) = (a \cdot b) \cdot c$	$2 + (3 + 4) = (2 + 3) + 4 = 9$ $2(3 \cdot 4) = (2 \cdot 3)4 = 24$	56-66		
3.	**TR 3. Distributivgesetz** $a \cdot (b + c) = a \cdot b + a \cdot c$ $(a + b) \cdot c = a \cdot c + b \cdot c$	$2(3 + 4) = 2 \cdot 3 + 2 \cdot 4 = 14$ $(2 + 3)4 = 2 \cdot 4 + 3 \cdot 4 = 20$	56-66		

1.1.2 Potenz- und Wurzelsätze

Nr.	Regel, Name und Inhalt	Beispielaufgabe	Übungs-aufgaben	Klar	Üben
4.	**TR 4. n-te Potenz einer Zahl a** $a^n = a \cdot a \cdot a \cdot \ldots \cdot a \quad$ (n-mal)	$2^4 = 2 \cdot 2 \cdot 2 \cdot 2 = 16$	81-112		
5.	**TR 5. Sonderregel 0-te Potenz** $a^0 = 1 \qquad$ für $a \neq 0$ Der Term 0^0 ist nicht definiert.	$2^0 = 1$			
6.	**TR 6. Multiplikation von Potenzen mit gleichen Basen** $a^n \cdot a^m = a^{n+m}$ Zwei Potenzen mit gleichen Basen und Exponenten n und m werden multipliziert, indem die beiden Exponenten addiert werden.	$2^8 \cdot 2^9 = 2^{17}$	81-112		

Rechentrainer – Teil C Rechenregeln – Termumformungen

Nr.	Regel, Name und Inhalt	Beispielaufgabe	Übungs-aufgaben	Klar	Üben
7.	**TR 7. Potenzen mit negativem Exponenten** $$a^{-n} = \frac{1}{a^n}$$ Es gilt: Eine Potenz mit negativem Exponenten –n ist das Reziproke (der Kehrwert) der Basis mit positivem Exponenten n.	$2^{-8} = \dfrac{1}{2^8}$	81-112		
8.	**TR 8. Potenzierung einer Potenz** $$\left(a^n\right)^m = a^{n \cdot m}$$ Eine Potenz wird potenziert, indem der innere Exponent mit dem äußeren Exponenten multipliziert wird.	$\left(2^8\right)^9 = 2^{8 \cdot 9} = 2^{72}$			
9.	**TR 9. Multiplikation von Potenzen mit verschiedenen Basen und gleichen Exponenten** $$a^n \cdot b^n = (a \cdot b)^n$$ Zwei Potenzen mit gleichen Exponenten n und Basen a und b werden multipliziert, indem das Produkt der Basen mit dem Exponenten potenziert wird.	$2^8 \cdot 3^8 = (2 \cdot 3)^8 = 6^8$			
10.	**TR 10. Wurzel aus einer Potenz ziehen** $$\sqrt[m]{a^n} = a^{\frac{n}{m}} \quad \text{mit } a \geq 0$$ Aus einer Potenz wird die Wurzel gezogen, indem die Basis der Potenz mit dem Quotienten aus innerem Exponenten (Zähler) und Wurzelexponenten (Nenner) potenziert wird. Ist m ungerade, so können in dieser Regel auch negative a zugelassen werden.	$\sqrt[2]{2} = 2^{\frac{1}{2}}$, $\sqrt[3]{-27} = (-27)^{\frac{1}{3}} = -3$ $\sqrt[3]{a} = a^{\frac{1}{3}}$ $\sqrt[9]{2^8} = 2^{\frac{8}{9}} = 2^{\frac{8}{9}}$			

1.2 Erläuterung von Varianten und Kombinationen der Grundregeln zur Termumformung

Die nun folgenden Erläuterungen sind keine Regeln, sondern Anwendungen der oben aufgeführten Grundregeln! Auf alle möglichen Weisen werden diese nun miteinander kombiniert. In Klammern ist immer vermerkt, welche Grundregeln angewendet werden. Falls nicht anders definiert sind die Variablen x, y und z Elemente der reellen Zahlen ($x, y, z \in \mathbb{R}$). Weitere Einschränkungen hinsichtlich des Geltungsbereiches der Variablen werden immer angegeben. Wir gehen aber davon aus, dass alle Variablen so gewählt sind, dass der nicht definierte Ausdruck 0^0 nicht eintritt.

1.2.1 Addition von Potenzen

Nr.	Erläuterung von Varianten und Kombinationen bei Termumformungen	Beispielaufgabe	Übungs-aufgaben	Klar	Üben
1.	**Addition von Potenzen mit gleichen Basen, Exponenten und Faktoren vor den Potenzen (TR 3)** $ax^b + ax^b = 2ax^b$	$2x^3 + 2x^3 = 2 \cdot 2x^3 = 4x^3$	81-90		
2.	**Addition von Potenzen mit gleichen Basen und Exponenten, aber verschiedenen Faktoren vor den Potenzen (TR 3)** $ax^b + cx^b = (a+c)x^b$ (x^b ausklammern)	$2x^3 + 4x^3 = 6x^3$	81-90		
3.	**Addition von Potenzen mit gleichen Basen, aber verschiedenen Exponenten und Faktoren vor den Potenzen (TR 3)** $ax^b + dx^c \rightarrow$ ausklammern $b > c: \quad ax^b + dx^c = x^c(ax^{b-c} + d)$	$2x^4 + 3x^3 = x^3(2x + 3)$ $5x^3 + 8x^5 = x^3(5 + 8x^2)$	81-112		

Rechentrainer "Schlag auf Schlag – Rechnen bis ich's mag"

Nr.	Erläuterung von Varianten und Kombinationen bei Termumformungen	Beispielaufgabe	Übungs-aufgaben	Klar	Üben
	$b < c$: $\quad ax^b + dx^c = x^b(a + dx^{c-b})$				
4.	**Addition von Potenzen mit gleichen Basen, verschiedenen Exponenten und gleichen Faktoren vor den Potenzen (TR 3)** $ax^b + ax^c \rightarrow$ ausklammern $b > c$: $\quad ax^b + ax^c = ax^c(x^{b-c} + 1)$ $b < c$: $\quad ax^b + ax^c = ax^b(1 + x^{c-b})$	$2x^3 + 2x^4 = 2x^3(1 + x)$ $4x^6 + 4x^3 = 4x^3(x^3 + 1)$	81-90		
5.	**Addition von Potenzen mit verschiedenen Basen, aber gleichen Exponenten und Faktoren vor den Potenzen (TR 3)** $ax^b + ay^b = a(x^b + y^b)$ (a ausklammern)	$2x^3 + 2y^3 = 2(x^3 + y^3)$	81-112		
6.	**Addition von Potenzen mit verschiedenen Basen und Exponenten und gleichen Faktoren vor den Potenzen (TR 3)** $ax^b + ay^c = a(x^b + y^c)$ (a ausklammern)	$2x^3 + 2y^4 = 2(x^3 + y^4)$	81-112		
7.	**Addition von Potenzen mit verschiedenen Basen, gleichen Exponenten und verschiedenen Faktoren vor den Potenzen** $ax^b + dy^b$ Es gibt keine Möglichkeit, den Term weiter zusammenzufassen!	$2x^3 + 5y^3$	81-112		
8.	**Addition von Potenzen mit verschiedenen Basen, Exponenten und Faktoren vor den Potenzen** $ax^b + dy^c$ Es gibt keine Möglichkeit, den Term weiter zusammenzufassen!	$2x^3 + 5y^4$	81-112		

Übersichtstabellen zur "Addition von Potenzen"

a) mit gleichen Faktoren

		Basen	
		gleich	verschieden
Exponenten	gleich	$ax^b + ax^b = 2ax^b$	$ax^b + ay^b = a(x^b + y^b)$
	verschieden	$c < b$: $ax^b + ax^c = ax^c(ax^{b-c} + 1)$ $c > b$: $ax^b + ax^c = ax^b(1 + x^{c-b})$	$ax^b + ay^c = a(x^b + y^c)$

Rechentrainer – Teil C Rechenregeln – Termumformungen

b) mit ungleichen Faktoren:

		Basen	
		gleich	verschieden
Exponenten	gleich	$ax^b + cx^b = (a+c)x^b$	$ax^b + dy^b = ax^b + dy^b$
	verschieden	$c < b: ax^b + dx^c = x^c(ax^{b-c} + d)$ $c > b: ax^b + dx^c = x^b(a + dx^{c-b})$	$ax^b + dy^c = ax^b + dy^c$

1.2.2 Subtraktion von Potenzen

Nr.	Erläuterung von Varianten und Kombinationen bei Termumformungen	Beispielaufgabe	Übungs-aufgaben	Klar	Üben
9.	**Subtraktion von Potenzen mit gleichen Basen, Exponenten und Faktoren vor den Potenzen** $ax^b - ax^b = 0$	$2x^3 - 2x^3 = 0$	81-112		
10.	**Subtraktion von Potenzen mit gleichen Basen und Exponenten, aber verschiedenen Faktoren vor den Potenzen (TR 3)** $ax^b - cx^b = (a-c)x^b$	$2x^3 - 4x^3 = x^3(2-4) = x^3 \cdot (-2) = -2x^3$	81-112		
11.	**Subtraktion von Potenzen mit gleichen Basen, verschiedenen Exponenten und gleichen Faktoren vor den Potenzen (TR 3)** $ax^b - ax^c \rightarrow$ ausklammern $b > c: \quad ax^b - ax^c = ax^c(x^{b-c} - 1)$ $b < c: \quad ax^b - ax^c = ax^b(1 - x^{c-b})$	$2x^4 - 2x^3 = 2x^3(x^{4-3} - 1) = 2x^3(x-1)$ $2x^3 - 2x^4 = 2x^3(1-x)$	81-112		
12.	**Subtraktion von Potenzen mit gleichen Basen, aber verschiedenen Exponenten und Faktoren vor den Potenzen (TR 3)** $ax^b - dx^c \rightarrow$ ausklammern $b > c: \quad ax^b - dx^c = x^c(ax^{b-c} - d)$ $b < c: \quad ax^b - dx^c = x^b(a - dx^{c-b})$	$2x^3 - 5x^4 = x^3(2 - 5x)$ $2x^4 - 5x^3 = x^3(2x - 5)$	81-112		
13.	**Subtraktion von Potenzen mit verschiedenen Basen aber gleichen Exponenten und Faktoren vor den Potenzen (TR 3)** $ax^b - ay^b = a(x^b - y^b)$ (a ausklammern)	$2x^3 - 2y^3 = 2(x^3 - y^3)$	81-112		
14.	**Subtraktion von Potenzen mit verschiedenen Basen, gleichen Exponenten und verschiedenen Faktoren vor den Potenzen** $ax^b - dy^b$ Es gibt keine Möglichkeit, den Term weiter zusammenzufassen!	$2x^3 - 5y^3$	81-112		

Rechentrainer "Schlag auf Schlag – Rechnen bis ich's mag"

Nr.	Erläuterung von Varianten und Kombinationen bei Termumformungen	Beispielaufgabe	Übungs-aufgaben	Klar	Üben
15.	**Subtraktion von Potenzen mit verschiedenen Basen und Exponenten, aber gleichen Faktoren vor den Potenzen (TR 3)** $ax^b - ay^c = a(x^b - y^c)$ (a ausklammern)	$2x^3 - 2y^4 = 2(x^3 - y^4)$	81-112		
16.	**Subtraktion von Potenzen mit verschiedenen Basen, Exponenten und Faktoren vor den Potenzen** $ax^b - dy^c$ Es gibt keine Möglichkeit, den Term weiter zusammenzufassen!	$2x^3 - 5y^4$	81-112		
17.	**Spezialfall: 3. binomische Formel (TR 3)** $(ax + by) \cdot (ax - by) = a^2x^2 - b^2y^2$	$(2x + 3y) \cdot (2x - 3y) = 4x^2 - 9y^2$	250-255		

Übersichtstabellen zur „Subtraktion von Potenzen"

a) mit gleichen Faktoren

		Basen	
		gleich	verschieden
Exponenten	gleich	$ax^b - ax^b = 0$	$ax^b - ay^b = a(x^b - y^b)$
Exponenten	verschieden	$c < b:\ ax^b - ax^c = ax^c(x^{b-c} - 1)$ $c > b:\ ax^b - ax^c = ax^b(1 - ax^{c-b})$	$ax^b - ay^c = a(x^b - y^c)$

b) mit ungleichen Faktoren

		Basen	
		gleich	verschieden
Exponenten	gleich	$ax^b - cx^b = (a-c)x^b$	$ax^b - dy^b = ax^b - dy^b$
Exponenten	verschieden	$c < b:\ ax^b - dx^c = x^c(ax^{b-c} - d)$ $c > b:\ ax^b - dx^c = x^b(a - dx^{c-b})$	$ax^b - dy^c = ax^b - dy^c$

Funktionen, Differentiale, Integrale, Vektoren, Matrizen und Ähnliches? Im **Klausurtrainer Mathematik**. www.studeo.de

Rechentrainer – Teil C Rechenregeln – Termumformungen

1.2.3 Multiplikation und Division von Potenzen

Nr.	Erläuterung von Varianten und Kombinationen bei Termumformungen	Beispielaufgabe	Übungsaufgaben	Klar	Üben
18.	**18. Multiplikation von Potenzen mit gleichen Basen und Exponenten (TR 6)** $$a^m \cdot a^m = a^{2m}$$ Zwei Potenzen mit gleicher Basis a und gleichen Exponenten m werden multipliziert, indem der Exponent verdoppelt wird.	$2^9 \cdot 2^9 = 2^{18}$	81-112		
19.	**19. Multiplikation von Potenzen mit gleichen Basen und verschiedenen Exponenten (TR 6)** $$a^n \cdot a^m = a^{n+m}$$ Zwei Potenzen mit gleicher Basis a und verschiedenen Exponenten n und m werden multipliziert, indem die beiden Exponenten addiert werden.	$2^8 \cdot 2^9 = 2^{17}$	81-112		
20.	**20. Multiplikation von Potenzen mit verschiedenen Basen und gleichen Exponenten (TR 9)** $$a^n \cdot b^n = (a \cdot b)^n$$ Zwei Potenzen mit gleichen Exponenten n und verschiedenen Basen a und b werden multipliziert, indem das Produkt der Basen mit dem Exponenten potenziert wird.	$2^8 \cdot 3^8 = (2 \cdot 3)^8 = 6^8$	81-112		
21.	**21. Multiplikation von Potenzen mit verschiedenen Basen und Exponenten** $$a^m \cdot b^n$$ Es ist keine weitere Zusammenfassung möglich.	$2^9 \cdot 3^8$	81-112		
22.	**22. Division von Potenzen mit gleichen Basen und Exponenten (TR 6, TR 7)** $$\frac{a^m}{a^m} = a^{m-m} = a^0 = 1 \quad \text{mit } a \neq 0$$ Die Division von zwei Potenzen mit gleicher Basis a und Exponent m ergibt 1.	$\frac{2^9}{2^9} = 1$	117-121		
23.	**23. Division von Potenzen mit gleichen Basen und verschiedenen Exponenten (TR 6, TR 7)** $$\frac{a^m}{a^n} = a^{m-n} \quad \text{mit } a \neq 0$$ Zwei Potenzen mit gleicher Basis a und verschiedenen Exponenten n und m werden dividiert, indem der Exponent des Nenners vom Exponenten des Zählers subtrahiert wird.	$\frac{2^9}{2^8} = 2^{9-8} = 2^1 = 2$	117-121		
24.	**24. Division von Potenzen mit verschiedenen Basen und gleichen Exponenten (TR 9)** $$\frac{a^n}{b^n} = \left(\frac{a}{b}\right)^n \quad \text{mit } b \neq 0$$ Zwei Potenzen mit gleichen Exponenten n und verschiedenen Basen a und b werden dividiert, indem der Quotient der Basen mit dem Exponenten n potenziert wird.	$\frac{2^8}{3^8} = \left(\frac{2}{3}\right)^8$	117-121		
25.	**25. Division von Potenzen mit verschiedenen Basen und Exponenten** $$\frac{a^m}{b^n} \quad \text{mit } b \neq 0$$ Es ist keine weitere Zusammenfassung möglich.	$\frac{2^9}{3^8}$	171-121		

Nr.	Erläuterung von Varianten und Kombinationen bei Termumformungen	Beispielaufgabe	Übungs-aufgaben	Klar	Üben
26.	**26. Potenzierung einer Potenz (TR 8)** $$(a^n)^m = a^{n \cdot m}$$ Eine Potenz wird potenziert, indem der innere Exponent mit dem äußeren Exponenten multipliziert wird.	$(2^8)^9 = 2^{8 \cdot 9} = 2^{72}$	81-112		
27.	**27. Potenz mit gebrochenen rationalen Exponenten = Wurzel (TR 10)** $$a^{\frac{n}{m}} = \sqrt[m]{a^n} \quad \text{mit } a \geq 0$$ Für den Exponenten, der als Bruch geschrieben wird, gilt: Zähler = Exponent des Radikand und Nenner = Wurzelexponent	$2^{\frac{8}{9}} = \sqrt[9]{2^8}$	81-112		

1.2.4 Multiplikation und Division von Wurzeln

Besonders in diesem Abschnitt kommt die oben aufgeführte Einschränkung bezüglich der Definitionsbereiche zu tragen. Zur Erinnerung: Für ungerade Wurzelexponenten können auch negative Radikanden zugelassen werden.

Nr.	Erläuterung von Varianten und Kombinationen bei Termumformungen	Beispielaufgabe	Übungs-aufgaben	Klar	Üben
28.	**28. Wurzel in Potenzschreibweise darstellen (TR10)** $$\sqrt[n]{a} = a^{\frac{1}{n}} \quad \text{mit } a \geq 0$$	$\sqrt[9]{2} = 2^{\frac{1}{9}}$	200-229		
29.	**29. Multiplikation von Wurzeln mit gleichen Wurzelexponenten und Radikanden (TR 9)** $$\sqrt[n]{a} \cdot \sqrt[n]{a} = \sqrt[n]{a \cdot a} = \sqrt[n]{a^2} \quad \text{mit } a \geq 0$$ Zwei Wurzeln mit gleichen Wurzelexponenten n und Radikanden a werden multipliziert, indem aus dem Quadrat des Radikanden die n-te Wurzel gezogen wird.	$\sqrt[8]{2} \cdot \sqrt[8]{2} = \sqrt[8]{2 \cdot 2} = \sqrt[8]{2^2} = 2^{\frac{2}{8}} = \sqrt[8]{4} = 4^{\frac{1}{8}}$	200-229		
30.	**30. Multiplikation von Wurzeln mit gleichen Wurzelexponenten und verschiedenen Radikanden (TR 9)** $$\sqrt[n]{a} \cdot \sqrt[n]{b} = \sqrt[n]{a \cdot b} \quad \text{mit } a,b \geq 0$$ Zwei Wurzeln mit gleichen Wurzelexponenten n und verschiedenen Radikanden a und b werden multipliziert, indem aus dem Produkt der Radikanden die n-te Wurzel gezogen wird.	$\sqrt[8]{2} \cdot \sqrt[8]{3} = \sqrt[8]{2 \cdot 3} = \sqrt[8]{6} = 6^{\frac{1}{8}}$	200-229		
31.	**31. Multiplikation von Wurzeln mit verschiedenen Wurzelexponenten und gleichen Radikanden (TR 6)** $$\sqrt[n]{a} \cdot \sqrt[m]{a} = a^{\frac{1}{n}} \cdot a^{\frac{1}{m}} = a^{\frac{1}{n} + \frac{1}{m}} \quad \text{mit } a \geq 0$$ Zwei Wurzeln mit verschiedenen Wurzelexponenten n und m und gleichen Radikanden a werden multipliziert, indem die Wurzeln in Potenzen umgewandelt und dann wie Potenzen multipliziert werden (indem die Exponenten (Brüche!) addiert werden).	$\sqrt[8]{2} \cdot \sqrt[9]{2} = 2^{\frac{1}{8}} \cdot 2^{\frac{1}{9}} = 2^{\frac{9}{9 \cdot 8} + \frac{8}{9 \cdot 8}} = 2^{\frac{9}{72} + \frac{8}{72}} = 2^{\frac{17}{72}}$	200-229		
32.	**32. Multiplikation von Wurzeln mit verschiedenen Wurzelexponenten und Radikanden** $$\sqrt[n]{a} \cdot \sqrt[m]{b} = a^{\frac{1}{n}} \cdot b^{\frac{1}{m}} \quad \text{mit } a,b \geq 0$$ Es ist keine Zusammenfassung, sondern nur ein Umschreiben in Potenzen möglich.	$\sqrt[8]{2} \cdot \sqrt[9]{3} = 2^{\frac{1}{8}} \cdot 3^{\frac{1}{9}}$	200-229		

Rechentrainer – Teil C Rechenregeln – Termumformungen

Nr.	Erläuterung von Varianten und Kombinationen bei Termumformungen	Beispielaufgabe	Übungs-aufgaben	Klar	Üben
33.	**33. Division von Wurzeln mit gleichen Wurzelexponenten und Radikanden** $$\frac{\sqrt[m]{a^n}}{\sqrt[m]{a^n}} = 1 \quad \text{mit } a \geq 0$$ Der Quotient aus zwei Wurzeln mit gleichen Wurzelexponenten n und Radikanden a ergibt durch Kürzen 1.	$\frac{\sqrt[9]{2^{11}}}{\sqrt[9]{2^{11}}} = 1$	200-229		
34.	**34. Division von Wurzeln mit gleichen Wurzelexponenten und verschiedenen Radikanden (TR 9, TR 10)** $$\frac{\sqrt[n]{a}}{\sqrt[n]{b}} = \frac{a^{\frac{1}{n}}}{b^{\frac{1}{n}}} = \left(\frac{a}{b}\right)^{\frac{1}{n}} = \sqrt[n]{\frac{a}{b}} \quad \text{mit } a \geq 0, b > 0$$ Zwei Wurzeln mit gleichen Wurzelexponenten n und verschiedenen Radikanden a und b werden dividiert, indem aus den Quotienten der Radikanden die n-te Wurzel gezogen wird.	$\frac{\sqrt[8]{2}}{\sqrt[8]{3}} = \sqrt[8]{\frac{2}{3}}$	200-229		
35.	**35. Division von Wurzeln mit verschiedenen Wurzelexponenten und gleichen Radikanden (TR 6, TR 7, TR 10)** $$\frac{\sqrt[n]{a}}{\sqrt[m]{a}} = \frac{a^{\frac{1}{n}}}{a^{\frac{1}{m}}} = a^{\frac{1}{n}-\frac{1}{m}} = a^{\frac{m-n}{m \cdot n}} = \sqrt[(m \cdot n)]{a^{m-n}} \quad \text{mit } a > 0$$ Zwei Wurzeln mit verschiedenen Wurzelexponenten m und n und gleichem Radikanden a werden dividiert, indem aus dem mit (m-n) potenzierten Radikanden die (m · n)-te Wurzel gezogen wird.	$\frac{\sqrt[8]{2}}{\sqrt[9]{2}} = \frac{2^{\frac{1}{8}}}{2^{\frac{1}{9}}} = 2^{\frac{1}{8}} \cdot 2^{-\frac{1}{9}} = 2^{\frac{1}{8}-\frac{1}{9}} = 2^{\frac{1}{72}}$	200-229		
36.	**36. Division von Wurzeln mit verschiedenen Wurzelexponenten und Radikanden (TR 7, TR 10)** $$\frac{\sqrt[m]{a^p}}{\sqrt[q]{b^q}} = \frac{a^{\frac{p}{m}}}{b^{\frac{q}{q}}} = a^{\frac{p}{m}} \cdot b^{-\frac{q}{q}} \quad \text{mit } a \geq 0, b > 0$$ Es ist keine Zusammenfassung, sondern nur ein Umschreiben als Potenzen möglich.	$\frac{\sqrt[9]{2^{11}}}{\sqrt[8]{3^{12}}} = \frac{2^{\frac{11}{9}}}{3^{\frac{12}{8}}} = 2^{\frac{11}{9}} \cdot 3^{-\frac{12}{8}}$	200-229		
37.	**37. Ziehen der Wurzel aus einer Wurzel (TR 9)** $$\sqrt[m]{\sqrt[n]{a}} = \sqrt[n]{\sqrt[m]{a}} = \sqrt[(n \cdot m)]{a} \quad \text{mit } a \geq 0$$ Aus einer n-ten Wurzel eines Radikanden a wird die m-te Wurzel gezogen, indem aus dem Radikanden a die (n · m)-te Wurzel gezogen wird.	$\sqrt[9]{\sqrt[8]{2}} = (\sqrt[8]{2})^{\frac{1}{9}} = (2^{\frac{1}{8}})^{\frac{1}{9}} = 2^{\frac{1}{8} \cdot \frac{1}{9}}$ $= 2^{\frac{1}{72}} = \sqrt[72]{2} = \sqrt[(8 \cdot 9)]{2}$	200-229		
38.	**38. Potenzierung einer Wurzel (TR 8)** $$\left(\sqrt[n]{a}\right)^m = \sqrt[n]{a^m} \quad \text{mit } a \geq 0$$ Die n-te Wurzel aus dem Radikanden a wird mit m potenziert, indem die n-te Wurzel aus dem mit m potenzierten Radikanden a gezogen wird.	$\left(\sqrt[8]{2}\right)^9 = (2^{\frac{1}{8}})^9 = 2^{\frac{9}{8}} = \sqrt[8]{2^9}$	200-229		
39.	**39. Multiplikation einer Variable mit einer Wurzel ("unter eine Wurzel bringen") (TR 6, TR 10)** $$a \cdot \sqrt[n]{a^k} = a^{\frac{m}{m}} \cdot a^{\frac{k}{n}} = a^{\frac{m}{n} + \frac{k}{n}} = a^{\frac{m \cdot n + k}{n}} = \sqrt[n]{a^{m \cdot n + k}} \quad \text{mit } a \geq 0$$	$x^2 \cdot \sqrt[3]{x^4} = x^{\frac{4}{1}} \cdot x^{\frac{4}{3}} = x^{2 + \frac{4}{3}} = x^{\frac{2 \cdot 3 + 4}{3}} = x^{\frac{10}{3}} = \sqrt[3]{x^{10}}$	200-229		

Rechentrainer "Schlag auf Schlag – Rechnen bis ich's mag"

Nr.	Erläuterung von Varianten und Kombinationen bei Termumformungen	Beispielaufgabe	Übungs-aufgaben	Klar	Üben
40.	**Division einer Potenz durch eine Wurzel (TR 6, TR 7, TR 10)** $\frac{a^m}{\sqrt[n]{a^k}} = \frac{a^m}{a^{\frac{k}{n}}} = a^m \cdot a^{-\frac{k}{n}} = a^{\frac{m \cdot n - k}{n}} = \sqrt[n]{a^{m \cdot n - k}}$ mit $a > 0$	$\frac{x^2}{\sqrt[3]{x^4}} = \frac{x^2}{x^{\frac{4}{3}}} = x^2 \cdot x^{-\frac{4}{3}} = x^{\frac{2 \cdot 3 - 4}{3}} = x^{\frac{2}{3}} = \sqrt[3]{x^2}, x \neq 0$	200-229		
41.	**Division einer Wurzel durch eine Variable (TR 6, TR 7, TR 10)** $\frac{\sqrt[n]{a^k}}{a^m} = \frac{a^{\frac{k}{n}}}{a^m} = a^{\frac{k}{n}} \cdot a^{-m} = a^{\frac{k - m \cdot n}{n}} = \sqrt[n]{a^{k - m \cdot n}}$ mit $a > 0$	$\frac{\sqrt[3]{x^4}}{x^2} = \frac{x^{\frac{4}{3}}}{x^2} = x^{\frac{4}{3}} \cdot x^{-2} = x^{-\frac{2}{3}} = \frac{1}{x^{\frac{2}{3}}} = \frac{1}{\sqrt[3]{x^2}}, x \neq 0$	200-229		

1.2.5 Varianten für das Rechnen mit Klammern: Addition, Subtraktion und Multiplikation ohne Potenzen

Nr.	Erläuterung von Varianten und Kombinationen bei Termumformungen	Beispielaufgabe	Übungs-aufgaben	Klar	Üben
42.	**Addition von Termen in Klammern (TR 2)** $(a+b)+(c+d) = a+b+c+d$ $(a-b)+(c-d) = a-b+c-d$ Sollen zwei Terme in Klammern addiert werden, so können die Klammern einfach wegfallen, insbesondere bleiben die Vorzeichen erhalten.	$(2+3)+(4+5) = 2+3+4+5 = 14$ $(2-3)+(4-5) = 2-3+4-5 = -2$	230-239		
43.	**Subtraktion von Termen in Klammern (TR 2)** $(a+b)-(c+d) = a+b-c-d$ $(a-b)-(c-d) = a-b-c+d$ Wird ein Klammerterm subtrahiert, so wird diese Klammer aufgelöst, indem die Vorzeichen der Glieder in der Klammer umgekehrt werden.	$(2+3)-(4+5) = 2+3-4-5 = -4$ $(2-3)-(4-5) = 2-3-4+5 = 0$	230-239		
44.	**Multiplikation von Termen in Klammern (TR 3)** $(a+b) \cdot (c+d) = a \cdot c + a \cdot d + b \cdot c + b \cdot d$ $(a-b) \cdot (c-d) = a \cdot c - a \cdot d - b \cdot c + b \cdot d$ $(a-b) \cdot (c+d) = a \cdot c + a \cdot d - b \cdot c - b \cdot d$ Zwei Terme in Klammern werden multipliziert, indem unter Beachtung der Vorzeichen jedes Glied der ersten Klammer mit jedem Glied der zweiten Klammer multipliziert wird.	$(2+3) \cdot (4+5) = 2 \cdot 4 + 2 \cdot 5 + 3 \cdot 4 + 3 \cdot 5 = 45$ $(2-3) \cdot (4-5) = 2 \cdot 4 - 2 \cdot 5 - 3 \cdot 4 + 3 \cdot 5 = 1$ $(2-3) \cdot (4+5) = 2 \cdot 4 + 2 \cdot 5 - 3 \cdot 4 - 3 \cdot 5$ $= 8 + 10 - 12 - 15 = -9$	230-239		

1.2.6 Binomische Formeln

Nr.	Erläuterung von Varianten und Kombinationen bei Termumformungen	Beispielaufgabe	Übungs-aufgaben	Klar	Üben
45.	**1. binomischen Formel (TR3)** $(a+b) \cdot (a+b) = (a+b)^2 = a^2 + 2ab + b^2$	$(2x+3) \cdot (2x+3) = (2x+3)^2 = 4x^2 + 12x + 9$	268-277		
46.	**2. binomischen Formel (TR3)** $(a-b) \cdot (a-b) = (a-b)^2 = a^2 - 2ab + b^2$	$(2x-3) \cdot (2x-3) = (2x-3)^2 = 4x^2 - 12x + 9$	268-277		
47.	**3. binomischen Formel (TR3)** $(a+b) \cdot (a-b) = a^2 - b^2$	$(2x+3) \cdot (2x-3) = 4x^2 - 9$	268-277		

Funktionen, Differentiale, Integrale, Vektoren, Matrizen und Ähnliches? Im **Klausurtrainer Mathematik**. www.studeo.de

1.2.7 Varianten für das Rechnen mit Klammern mit Potenzen

Nr.	Erläuterung von Varianten und Kombinationen bei Termumformungen	Beispielaufgabe	Übungs-aufgaben	Klar	Üben
48.	**48. Binomischer Satz (Pascal'sches Dreieck)** Der binomische Satz ist die Verallgemeinerung der ersten binomischen Formel, es gilt: $(a+b)^n = a^n + \binom{n}{1}a^{n-1}b + \binom{n}{2}a^{n-2}b^2 + \ldots + \binom{n}{n-1}ab^{n-1} + b^n = \sum_{k=0}^{n} \binom{n}{k} a^{n-k}b^k$, hierbei bezeichnet $\binom{n}{k}$ den Binomialkoeffizienten, es ist $\binom{n}{k} = \frac{n!}{(n-k)!n!}$ (vgl. auch PR 1). Insbesondere gilt: $\binom{n}{0} = \binom{n}{n} = 1$ für alle n. Beispiele: $(a+b)^2 = a^2 + 2ab + b^2$ $(a+b)^3 = a^3 + 3a^2b + 3ab^2 + b^3$ $(a+b)^4 = a^4 + 4a^3b + 6a^2b^2 + 4ab^3 + b^4$ Die in dieser Formel benötigten Binomialkoeffizienten lassen sich sehr einfach an dem so genannten Pascal'schen Dreieck ablesen, es gilt folgender Zusammenhang: $\binom{n}{k} + \binom{n}{k-1} = \binom{n+1}{k}$, das heißt - beginnend mit $\binom{0}{0} = \binom{1}{0} = \binom{1}{1} = 1$, - lassen sich alle benötigten Binomialkoeffizienten durch einfache Zahlenadditionen rekursiv berechnen (praktisch durchführbar ist dies natürlich nur für kleine n). Das unten aufgeführte so genannte Pascal'sche Dreieck zeigt die entsprechenden Werte für alle $n \leq 6$. $\begin{array}{c} 1 \\ 1 \quad 1 \\ 1 \quad 2 \quad 1 \\ 1 \quad 3 \quad 3 \quad 1 \\ 1 \quad 4 \quad 6 \quad 4 \quad 1 \\ 1 \quad 5 \quad 10 \quad 10 \quad 5 \quad 1 \\ 1 \quad 6 \quad 15 \quad 20 \quad 15 \quad 6 \quad 1 \end{array}$ $\begin{array}{l} n=0 \\ n=1 \\ n=2 \\ n=3 \\ n=4 \\ n=5 \\ n=6 \end{array}$ Im Fall n=5 gilt also $\binom{5}{0} = \binom{5}{5} = 1$, $\binom{5}{1} = \binom{5}{4} = 5$ und $\binom{5}{2} = \binom{5}{3} = 10$.	$(2x+3)^2 = 4x^2 + 12x + 9$ $(2x+3)^3 = 8x^3 + 36x^2 + 54x + 27$ $(2x+3)^4 = 16x^4 + 96x^3 + 216x^2 + 54x + 81$	250-259 302-310		

Nr.	Erläuterung von Varianten und Kombinationen bei Termumformungen	Beispielaufgabe	Übungs-aufgaben	Klar	Üben
49.	**Verallgemeinerung der zweiten binomischen Formel** $$(a-b)^n = a^n - \binom{n}{1}a^{n-1}b + \binom{n}{2}a^{n-2}b^2 - \ldots + (-1)^n b^n = \sum_{k=0}^{n}(-1)^k\binom{n}{k}a^{n-k}b^k$$	$(2x-3)^2 = 4x^2 - 12x + 9$ $(2x-3)^3 = 8x^3 - 36x^2 + 54x - 27$ $(2x-3)^4 = 16x^4 - 96x^3 + 216x^2 - 54x + 81$	250-259 302-310		
50.	**Multiplikation von Potenzen mit gleichen Klammerbasen und Exponenten (TR 6)** $(a+b)^m \cdot (a+b)^m = (a+b)^{2m}$ Zwei Potenzen mit gleichen Klammerbasen und gleichen Exponenten werden multipliziert, indem der Exponent verdoppelt wird.	$(2x+3)^9 \cdot (2x+3)^9 = (2x+3)^{18}$	250-259 302-310		
51.	**Multiplikation von Potenzen mit gleichen Klammerbasen und verschiedenen Exponenten (TR 6)** $(a+b)^n \cdot (a+b)^m = (a+b)^{n+m}$ Zwei Potenzen mit gleichen Klammerbasen und verschiedenen Exponenten werden multipliziert, indem die beiden Exponenten addiert werden.	$(2x+3)^8 \cdot (2x+3)^9 = (2x+3)^{17}$	250-259 302-310		
52.	**Multiplikation von Potenzen mit verschiedenen Klammerbasen und gleichen Exponenten (TR9)** $(a+b)^n \cdot (c+d)^n = ((a+b) \cdot (c+d))^n$ Zwei Potenzen mit gleichen Exponenten und verschiedenen Klammerbasen werden multipliziert, indem das Produkt der Klammerbasen mit dem Exponenten potenziert wird.	$(2x+3)^8 \cdot (4x+5)^8 = ((2x+3) \cdot (4x+5))^8$	250-259 302-310		
53.	**Multiplikation von Potenzen mit verschiedenen Klammerbasen und Exponenten** $(a+b)^m \cdot (c+d)^n$ Es ist keine weitere Zusammenfassung möglich.	$(2x+3)^9 \cdot (4x+5)^8$	250-259 302-310		
54.	**Division von Potenzen mit gleichen Klammerbasen und Exponenten** $\dfrac{(a+b)^m}{(a+b)^m} = 1 \quad \text{mit } a+b \neq 0$ Division von zwei Potenzen mit gleichen Klammerbasen und gleichen Exponenten ergibt 1.	$\dfrac{(2x+3)^9}{(2x+3)^9} = 1,\ x \neq -\dfrac{3}{2}$	250-259 302-310		
55.	**Division von Potenzen mit gleichen Klammerbasen und verschiedenen Exponenten (TR 6, TR 7)** $\dfrac{(a+b)^n}{(a+b)^m} = (a+b)^{n-m} \quad \text{mit } a+b \neq 0$ Zwei Potenzen mit gleichen Klammerbasen und verschiedenen Exponenten n und m werden dividiert, indem der Exponent des Nenners vom Exponenten des Zählers subtrahiert wird.	$\dfrac{(2x+3)^9}{(2x+3)^8} = (2x+3)^{9-8} = (2x+3),\ x \neq -\dfrac{3}{2}$	250-259 302-310		

Rechentrainer – Teil C Rechenregeln – Termumformungen

Nr.	Erläuterung von Varianten und Kombinationen bei Termumformungen	Beispielaufgabe	Übungs-aufgaben	Klar	Üben
	56. Division von Potenzen mit verschiedenen Klammerbasen und gleichen Exponenten (TR 9) $$\frac{(a+b)^n}{(c+d)^n} = \left(\frac{a+b}{c+d}\right)^n \text{ mit } c+d \neq 0$$ Zwei Potenzen mit gleichen Exponenten n und verschiedenen Klammerbasen werden dividiert, indem der Quotient der Klammerbasen mit dem Exponenten n potenziert wird.				
56.		$\frac{(2x+3)^8}{(4x+5)^8} = \left(\frac{2x+3}{4x+5}\right)^8$, $x \neq -\frac{5}{4}$	250-259 302-310		
	57. Division von Potenzen mit verschiedenen Klammerbasen und Exponenten $$\frac{(a+b)^n}{(c+d)^m} \text{ mit } c+d \neq 0$$ Es ist keine weitere Zusammenfassung möglich.				
57.		$\frac{(2x+3)^8}{(4x+5)^9}$, $x \neq -\frac{5}{4}$	250-259 302-310		
	58. 0-te Potenz mit Klammerbasis (TR 5) $(a+b)^0 = 1$ Die 0-te Potenz einer Klammer ist 1.				
58.		$(2x+3)^0 = 1$	250-259 302-310		
	59. 1-te Potenz mit Klammerbasis $(a+b)^1 = a+b$ Die erste Potenz eines Klammerterms ist der Klammerterm selbst.				
59.		$(2x+3)^1 = 2x+3$	250-259 302-310		
	60. Potenz mit Klammerbasen mit negativem Exponenten (TR 7) $$(a+b)^{-n} = \frac{1}{(a+b)^n} \text{ mit } a+b \neq 0$$ Eine Klammer mit negativem Exponenten −n ist das Reziproke (der Kehrwert) der gesamten Klammer mit positivem Exponenten n.				
60.		$(2x+3)^{-8} = \frac{1}{(2x+3)^8}$, $x \neq -\frac{3}{2}$	250-259 302-310		
	61. Potenzierung einer Potenz mit Klammerbasis (TR 8) $\left((a+b)^n\right)^m = (a+b)^{n \cdot m}$ Eine Klammer mit Potenz wird potenziert, indem der innere Exponent mit dem äußeren Exponenten multipliziert wird.				
61.		$\left((2x+3)^8\right)^9 = (2x+3)^{8 \cdot 9} = (2x+3)^{72}$	250-259 302-310		
	62. Potenz mit Klammerbasis und gebrochenem Exponenten (TR 10) $(a+b)^{\frac{n}{m}} = \sqrt[m]{(a+b)^n}$ mit $a+b \geq 0$				
62.		$(2x+3)^{\frac{9}{8}} = \sqrt[8]{(2x+3)^9}$, $x \geq -\frac{3}{2}$ Sonderfall für ungerade m: $(2x+3)^{\frac{8}{9}} = \sqrt[9]{(2x+3)^8}$, $x \in \mathbb{R}$	311-320		

1.2.8 Varianten für das Rechnen mit Klammern in Wurzeln

Nr.	Erläuterung von Varianten und Kombinationen bei Termumformungen	Beispielaufgabe	Übungsaufgaben	Klar	Üben
63.	**Wurzelziehen von Klammerausdrücken (TR 1)** $\sqrt[n]{(a+b)} = \sqrt[n]{(b+a)}$ mit $a+b \geq 0$ $\sqrt[n]{(a \cdot b)} = \sqrt{a} \cdot \sqrt{b}$ mit $a, b \geq 0$ $\sqrt{(a+b)^2} = a+b$ mit $a+b \geq 0$	$\sqrt{(2x+3)} = \sqrt{(3+2x)}$, $x \geq -\frac{3}{2}$ $\sqrt{(2 \cdot 3)} = \sqrt{2} \cdot \sqrt{3}$ $\sqrt{(2x+3)^2} = 2x+3$; $x \geq -\frac{3}{2}$	311-320		
64.	**Multiplikation von Wurzeln mit gleichem Wurzelexponenten und Radikanden (TR 9)** $\sqrt[n]{(a+b)} \cdot \sqrt[n]{(a+b)} = \sqrt[n]{(a+b) \cdot (a+b)} = \sqrt[n]{(a+b)^2}$ mit $a+b \geq 0$ Zwei Wurzeln mit gleichem Wurzelexponenten n und Radikanden a+b werden multipliziert, indem aus dem Quadrat des Radikanden die n-te Wurzel gezogen wird.	$\sqrt[8]{(2x+3)} \cdot \sqrt[8]{(2x+3)} = \sqrt[8]{(2x+3) \cdot (2x+3)} = \sqrt[8]{(2x+3)^2}$, $x \geq -\frac{3}{2}$	311-320		
65.	**Multiplikation von Wurzeln mit gleichem Wurzelexponenten und verschiedenen Radikanden (TR 9)** $\sqrt[n]{(a+b)} \cdot \sqrt[n]{(c+d)} = \sqrt[n]{(a+b) \cdot (c+d)}$ mit $a+b \geq 0$ und $c+d \geq 0$ Zwei Wurzeln mit gleichem Wurzelexponenten n und verschiedenen Radikanden werden multipliziert, indem aus dem Produkt der Radikanden die n-te Wurzel gezogen wird.	$\sqrt[8]{(2+3x)} \cdot \sqrt[8]{(4y+6)} = \sqrt[8]{(2+3x)(4y+6)}$, $x \geq -\frac{3}{2}$, $y \geq -\frac{3}{2}$	311-320		
66.	**Multiplikation von Wurzeln mit verschiedenen Wurzelexponenten und gleichen Radikanden (TR 6)** $\sqrt[n]{(a+b)} \cdot \sqrt[m]{(a+b)} = (a+b)^{\frac{1}{n}} \cdot (a+b)^{\frac{1}{m}} = (a+b)^{\frac{1}{n}+\frac{1}{m}}$ mit $a+b \geq 0$ Zwei Wurzeln mit verschiedenen Wurzelexponenten n und m und gleichen Radikanden a+b werden multipliziert, indem die Wurzeln in Potenzen umgewandelt werden und dann wie Potenzen multipliziert werden, indem die Exponenten (Brüche!) addiert werden.	$\sqrt[8]{(2x+3)} \cdot \sqrt[9]{(2x+3)} = (2x+3)^{\frac{1}{8}+\frac{1}{9}} = (2x+3)^{\frac{17}{72}}$, $x \geq -\frac{3}{2}$	311-320		
67.	**Multiplikation von Wurzeln mit verschiedenen Wurzelexponenten und Radikanden (TR 10)** $\sqrt[n]{(a+b)} \cdot \sqrt[m]{(c+d)} = (a+b)^{\frac{1}{n}} \cdot (c+d)^{\frac{1}{m}}$ mit $a+b \geq 0$ und $c+d \geq 0$ Zwei Wurzeln mit verschiedenen Wurzelexponenten und Radikanden können nicht zusammengefasst, sondern nur in Potenzen umgewandelt werden.	$\sqrt[8]{(2x+3)} \cdot \sqrt[9]{(4x+5)} = (2x+3)^{\frac{1}{8}} \cdot (4x+5)^{\frac{1}{9}}$, $x \geq -\frac{5}{4}$ $(\wedge\; x \geq -\frac{3}{2})$	311-320		
68.	**Division von Wurzeln mit gleichem Wurzelexponenten und Radikanden** $\dfrac{\sqrt[n]{(a+b)}}{\sqrt[n]{(a+b)}} = 1$ mit $a+b > 0$ Der Quotient aus zwei Wurzeln mit gleichem Wurzelexponenten und Radikanden ergibt durch Kürzen 1.	$\dfrac{\sqrt[8]{(2x+3)}}{\sqrt[8]{(2x+3)}} = 1$, $x > -\frac{3}{2}$	311-320		

Rechentrainer – Teil C Rechenregeln – Termumformungen

	69. Division von Wurzeln mit gleichen Wurzelexponenten und verschiedenen Radikanden (TR 9)		
69.	$\dfrac{\sqrt[n]{(a+b)}}{\sqrt[n]{(c+d)}} = \sqrt[n]{\dfrac{(a+b)}{(c+d)}}$ mit $c+d > 0$	$\dfrac{\sqrt[8]{(2x+3)}}{\sqrt[8]{(4x+5)}} = \sqrt[8]{\dfrac{(2x+3)}{(4x+5)}}$, $x > -\dfrac{5}{4}$	311-320
	Zwei Wurzeln mit gleichem Wurzelexponenten n und verschiedenen Radikanden a und b werden dividiert, indem aus dem Quotienten der Radikanden die n-te Wurzel gezogen wird.		
	70. Division von Wurzeln mit verschiedenen Wurzelexponenten und gleichen Radikanden (TR 6, TR 7)		
70.	$\dfrac{\sqrt[n]{(a+b)}}{\sqrt[m]{(a+b)}} = (a+b)^{\frac{1}{n}} \cdot (a+b)^{-\frac{1}{m}}$ mit $a+b > 0$	$\dfrac{\sqrt[8]{(2x+3)}}{\sqrt[6]{(2x+3)}} = (2x+3)^{\frac{1}{8}} \cdot (2x+3)^{-\frac{1}{6}} = (2x+3)^{-\frac{1}{24}}$, $x > -\dfrac{3}{2}$	311-320
	Zwei Wurzeln mit verschiedenen Wurzelexponenten n und m und gleichen Radikanden a+b werden dividiert, indem die Wurzeln in Potenzen umgewandelt und dann wie Potenzen dividiert werden.		
	71. Division von Wurzeln mit verschiedenen Wurzelexponenten und Radikanden		
71.	$\dfrac{\sqrt[n]{(a+b)}}{\sqrt[m]{(c+d)}}$ mit $c+d > 0$ Es ist keine Zusammenfassung möglich.	$\dfrac{\sqrt[8]{(2x+3)}}{\sqrt[9]{(4x+5)}}$, $x > -\dfrac{3}{2}$ und $x \neq -\dfrac{5}{4}$ (man beachte, dass m ungerade ist)	311-320
	72. Wurzelziehen von einer Wurzel mit Radikanden (TR 8)		
72.	$\sqrt[m]{\sqrt[n]{(a+b)}} = \sqrt[n]{\sqrt[m]{(a+b)}} = \sqrt[(n \cdot m)]{(a+b)}$ mit $a+b \geq 0$	$\sqrt[9]{\sqrt[8]{(2x+3)}} = \sqrt[8]{\sqrt[9]{(2x+3)}} = \sqrt[72]{(2x+3)}$, $x \geq -\dfrac{3}{2}$	311-320
	Aus einer n-ten Wurzel eines Radikanden a+b wird die m-te Wurzel gezogen, indem aus dem Radikanden (a+b) die n • m-te Wurzel gezogen wird.		
	73. Potenzierung einer Wurzel mit Radikanden		
73.	$\left(\sqrt[n]{(a+b)}\right)^m = \sqrt[n]{(a+b)^m}$ mit $a+b \geq 0$	$\dfrac{a}{b} - \dfrac{c}{d} = \dfrac{a*d}{b*d} - \dfrac{c*b}{d*b} = \dfrac{(a*d)-(c*b)}{b*d}$, $x \geq -\dfrac{3}{2}$	311-320
	Die n-te Wurzel des Radikanden (a+b) wird mit m potenziert, indem die n-te Wurzel aus dem Radikanden (a+b) potenziert mit m gezogen wird.		

1.3 Rechnen mit Brüchen

In diesem Abschnitt werden alle möglichen Verknüpfungen (Addition, Subtraktion, Multiplikation und Division) von zwei Brüchen untersucht. Benötigt werden hierfür nur einfache Rechenregeln.

1.3.1 Multiplikation und Division von Brüchen

Nr.	Erläuterung von Varianten und Kombinationen bei Termumformungen	Beispielaufgabe	Übungsaufgaben	Klar	Üben
	74. Multiplikation eines Bruchs mit einer Zahl.				
74.	$\dfrac{a}{b} \cdot c = \dfrac{a \cdot c}{b}$ mit $b \neq 0$ Ein Bruch wird mit einer Zahl multipliziert, indem der Zähler mit der Zahl multipliziert wird.	$\dfrac{2}{3} \cdot 4 = \dfrac{2 \cdot 4}{3} = \dfrac{8}{3}$	138-147 235-239		

© Dieser Rechenregelkatalog wurde von Studeo® entwickelt und darf zu nichtkommerziellen Unterrichtszwecken mit Quellenangabe genutzt werden. Alle anderen Verwendungen müssen vom Studeo® Verlag genehmigt werden.

Rechentrainer "Schlag auf Schlag – Rechnen bis ich's mag"

Nr.	Erläuterung von Varianten und Kombinationen bei Termumformungen	Beispielaufgabe	Übungs-aufgaben	Klar	Üben
75.	**Multiplikation eines Bruchs mit einem Bruch.** $$\frac{a}{b} \cdot \frac{c}{d} = \frac{a \cdot c}{b \cdot d} = \frac{ac}{bd} \text{ mit } b, d \neq 0$$ Zwei Brüche werden miteinander multipliziert, indem der Zähler des ersten mit dem Zähler des zweiten Bruchs und der Nenner des ersten mit dem Nenner des zweiten Bruchs multipliziert werden. Das Produkt der Zähler ergibt den neuen Zähler, das Produkt der Nenner den neuen Nenner.	$$\frac{2}{3} \cdot \frac{3}{5} = \frac{2 \cdot 3}{3 \cdot 5} = \frac{6}{15} = \frac{2}{5}$$	138-147 235-239		
76.	**Erweitern eines Bruchs.** $$\frac{a}{b} = \frac{a}{b} \cdot \frac{c}{c} = \frac{a \cdot c}{b \cdot c} \text{ mit } b, c \neq 0$$ Ein Bruch wird mit einer Zahl / einer Variablen erweitert, indem Zähler und Nenner mit derselben Zahl / derselben Variablen multipliziert werden.	$$\frac{2}{3} = \frac{2}{3} \cdot \frac{4}{4} = \frac{2 \cdot 4}{3 \cdot 4} = \frac{8}{12}$$	138-147 235-239		
77.	**Division eines Bruchs durch einen Bruch (Doppelbruch)** $$\frac{\frac{a}{b}}{\frac{c}{d}} = \frac{a}{b} \cdot \frac{d}{c} = \frac{a \cdot d}{b \cdot c} \text{ mit } b, c, d \neq 0$$ Zwei Brüche werden dividiert, indem man den Bruch im Zähler mit dem Reziproken (Kehrwert) des Bruchs im Nenner multipliziert.	$$\frac{\frac{2}{3}}{\frac{4}{5}} = \frac{2}{3} \cdot \frac{5}{4} = \frac{2 \cdot 5}{3 \cdot 4} = \frac{10}{12} = \frac{5}{6}$$	138-147 235-239		
78.	**Division eines Bruchs durch eine Zahl** $$\frac{\frac{a}{b}}{c} = \frac{a}{b \cdot c} \text{ mit } b, c \neq 0$$ Ein Bruch wird durch eine Zahl dividiert, indem der Nenner mit der Zahl multipliziert wird. Eselsbrücke: Die Zahl c kann als $\frac{c}{1}$ interpretiert und die vorherige Regel angewandt werden.	$$\frac{\frac{2}{3}}{4} = \frac{2}{3 \cdot 4} = \frac{2}{12} = \frac{1}{6}$$	138-147 235-239		
79.	**Division einer Zahl durch einen Bruch** $$\frac{a}{\frac{b}{c}} = \frac{a \cdot c}{b} \text{ mit } b, c \neq 0$$ Eine Zahl a wird durch einen Bruch dividiert, indem die Zahl mit dem Kehrwert des Bruches multipliziert wird. Eselsbrücke: Die Zahl a kann als $\frac{a}{1}$ interpretiert werden.	$$\frac{2}{\frac{3}{4}} = 2 \cdot \frac{4}{3} = \frac{2 \cdot 4}{3} = \frac{8}{3}$$	138-147 235-239		

1.3.2 Addition und Subtraktion von Brüchen

Nr.	Erläuterung von Varianten und Kombinationen bei Termumformungen	Beispielaufgabe	Übungs-aufgaben	Klar	Üben
80.	**Addition von Brüchen mit gleichem Nenner** $$\frac{a}{b} + \frac{c}{b} = \frac{a+c}{b} \text{ mit } b \neq 0$$	$$\frac{2}{3} + \frac{4}{3} = \frac{2+4}{3} = \frac{6}{3} = 2$$	138-147 235-239		

Funktionen, Differentiale, Integrale, Vektoren, Matrizen und Ähnliches? Im **Klausurtrainer Mathematik.** www.studeo.de

Rechentrainer – Teil C Rechenregeln – Termumformungen

Nr.	Erläuterung von Varianten und Kombinationen bei Termumformungen	Beispielaufgabe	Übungs-aufgaben	Klar	Üben
81.	**Addition von Brüchen mit verschiedenen Nennern** Zwei Brüche werden addiert, indem sie zunächst auf einen gemeinsamen Nenner gebracht und anschließend die Zähler addiert werden. Ein möglicher gemeinsamer Nenner ist immer das Produkt der einzelnen Nenner. Durch kreuzweises Erweitern, indem die Zähler und Nenner mit dem Nenner des jeweils anderen Bruchs multipliziert werden, erhält man für jeden Bruch denselben Nenner: $$\frac{a}{b} + \frac{c}{d} = \frac{a \cdot d}{b \cdot d} + \frac{c \cdot b}{d \cdot b} = \frac{(a \cdot d) + (c \cdot b)}{b \cdot d} \text{ mit } b, d \neq 0$$ Haben die Nenner gemeinsame Teiler, so lässt sich ein kleinerer gemeinsamer Nenner finden (vgl. die folgenden Regeln).	$$\frac{2}{3} + \frac{4}{5} = \frac{2 \cdot 5}{3 \cdot 5} + \frac{3 \cdot 4}{5 \cdot 3} = \frac{(2 \cdot 5) + (4 \cdot 3)}{3 \cdot 5} = \frac{22}{15}$$	138-147 235-239		
82.	**Addition von Brüchen mit verschiedenen Nennern, wenn ein Nenner ein Vielfaches des anderen Nenner ist** $$\frac{a}{b} + \frac{c}{d} = ? \text{ mit } b, d \neq 0$$ Vorgehen, um den gemeinsamen Nenner (Hauptnenner) zu finden: Es sei $b \geq d$: a) Prüfen ob b ein n-faches von d ist (Bsp: d=2 und b=10, Faktor $\frac{b}{d} = n = 5$, also ist b das Fünffache von d), indem man den größeren durch den kleineren Nenner dividiert: $\frac{b}{d} = n$ b) den Bruch $\frac{c}{d}$ mit dem Faktor $\frac{b}{d} = n$ erweitern. c) Wie zuvor Zähler addieren und Hauptnenner b beibehalten. Kurzer Weg: Es gilt: $b = d \cdot n$ lies: Nenner b ist n-faches von Nenner d (n ist der Faktor) $$\frac{a}{b} + \frac{c}{d} = \frac{a}{b} + \frac{c \cdot n}{d \cdot n} = \frac{a + (c \cdot n)}{b}$$	$$\frac{9}{25} + \frac{3}{5} = \frac{9}{25} + \frac{3 \cdot 5}{5 \cdot 5} = \frac{9+15}{25} = \frac{24}{25}$$ mit $n = \frac{25}{5} = 5$	138-147 235-239		

	83. Addition von Brüchen mit verschiedenen Nennern, wenn beide Nenner Vielfache einer Zahl n sind $$\frac{a}{b} - \frac{c}{d} = ? \text{ mit } b, d \neq 0$$ Sind beide Nenner Vielfache einer Zahl $n \neq 0$, so ist der kleinste gemeinsame Nenner (Hauptnenner) das Produkt aus beiden Nennern, dividiert durch n. $$\frac{b \cdot d}{n}$$ Es sei $\frac{d}{n} = q$ und $\frac{b}{n} = p$ mit $p, q \neq 0$ Der Bruch mit dem Nenner b wird mit der Zahl q erweitert. Der Bruch mit dem Nenner d wird mit der Zahl p erweitert. Dann haben die Brüche den gleichen Nenner und werden nach Regel 80 addiert: $$\frac{a}{b} + \frac{c}{d} = \frac{a \cdot q}{b \cdot q} + \frac{c \cdot p}{d \cdot p} = \frac{(a \cdot q) + (c \cdot p)}{HN} \text{ mit } HN = \frac{b \cdot d}{n}$$	83.	$$\frac{3}{14} + \frac{17}{49} = \frac{3 \cdot 7}{14 \cdot 7} + \frac{17 \cdot 2}{49 \cdot 2} = \frac{21+34}{98} = \frac{55}{98}$$ mit $\frac{14}{7} = 2 = p$ und $\frac{49}{7} = 7 = q$	138-147 235-239
	84. Subtraktion von Brüchen mit gleichem Nenner $$\frac{a}{b} - \frac{c}{b} = \frac{a-c}{b} \text{ mit } b \neq 0$$ Zwei Brüche mit gleichen Nennern werden subtrahiert, indem die Zähler subtrahiert werden und der Nenner als Hauptnenner übernommen wird.	84.	$$\frac{2}{3} - \frac{4}{3} = \frac{2-4}{3} = -\frac{2}{3}$$	138-147 235-239
	85. Subtraktion von Brüchen mit verschiedenen Nennern Zwei Brüche werden addiert, indem sie zunächst auf einen gemeinsamen Nenner gebracht und anschließend die Zähler addiert werden. Ein möglicher gemeinsamer Nenner ist immer das Produkt der einzelnen Nenner. Durch kreuzweises Erweitern, indem die Zähler und Nenner mit dem Nenner des jeweils anderen Bruchs multipliziert werden, erhält man für jeden Bruch denselben Nenner: $$\frac{a}{b} - \frac{c}{d} = \frac{a \cdot d}{b \cdot d} - \frac{c \cdot b}{d \cdot b} = \frac{(a \cdot d) - (c \cdot b)}{b \cdot d} \text{ mit } b, d \neq 0$$ Haben die Nenner gemeinsame Teiler, so lässt sich ein kleinerer gemeinsamer Nenner finden (vgl. die folgenden Regeln).	85.	$$\frac{2}{3} - \frac{4}{5} = \frac{2 \cdot 5}{3 \cdot 5} - \frac{4 \cdot 3}{5 \cdot 3} = \frac{10-12}{15} = -\frac{2}{15}$$	

Rechentrainer – Teil C Rechenregeln – Termumformungen

86. Subtraktion von Brüchen mit verschiedenen Nennern, wenn ein Nenner ein Vielfaches des anderen Nenner ist

$$\frac{a}{b} - \frac{c}{d} = ? \text{ mit } b, d \neq 0$$

Vorgehen, um den gemeinsamen Nenner (Hauptnenner) zu finden:
Es sei $b \geq d$:

a) Prüfen ob b ein n-faches von d ist (Bsp: d=2 und b=10, Faktor $\frac{b}{d} = n = 5$, also ist b das Fünffache von d, indem man den größeren durch den kleineren Nenner dividiert: $\frac{b}{d} = n$,

b) den Bruch $\frac{c}{d}$ mit dem Faktor $\frac{b}{d} = n$ erweitern.

c) Wie zuvor Zähler subtrahieren und Hauptnenner b beibehalten.

Kurzer Weg:
Es gilt: $b = d \cdot n$ lies: Nenner b ist n-faches von Nenner d (n ist der Faktor)

$$\frac{a}{b} - \frac{c}{d} = \frac{a}{b} - \frac{c \cdot n}{d \cdot n} = \frac{a - (c \cdot n)}{b}$$

Beispiel:
$$\frac{9}{25} - \frac{3}{5} = \frac{9}{25} - \frac{3 \cdot 5}{5 \cdot 5} = \frac{9 - 15}{25} = -\frac{6}{25}$$

mit $n = \frac{25}{5} = 5$

138-147
235-239

87. Subtraktion von Brüchen mit verschiedenen Nennern, wenn beide Nenner Vielfache einer Zahl n sind

$$\frac{a}{b} - \frac{c}{d} = ? \text{ mit } b, d \neq 0$$

Sind beide Nenner Vielfache einer Zahl $n \neq 0$ sind, so ist der kleinste gemeinsame Nenner (Hauptnenner) das Produkt aus beiden Nennern, dividiert durch n.

$$\frac{b \cdot d}{n}$$

Es sei $\frac{d}{n} = q$ und $\frac{b}{n} = p$ mit $p, q \neq 0$

Der Bruch mit dem Nenner b wird mit der Zahl q erweitert.
Der Bruch mit dem Nenner d wird mit der Zahl p erweitert.
Dann haben die Brüche den gleichen Nenner und können voneinander subtrahiert werden:

$$\frac{a}{b} - \frac{c}{d} = \frac{a \cdot q}{b \cdot q} - \frac{c \cdot p}{d \cdot p} = \frac{(a \cdot q) - (c \cdot p)}{HN} \quad \text{mit } HN = \frac{b \cdot d}{n}$$

Beispiel:
$$\frac{3}{14} - \frac{17}{49} = \frac{3 \cdot 7}{14 \cdot 7} - \frac{17 \cdot 2}{49 \cdot 2} = \frac{21 - 34}{98} = -\frac{13}{98}$$

mit $\frac{14}{7} = 2 = p$ und $\frac{49}{7} = 7 = q$

138-147
235-239

Rechentrainer "Schlag auf Schlag – Rechnen bis ich's mag"

1.3.3 Kürzen in Brüchen

Kürzen in Brüchen ist nur möglich, wenn sowohl Zähler als auch Nenner Produkte sind. (In Differenzen und Summen kürzen nur die Dummen...)

Nr.	Erläuterung von Varianten und Kombinationen bei Termumformungen	Beispielaufgabe	Übungsaufgaben	Klar	Üben
88.	**Kürzen in Brüchen mit nicht potenzierten Variablen** $$\frac{a \cdot b \cdot c \cdot d}{a \cdot b \cdot c} = \frac{a}{a} \cdot \frac{b}{b} \cdot \frac{c}{c} \cdot d = d \quad \text{mit } a, b, c \neq 0$$ Ein Bruch mit mehreren nichtpotenzierten Zahlen und Variablen wird gekürzt, indem gleiche Variablen im Zähler und Nenner isoliert und wie Quotienten mit gleichem Dividenden und Divisor zu 1 gekürzt werden.	$$\frac{2 \cdot 3 \cdot 4 \cdot 5}{2 \cdot 3 \cdot 4} = \frac{2}{2} \cdot \frac{3}{3} \cdot \frac{4}{4} \cdot 5 = 5$$	117-121 150-167		
89.	**Kürzen in Brüchen mit Potenzen mit gleichen Basen und Exponenten** $$\frac{a^m \cdot b^n}{a^m \cdot b^n} = 1 \quad \text{mit } a, b \neq 0$$	$$\frac{2^9 \cdot 3^{13}}{2^9 \cdot 3^{13}} = 1$$	117-121 150-167		
90.	**Kürzen in Brüchen mit Potenzen mit gleichen Basen und verschiedenen Exponenten (TR6, TR7)** $$\frac{a^m \cdot b^k}{a^n \cdot b^p} = a^m \cdot b^k \cdot a^{-n} \cdot b^{-p} = a^{m-n} \cdot b^{k-p} \quad \text{mit } a, b \neq 0$$ Potenzen mit gleichen Basen können gekürzt werde, indem die Exponenten nach TR 6 und TR 7 zusammengefasst werden.	$$\frac{2^9 \cdot 3^{13}}{2^8 \cdot 3^{11}} = 2^{9-8} \cdot 3^{13-11} = 2 \cdot 3^2$$	117-121 150-167		
91.	**Kürzen in Brüchen mit Potenzen mit verschiedenen Basen und gleichen Exponenten (TR9)** $$\frac{a^m \cdot c^k}{b^m \cdot d^k} = \left(\frac{a}{b}\right)^m \cdot \left(\frac{c}{d}\right)^k \quad \text{mit } b, d \neq 0$$ Zusammenfassen der Potenzen mit gleichen Exponenten zu eigenen Brüchen, dann kann unter Umständen wie in TR 98 innerhalb dieser Brüche gekürzt werden.	$$\frac{2^9 \cdot 4^{13}}{3^9 \cdot 5^{13}} = \left(\frac{2}{3}\right)^9 \cdot \left(\frac{4}{5}\right)^{13}$$ $$\frac{9^9 \cdot 4^{13}}{6^9 \cdot 8^{13}} = \left(\frac{9}{6}\right)^9 \cdot \left(\frac{4}{8}\right)^{13} = \left(\frac{3}{2}\right)^9 \cdot \left(\frac{1}{2}\right)^{13}$$	117-121 150-167		
92.	**Kürzen in Brüchen mit Potenzen mit verschiedenen Basen und Exponenten** $$\frac{a^m \cdot c^k}{b^n \cdot d^p} \quad \text{mit } b, d \neq 0$$ Kürzen ist nicht möglich!	$$\frac{2^9 \cdot 4^{13}}{3^8 \cdot 5^{11}}$$	117-121 150-167		
93.	**Kürzen in Brüchen mit Wurzeln mit gleichen Radikanden und Wurzelexponenten** $$\frac{\sqrt[m]{a} \cdot \sqrt[n]{b^p}}{\sqrt[m]{a} \cdot \sqrt[n]{b^p}} = 1 \quad \text{mit } a, b > 0$$	$$\frac{\sqrt[9]{2} \cdot \sqrt[8]{3^{11}}}{\sqrt[9]{2} \cdot \sqrt[8]{3^{11}}} = 1$$	314-320		
94.	**Kürzen in Brüchen mit Wurzeln mit gleichen Radikanden und verschiedenen Wurzelexponenten (TR 6, TR 7, TR 10)** $$\frac{\sqrt[m]{a} \cdot \sqrt[n]{b^p}}{\sqrt[r]{a} \cdot \sqrt[s]{b^t}} = a^{\frac{1}{m} - \frac{1}{r}} \cdot b^{\frac{p}{n} - \frac{t}{s}} \quad \text{mit } a, b > 0$$ Diese Wurzeln werden gekürzt, indem sie in Potenzen umgewandelt und dann zusammengefasst werden.	$$\frac{\sqrt[9]{2} \cdot \sqrt[8]{3^{11}}}{\sqrt[13]{2^{14}} \cdot \sqrt[3]{3^{11}}} = \frac{2^{\frac{1}{9}} \cdot 3^{\frac{11}{8}}}{2^{\frac{11}{13}} \cdot 3^{\frac{11}{14}}} = 2^{\frac{1}{9} - \frac{11}{13}} \cdot 3^{\frac{11}{8} - \frac{11}{14}}$$	314-320		

Funktionen, Differentiale, Integrale, Vektoren, Matrizen und Ähnliches? Im **Klausurtrainer Mathematik**. www.studeo.de

Rechentrainer – Teil C Rechenregeln – Termumformungen

Nr.	Erläuterung von Varianten und Kombinationen bei Termumformungen	Beispielaufgabe	Übungs-aufgaben	Klar	Üben
	95. Kürzen in Brüchen mit Wurzeln mit verschiedenen Radikanden und gleichen Wurzelexponenten (TR9, TR10)				
95.	$\dfrac{\sqrt[m]{a}\cdot\sqrt[n]{c^p}}{\sqrt[m]{b}\cdot\sqrt[n]{d^p}} = \dfrac{a^{\frac{1}{m}}\cdot c^{\frac{p}{n}}}{b^{\frac{1}{m}}\cdot d^{\frac{p}{n}}} = \left(\dfrac{a}{b}\right)^{\frac{1}{m}}\cdot\left(\dfrac{c}{d}\right)^{\frac{p}{n}} = \sqrt[m]{\dfrac{a}{b}}\cdot\sqrt[n]{\dfrac{c}{d}}$ mit $a, c \geq 0, b, d > 0$ $\qquad \dfrac{\sqrt[9]{2^8\cdot 4^{11}}}{\sqrt[9]{3^8\cdot 12^{11}}} = \dfrac{2^{\frac{8}{9}}\cdot 4^{\frac{11}{9}}}{3^{\frac{8}{9}}\cdot 12^{\frac{11}{9}}} = \left(\dfrac{2}{3}\right)^{\frac{8}{9}}\cdot\left(\dfrac{4}{5}\right)^{\frac{11}{9}}$		314-320		
	Diese Wurzeln werden gekürzt, indem sie in Potenzen umgewandelt und dann zusammengefasst werden. Potenzen mit gleichen Exponenten können dann als potenzierter Bruch dargestellt werden.				
	96. Kürzen in Brüchen mit Wurzeln mit verschiedenen Radikanden und Wurzel-exponenten				
96.	$\dfrac{\sqrt[m]{a^o}\cdot\sqrt[n]{c^p}}{\sqrt[r]{b^q}\cdot\sqrt[s]{d^r}} = \dfrac{a^{\frac{o}{m}}\cdot c^{\frac{p}{n}}}{b^{\frac{q}{r}}\cdot d^{\frac{r}{s}}}$ mit $a, c \geq 0, b, d > 0$ $\qquad \dfrac{\sqrt[9]{2^{12}\cdot 4^{11}}}{\sqrt[8]{3^{11}\cdot 5^{13}}} = \dfrac{2^{\frac{12}{9}}\cdot 4^{\frac{11}{9}}}{3^{\frac{11}{8}}\cdot 5^{\frac{13}{11}}}$		314-320		
	Es ist nur eine Umwandlung in Potenzen, aber kein Kürzen möglich!				

1.3.4 Kürzen in Brüchen mit Klammern

Nr.	Erläuterung von Varianten und Kombinationen bei Termumformungen	Beispielaufgabe	Übungs-aufgaben	Klar	Üben
	97. Kürzen in Brüchen mit Klammern		250-259 302-310		
97.	$\dfrac{(a+b)\cdot(c+d)^5}{(c+d)^3\cdot(a+b)^3} = \dfrac{(c+d)^2}{(a+b)^2} = \left(\dfrac{c+d}{a+b}\right)^2$ mit $a+b, c+d \neq 0$. $\qquad \dfrac{(2+3)\cdot(4+5)^5}{(4+5)^3\cdot(2+3)^3} = \dfrac{(4+5)^2}{(2+3)^2} = \left(\dfrac{4+5}{2+3}\right)^2$				
	Besteht ein Bruch aus Produkten, und sind Klammerinhalte im Zähler und Nenner identisch, so kann in dem Bruch gekürzt werden.				

2 Ableitungsregeln (AR 1 = Ableitungsregel 1 etc.)

Die wichtigsten Ableitungsregeln sind die Regeln AR 2 (Ableitung von Potenzfunktionen), AR 6 (Produkt-), AR 7 (Quotienten-) und AR 8 (Kettenregel). Viele weitere hier angegebene Regeln lassen sich daraus ableiten. Einige Ableitungen muss man auswendig lernen, z.B. die Ableitung der Sinusfunktion oder Logarithmusfunktion. Bei komplizierten Funktionen müssen Regeln kombiniert werden.

Tipp für Klausuren: Wann immer möglich vereinfachen Sie zuerst den Term in der Funktion und leiten Sie dann ab. So vermeiden Sie Fehler.

Nr.	Regel, Formel und Erläuterung	Beispielaufgabe	Übungsaufgaben	Klar	Üben
1.	**AR 1. Ableitung von Konstanten** $$f(x) = c \quad \rightarrow \quad f'(x) = 0$$ Die Ableitung einer Konstanten ist gleich Null.	$f(x) = 5 \rightarrow f'(x) = 0$	1501-1550		
2.	**AR 2. Ableitung von Potenzfunktionen** $$f(x) = x^n \quad \rightarrow \quad f'(x) = n \cdot x^{n-1}$$ Eine Potenzfunktion wird abgeleitet, indem die Funktion mit dem Exponenten multipliziert und der Exponent um eins verringert wird.	$f(x) = x^2 \rightarrow f'(x) = 2x^1 = 2x$ $f(x) = \frac{1}{x} = x^{-1} \rightarrow f'(x) = (-1) \cdot x^{-2} = -\frac{1}{x^2}$	1501-1550		
3.	**AR 3. Ableitung von additiven / subtraktiven Konstanten in Funktionen** $$f(x) = u(x) \pm c \quad \rightarrow \quad f'(x) = u'(x)$$ Eine additive / subtraktive Konstante wird beim Ableiten Null (folgt mit AR 1 und AR 5).	$f(x) = x^2 + 3 \rightarrow f'(x) = 2x$	1501-1550		
4.	**AR 4. Ableitung konstanter Faktoren in Funktionen** $$f(x) = c \cdot u(x) \quad \rightarrow \quad f'(x) = c \cdot u'(x)$$ Konstante Faktoren in Funktionen bleiben beim Ableiten erhalten (folgt aus AR 1 und AR 6).	$f(x) = 5x^2 \rightarrow f'(x) = 5 \cdot 2x^1 = 10x$	1501-1550		
5.	**AR 5. Ableitung der Summe/Differenz aus zwei Funktionen mit derselben Variablen** $$f(x) = u(x) \pm v(x) \quad \rightarrow \quad f'(x) = u'(x) \pm v'(x)$$ Eine Summe / Differenz aus zwei Funktionen mit derselben Variablen wird abgeleitet, indem die einzelnen Funktionen abgeleitet und addiert / subtrahiert werden.	$f(x) = 11x^2 + 8x^6 \rightarrow f'(x) = 22x + 48x^5$	1501-1550		
6.	**AR 6. Ableitung eines Produktes aus zwei Funktionen mit derselben Variablen (Produktregel)** $$f(x) = u(x) \cdot v(x) \quad \rightarrow \quad f'(x) = u'(x)v(x) + v'(x)u(x) = u' \cdot v + v' \cdot u$$ Ein Produkt aus zwei Funktionen mit derselben Variablen wird abgeleitet, indem das Produkt aus erster abgeleiteter Funktion und zweiter „normaler" Funktion mit dem Produkt aus zweiter abgeleiteter Funktion und erster „normaler" Funktion addiert wird.	$f(x) = (3x^4 + x) \cdot (x^5 + 3x^2) \rightarrow$ $f'(x) = (12x^3 + 1) \cdot (x^5 + 3x^2) + (5x^4 + 6x) \cdot (3x^4 + x)$ $= 12x^8 + 36x^5 + x^5 + 3x^2 + 15x^8 + 5x^5 + 18x^5 + 6x^2$ $= 27x^8 + 60x^5 + 9x^2$	1610-1630		
7.	**AR 7. Ableitung eines Quotienten aus zwei Funktionen mit derselben Variablen (Quotientenregel)** $$f(x) = \frac{u(x)}{v(x)} \quad \rightarrow \quad f'(x) = \frac{u'(x) \cdot v(x) - v'(x) \cdot u(x)}{(v(x))^2} = \frac{u' \cdot v - v' \cdot u}{v^2} \text{ mit } v(x) \neq 0$$ Ein Quotient aus zwei Funktionen mit derselben Variablen wird abgeleitet, indem vom Produkt aus erster abgeleiteter Funktion und zweiter normaler Funktion das Produkt aus zweiter abgeleiteter Funktion und erster normaler Funktion subtrahiert und dieser Term dann durch das Quadrat der Funktion im Nenner dividiert wird.	$f(x) = \frac{4x^2 + 3}{x^5} \rightarrow$ $f'(x) = \frac{(8x) \cdot x^5 - 5x^4 \cdot (4x^2 + 3)}{(x^5)^2}$ $= -\frac{12x^6 + 15x^4}{x^{10}} \text{ mit } x \neq 0$	1637-1654		

Rechentrainer – Teil C Rechenregeln – Ableitungsregeln

Nr.	Regel, Formel und Erläuterung	Beispielaufgabe	Übungs-aufgaben	Klar	Üben
8.	**AR 8. Ableitung von verketteten Funktionen (Kettenregel)** $f(x) = v(u(x)) \quad \to f'(x) = u'(x) \cdot v'(u(x))$ Eine verkettete Funktion in Abhängigkeit von x wird abgeleitet, indem die so genannte äußere Ableitung v'(u(x)) mit der so genannten inneren Ableitung u'(x) multipliziert wird.	$f(x) = (4x^2 - 3x)^{10} \to f'(x) = (8x - 3) \cdot 10(4x^2 - 3x)^9$ mit $u(x) = 4x^2 - 3x$	1655-1673		
9.	**AR 9. Ableitung einer einfachen Exponentialfunktion** $f(x) = a^x \quad \to f'(x) = a^x \cdot \ln(a) \quad$ mit $a > 0$ Die einfache Exponentialfunktion wird abgeleitet, indem die gesamte Exponentialfunktion mit dem Logarithmus naturalis der Basis multipliziert wird.	$f(x) = 5^x \to f'(x) = 5^x \cdot \ln(5)$	1791-1807		
10.	**AR 10. Ableitung einer verketteten Exponentialfunktion** $f(x) = a^{u(x)} \quad \to f'(x) = u'(x) \cdot a^{u(x)} \cdot \ln(a) \quad$ mit $a > 0$ Eine verkettete Exponentialfunktion wird abgeleitet, indem sie mit dem abgeleiteten Exponenten und dem Logarithmus naturalis der Basis multipliziert wird (Kettenregel).	$f(x) = 2^{4x^2 - 8x}$ $\to f'(x) = (8x - 8) \cdot 2^{4x^2 - 8x} \cdot \ln(2)$	1791-1807		
11.	**AR 11. Ableitung der e-Funktion (Sonderfall)** $f(x) = e^x \quad \to f'(x) = e^x$ Die Ableitung der e-Funktion ist die e-Funktion selbst.		1791-1807		
12.	**AR 12. Ableitung der verketteten e-Funktion** $f(x) = e^{u(x)} \quad \to f'(x) = u'(x) e^{u(x)}$ Die verkettete e-Funktion wird abgeleitet, indem die gesamte e-Funktion mit der Ableitung des Exponenten multipliziert wird (Kettenregel).	$f(x) = e^{4x^2 + 5x}$ $\to f'(x) = (8x + 5) \cdot e^{4x^2 + 5x}$	1791-1807		
13.	**AR 13. Ableitung einer einfachen Logarithmusfunktion** $f(x) = \log_b x \quad \to f'(x) = \dfrac{1}{\ln(b) \cdot x} \quad$ mit $b, x > 0, b \neq 1$ Eine einfache Logarithmusfunktion wird abgeleitet, indem das Reziproke vom Produkt aus dem Argument und dem Logarithmus naturalis der Basis b gebildet wird.	$f(x) = \log_5 x \to f'(x) = \dfrac{1}{\ln(5) \cdot x} \quad$ mit $x \neq 0$	1779-1817		
14.	**AR 14. Ableitung einer verketteten Logarithmusfunktion** $f(x) = \log_b(u(x)) \quad \to f'(x) = \dfrac{u'(x)}{u(x) \cdot \ln(b)} \quad$ mit $b, u(x) > 0, b \neq 1$ Eine verkettete Logarithmusfunktion wird abgeleitet, indem der Quotient aus Ableitung der inneren Funktion (=abgeleitetes Argument) u'(x) durch das Produkt aus der inneren Funktion u(x) und dem Logarithmus naturalis der Basis b gebildet wird (Kettenregel).	$f(x) = \log_3(4x + 8) \to f'(x) = \dfrac{4}{(4x + 8) \cdot \ln(3)}$ mit $x > -2$	1779-1817		
15.	**AR 15. Ableitung der Logarithmus naturalis - Funktion** $f(x) = \ln(x) \quad \to f'(x) = \dfrac{1}{x} \quad$ mit $x > 0$ Die natürliche Logarithmusfunktion (Basis ist e) wird abgeleitet, indem der Kehrwert (das Reziproke) des Arguments gebildet wird.	$f(x) = \ln(x) \to f'(x) = \dfrac{1}{x} \quad$ mit $x > 0$	1779-1817		

Rechentrainer – Teil C Rechenregeln – Ableitungsregeln

Nr.	Regel, Formel und Erläuterung	Beispielaufgabe	Übungs-aufgaben	Klar	Üben
16.	**AR 16. Ableitung der verketteten Logarithmus naturalis - Funktion** $f(x) = \ln(u(x)) \rightarrow f'(x) = \dfrac{u'(x)}{u(x)}$ mit $u(x) > 0$ Die ln-Funktion mit einer (inneren) Funktion als Argument wird abgeleitet, indem die abgeleitete innere Funktion durch die innere Funktion dividiert wird (Kettenregel).	$f(x) = \ln(4x^3 - 7x) \rightarrow f'(x) = \dfrac{12x^2 - 7}{4x^3 - 7x}$ mit $x > \sqrt{\dfrac{7}{4}}$	1779-1817		
17.	**AR 17. Ableitung der Sinus-Funktion** $f(x) = \sin(x) \rightarrow f'(x) = \cos(x)$ Die Ableitung der Sinus-Funktion ist die Kosinus-Funktion.	$f(x) = \sin(x) \rightarrow f'(x) = \cos(x)$	1779-1817		
18.	**AR 18. Ableitung der verketteten Sinus-Funktion** $f(x) = \sin(u(x)) \rightarrow f'(x) = u'(x) \cdot \cos(u(x))$ Eine verkettete Sinus-Funktion wird abgeleitet, indem die abgeleitete innere Funktion (das abgeleitete Argument) mit dem Kosinus des Arguments multipliziert wird (Kettenregel).	$f(x) = \sin(7x + 4)$ $\rightarrow f'(x) = 7 \cdot \cos(7x + 4)$	1779-1817		
19.	**AR 19. Ableitung der Kosinus-Funktion** $f(x) = \cos(x) \rightarrow f'(x) = -\sin(x)$ Die Ableitung der Kosinus-Funktion ist die negative Sinus-Funktion.	$f(x) = \cos(x) \rightarrow f'(x) = -\sin(x)$	1779-1817		
20.	**AR 20. Ableitung der verketteten Kosinus-Funktion** $f(x) = \cos(u(x)) \rightarrow f'(x) = u'(x) \cdot [-\sin(u(x))] = -u'(x) \cdot \sin(u(x))$ Eine verkettete Kosinus-Funktion wird abgeleitet, indem die negative abgeleitete innere Funktion (das abgeleitete Argument) mit dem Sinus des Arguments multipliziert wird (Kettenregel).	$f(x) = \cos(4x + 18) \rightarrow f'(x) = -4\sin(4x + 18)$	1779-1817		
21.	**AR 21. Ableitung der Tangens-Funktion** $f(x) = \tan(x) \rightarrow f'(x) = \dfrac{1}{\cos^2(x)} = \tan^2(x) + 1$ mit $\cos(x) \neq 0$ Die Ableitung der Tangensfunktion erhält man mithilfe der Quotientenregel aus $\tan(x) = \dfrac{\sin(x)}{\cos(x)}$. Wegen $\sin^2(x) + \cos^2(x) = 1$ ergibt sich dann auch die zweite Darstellung der Ableitung.	$f'(x) = \dfrac{\sin(x)}{\cos(x)}$ $\rightarrow f'(x) = \dfrac{1}{\cos^2(x)} = \tan^2(x) + 1$ mit $\cos(x) \neq 0$	1779-1817		
22.	**AR 22. Ableitung der verketteten Tangens-Funktion** $f(x) = \tan(u(x)) \rightarrow f'(x) = \dfrac{u'(x)}{\cos^2(u(x))} = \tan^2 u(x) + u'(x)$ mit $\cos(u(x)) \neq 0$ Die Ableitung der verketteten Tangensfunktion erhält man mithilfe der Quotienten- und der Kettenregel aus $\tan(u(x)) = \dfrac{\sin(u(x))}{\cos(u(x))}$. Wegen $\sin^2(u(x)) + \cos^2(u(x)) = 1$ ergibt sich dann auch die zweite Darstellung der Ableitung.	$\tan(4x + 2) = \dfrac{\sin(4x + 2)}{\cos(4x + 2)}$ $\rightarrow f'(x) = \dfrac{4}{\cos^2(4x + 2)} = 4\tan^2(4x + 2) + 4$ für $x \neq \dfrac{1}{4}(2 - \dfrac{(2k-1)\pi}{2})$ mit $k \in \mathbb{N}$	1779-1817		

3 Rechenregeln für Summen (SR 1 = Summenregel 1 etc.)

Im Folgenden werden immer die Summen für $i=m$ bis $i=n$ gebildet. Sinnvoll ist dies natürlich nur für $m \leq n$. Im Fall $m > n$ ist die Summe gleich 0. In den aufgeführten Rechenregeln werden hauptsächlich die ersten drei Grundgesetze (Kommutativgesetz (TR 1), Assoziativgesetz (TR 2) und Distributivgesetz (TR 3)) angewendet. Wird über Zahlenfolgen summiert, so werden in den Beispielaufgaben folgende Zahlenwerte verwendet:

i	1	2	3	4	5
a_i	$a_1 = 8$	$a_2 = 9$	$a_3 = 10$	$a_4 = 11$	$a_5 = 12$
b_i	$b_1 = 12$	$b_2 = 13$	$b_3 = 14$	$b_4 = 16$	$b_5 = 17$

$_j\backslash^i$	$i=1$	$i=2$	$i=3$
$j=1$	$a_{11} = 8$	$a_{21} = 9$	$a_{31} = 10$
$j=2$	$a_{12} = 11$	$a_{22} = 12$	$a_{32} = 13$

Nr.	Regel, Formel und Erläuterung	Beispielaufgabe	Übungs-aufgaben	Klar	Üben
1.	**SR 1. Summe über eine Konstante** $$\sum_{i=m}^{n} c = (n - m + 1) \cdot c$$ Die Summe über eine Konstante c wird gebildet, indem die Konstante (n-m+1)-mal addiert bzw. mit dem Faktor (n-m+1) multipliziert wird.	$$\sum_{i=2}^{4} 8 = 8 + 8 + 8 = (4-2+1) \cdot 8 = 3 \cdot 8 = 24$$	1842-1846		
2.	**SR 2. Summe über die Indexvariable i** $$\sum_{i=m}^{n} i$$ Eine Summe mit der Bildungsvorschrift i wird gebildet, indem alle natürlichen Zahlen von 1 bis n addiert werden.	$$\sum_{i=1}^{3} i = 1+2+3 = 6, \quad \sum_{i=4}^{6} i = 4+5+6 = 15$$	1822-1891		
3.	**SR 3. Potenzsumme** $$\sum_{i=1}^{n} i = \frac{n \cdot (n+1)}{2}$$ Beginnt die Summe über die Indexvariable bei 1, so erhält man die so genannte Potenzsumme. Per Induktion lässt sich beweisen, dass diese auch gleich dem halben Produkt von der Obergrenze und der Obergrenze +1 ist.	$$\sum_{i=1}^{10} i = 1+2+\ldots+10 = 55 = \frac{10 \cdot 11}{2}$$	1822-1891		
4.	**SR 4. Summe mit Indexvariable und Konstante als Summanden** $$\sum_{i=m}^{n}(a+i) = \sum_{i=m}^{n} a + \sum_{i=m}^{n} i = (n - m + 1) \cdot a + \sum_{i=m}^{n} i$$ Eine Summe mit der Bildungsvorschrift (a+i) wird gebildet, indem die Summanden gemäß der Bildungsvorschrift gebildet werden von der Summationsuntergrenze m bis zur Summationsobergrenze n und anschließend addiert werden. Der Term kann vereinfacht werden, indem die Konstante, multipliziert mit der Differenz n-m+1, als Summand vor die Summe geschrieben wird.	$$\sum_{i=1}^{3}(4+i) = (4+1) + (4+2) + (4+3) = 18$$ $$= (3-1+1) \cdot 4 + \sum_{i=1}^{3} i$$	1822-1891		

Rechentrainer – Teil C Rechenregeln – Rechenregeln für Summen

Nr.	Regel, Formel und Erläuterung	Beispielaufgabe	Übungs-aufgaben	Klar	Üben
5.	**SR 5. Summe mit konstantem Faktor und Indexvariable als Faktor** $$\sum_{i=m}^{n} a \cdot i = a \sum_{i=m}^{n} i$$ Eine Summe mit der Bildungsvorschrift ($a \cdot i$) wird gebildet, indem die Summanden jeweils aus dem Produkt zwischen dem Faktor a und der Indexvariable i gebildet werden und anschließend addiert werden. Der Term kann vereinfacht werden, indem der konstante Faktor a direkt vor die Summe geschrieben wird (a ausklammern).	$\sum_{i=1}^{3} 4 \cdot i = (4 \cdot 1) + (4 \cdot 2) + (4 \cdot 3) = 24$ $= 4(1+2+3) = 4\sum_{i=1}^{3} i$	1822-1891		
6.	**SR 6. Summe mit Indexvariable als Divisor** $$\sum_{i=m}^{n} \frac{a}{i} = a \sum_{i=m}^{n} \frac{1}{i}$$ Eine Summe mit der Bildungsvorschrift $\frac{a}{i}$ wird gebildet, indem die Summanden jeweils aus dem Quotienten von a und der Indexvariable i gebildet und anschließend addiert werden. Der Term kann vereinfacht werden, indem der konstante Faktor a direkt vor die Summe geschrieben wird (a ausklammern).	$\sum_{i=1}^{3} \frac{4}{i} = \left(\frac{4}{1}\right) + \left(\frac{4}{2}\right) + \left(\frac{4}{3}\right) = \frac{22}{3}$ $= 4\left(1+\frac{1}{2}+\frac{1}{3}\right) = 4\sum_{i=1}^{3} \frac{1}{i}$	1822-1891		
7.	**SR 7. Summe einer Konstanten mit der Indexvariable als Exponent** $$\sum_{i=m}^{n} a^{i}$$ Eine Summe mit der Bildungsvorschrift a^i wird gebildet, indem die Summanden jeweils durch Potenzierung der Konstanten a mit der Indexvariablen i gebildet und anschließend addiert werden.	$\sum_{i=1}^{3} 4^{i} = 4^1 + 4^2 + 4^3 = 84$	1822-1891		
8.	**SR 8. Summe mit additiver / subtraktiver, nicht durch eine Klammer oder verbundene Konstante** $$\sum_{i=m}^{n} a_i \pm c = \left(\sum_{i=m}^{n} a_i\right) \pm c$$ Eine Summe mit additiver / subtraktiver Konstante, die nicht durch eine Klammer mit der Indexvariable verbunden ist, wird gebildet, indem zuerst die Summe über a gebildet und anschließend die Konstante addiert bzw. subtrahiert wird.	$\sum_{i=1}^{3} a_i + 15 = \left(\sum_{i=1}^{3} a_i\right) + 15$ $= (a_1 + a_2 + a_3) + 15 = (8+9+10) + 15 = 42$	1822-1891		
9.	**SR 9. Multiplikation zweier Summen** $$\sum_{i=m}^{n} a_i \cdot \sum_{i=k}^{l} a_i$$ Zwei Summen werden multipliziert, indem zuerst die jeweiligen Summen gebildet und diese anschließend gemäß dem Distributivgesetz gliedweise multipliziert werden.	$\sum_{i=1}^{3} a_i \cdot \sum_{i=2}^{4} a_i$ $= (a_1 + a_2 + a_3) \cdot (a_2 + a_3 + a_4)$ $= (8+9+10) \cdot (9+10+11) = 810$	1822-1891		
10.	**SR 10. Division zweier Summen** $$\frac{\sum_{i=m}^{n} a_i}{\sum_{i=k}^{l} a_i} \text{ mit } \sum_{i=k}^{l} a_i \neq 0$$ Zwei Summen werden dividiert, indem zuerst die jeweiligen Summen gebildet werden und man diese anschließend dividiert.	$\frac{\sum_{i=1}^{3} a_i}{\sum_{i=2}^{4} a_i} = \frac{(a_1 + a_2 + a_3)}{(a_2 + a_3 + a_4)}$ $= \frac{8+9+10}{9+10+11} = 0{,}9$	1822-1891		

Funktionen, Differentiale, Integrale, Vektoren, Matrizen und Ähnliches? Im **Klausurtrainer Mathematik**. www.studeo.de

Rechentrainer – Teil C Rechenregeln – Rechenregeln für Summen

Nr.	Regel, Formel und Erläuterung	Beispielaufgabe	Übungs-aufgaben	Klar	Üben
11.	**SR 11. Summe mit konstantem Faktor** $$\sum_{i=m}^{n} c \cdot a_i = c \cdot \sum_{i=m}^{n} a_i$$ Wird die Summationsvariable a_i mit einem konstanten Faktor c multipliziert, so kann der Faktor vor die Summe geschrieben werden.	$\sum_{i=1}^{3} 5a_i = (5 \cdot a_1) + (5 \cdot a_2) + (5 \cdot a_3)$ $= (5 \cdot 8) + (5 \cdot 9) + (5 \cdot 10) = 135 = 5 \cdot \sum_{i=1}^{3} a_i$	1847-1851		
12.	**SR 12. Addition von Summen mit gleicher Summationsunter- und -obergrenzen und ungleichen Summationsvariablen** $$\sum_{i=m}^{n} a_i + \sum_{i=m}^{n} b_i = \sum_{i=m}^{n} (a_i + b_i)$$ Zwei Summen mit gleicher Summationsuntergrenze m und Summationsobergrenze n sowie verschiedenen Summationsvariablen a_i und b_i werden addiert, indem die Summe von den addierten Summationsvariablen $a_i + b_i$ gebildet wird.	$\sum_{i=1}^{3} a_i + \sum_{i=1}^{3} b_i = (a_1 + a_2 + a_3) + (b_1 + b_2 + b_3)$ $= (8 + 9 + 10) + (12 + 13 + 14) = 66$ $= (8 + 12) + (9 + 13) + (10 + 14) = \sum_{i=1}^{3} (a_i + b_i)$	1832-1841		
13.	**SR 13. Addition von Summen mit gleicher Summationsunter- und -obergrenzen und gleichen Summationsvariablen** $$\sum_{i=m}^{n} a_i + \sum_{i=m}^{n} a_i = \sum_{i=m}^{n} (2a_i)$$ Zwei Summen mit gleicher Summationsuntergrenze m und Summationsobergrenze n sowie gleicher Summationsvariablen a_i werden addiert, indem die Summe des Produktes 2 a_i gebildet wird.	$\sum_{i=1}^{3} a_i + \sum_{i=1}^{3} a_i = \sum_{i=1}^{3} (a_i + a_i) = \sum_{i=1}^{3} 2a_i$ $= 2(a_1 + a_2 + a_3)$ $= 2(8 + 9 + 10) = 54$	1832-1841		
14.	**SR 14. Differenz von Summen mit gleicher Summationsunter- und -obergrenzen und ungleichen Summationsvariablen** $$\sum_{i=m}^{n} a_i - \sum_{i=m}^{n} b_i = \sum_{i=m}^{n} (a_i - b_i)$$ Zwei Summen mit gleicher Summationsuntergrenze m und Summationsobergrenze n sowie verschiedenen Summationsvariablen a_i und b_i werden subtrahiert, indem die Summe von den subtrahierten Summationsvariablen $a_i - b_i$ gebildet wird.	$\sum_{i=1}^{3} a_i - \sum_{i=1}^{3} b_i = a_1 + a_2 + a_3 - (b_1 + b_2 + b_3)$ $= (a_1 - b_1) + (a_2 - b_2) + (a_3 - b_3)$ $= (8 - 12) + (9 - 13) + (10 - 14) = -12$	1832-1841		
15.	**SR 15. Differenz von Summen mit gleicher Summationsunter- und -obergrenzen und gleichen Summationsvariablen** $$\sum_{i=m}^{n} a_i - \sum_{i=m}^{n} a_i = 0$$ Die Differenz zweier Summen mit gleicher Summationsunter- und Summationsobergrenze n sowie gleicher Summationsvariable a_i ist gleich Null.	$\sum_{i=1}^{3} a_i - \sum_{i=1}^{3} a_i = 0$	1832-1841		
16.	**SR 16. Addition von Summen mit gleicher Summationsvariablen und verschiedenen, aber verbundenen Summationsunter- und -obergrenzen** $$\sum_{i=m}^{k} a_i + \sum_{i=k+1}^{n} a_i = \sum_{i=m}^{n} a_i \text{ mit } m \leq k < n$$ Zwei Summen mit gleicher Summationsvariable a_i und ungleicher Summationsober- und -untergrenzen, wobei die zweite Untergrenze gleich der ersten Obergrenze plus 1 ist, werden addiert, indem die Summe der Summationsvariable a_i von der Summationsuntergrenze der ersten Summe bis zur Summationsobergrenze der zweiten Summe gebildet wird.	$\sum_{i=1}^{2} a_i + \sum_{i=3}^{4} a_i$ $= (a_1 + a_2) + (a_3 + a_4)$ $= a_1 + a_2 + a_3 + a_4$ $= 8 + 9 + 10 + 11 = 38 = \sum_{i=1}^{4} a_i$	1832-1841		

Rechentrainer – Teil C Rechenregeln – Rechenregeln für Summen

Nr.	Regel, Formel und Erläuterung	Beispielaufgabe	Übungs-aufgaben	Klar	Üben
17.	**SR 17. Addition von Summen mit gleichen Summationsvariablen und nicht verbundenen Summationsunter- und -obergrenzen** $$\sum_{i=m}^{k} a_i + \sum_{i=m}^{l} a_i$$ Zwei Summen mit gleicher Summationsvariable a_i und ungleichen Summationsober- und -untergrenzen, die nicht verbunden sind, können nicht weiter zusammengefasst werden. Die Summen werden einzeln gebildet und anschließend addiert.	$$\sum_{i=1}^{2} a_i + \sum_{i=4}^{5} b_i$$ $= (a_1 + a_2) + (b_4 + b_5)$ $= (8 + 9) + (16 + 17) = 50$	1832-1841		
18.	**SR 18. Addition von Summen mit unterschiedlichen Summationsvariablen und verschiedenen, aber verbundenen Summationsunter- und -obergrenzen** $$\sum_{i=m}^{k} a_i + \sum_{i=k+1}^{n} b_i$$ Zwei Summen mit verschiedenen Summationsvariablen a_i und b_i und ungleichen Summationsunter- und -obergrenzen, wobei die zweite Untergrenze gleich der Obergrenze der Summe plus 1 ist, können nicht weiter zusammengefasst werden. Die Summen werden einzeln gebildet und anschließend addiert.	$$\sum_{i=1}^{2} a_i + \sum_{i=3}^{4} b_i = (a_1 + a_2) + (b_3 + b_4)$$ $= (8 + 9) + (14 + 16) = 47$	1832-1841		
19.	**SR 19. Addition von Summen mit gleichen Summationsvariablen und verschiedenen, nicht verbundenen Summationsunter- und -obergrenzen** $$\sum_{i=m}^{k} a_i + \sum_{i=k}^{l} b_i$$ Zwei Summen mit ungleichen Summationsvariable a_i und b_i und ungleichen Summationsober- und -untergrenzen, die nicht zusammenhängend sind, können nicht weiter zusammengefasst werden. Die Summen müssen einzeln gebildet werden und sind erst anschließend zu addieren.	$$\sum_{i=1}^{2} a_i + \sum_{i=4}^{5} b_i$$ $= (a_1 + a_2) + (b_4 + b_5)$ $= (8 + 9) + (16 + 17) = 50$	1832-1841		
20.	**SR 20. Bildung einer Doppelsumme** $$\sum_{i=m}^{n} \sum_{j=1}^{l} a_{ij} = \sum_{j=1}^{l} \sum_{i=m}^{n} a_{ij}$$ Eine Doppelsumme wird gebildet, indem die zweite Summe als Summationsvariable der ersten Summe benutzt wird. Bei einer Doppelsumme gilt stets Kommutativität.	$$\sum_{i=1}^{2} \left(\sum_{j=1}^{3} a_{ij} \right)$$ $= (a_{11} + a_{12} + a_{13}) + (a_{21} + a_{22} + a_{23})$ $= (8 + 9 + 10) + (11 + 12 + 13) = 63$ und $$\sum_{j=1}^{3} \left(\sum_{i=1}^{2} a_{ij} \right)$$ $= (a_{11} + a_{21}) + (a_{12} + a_{22}) + (a_{13} + a_{23}) = 63$	1852-1856		

Studeo Rechentrainer – Teil C Rechenregeln – Rechenregeln für Produkte

4 Rechenregeln für Produkte (PR 1 = Produktregel 1 etc.)

Nach den Summen werden nun die Produkte näher betrachtet. Auch hier ist sinnvollerweise die Untergrenze m kleiner oder gleich der Multiplikationsobergrenze n. Ansonsten erhält man das leere Produkt. Auch diesmal lassen sich die meisten aufgeführten Rechenregeln auf die drei Grundgesetze zurückführen. Die folgenden Tabellen geben wieder die in den Beispielaufgaben verwendeten Zahlenfolgen an:

i	i=1	i=2	i=3	i=4
a_i	a_1 =2	a_2 =3	a_3 =4	a_4 =5
b_i	b_1 =6	b_2 =7	b_3 =8	

j\i	i=1	i=2	i=3
j=1	a_{11} =2	a_{21} =3	a_{31} =4
j=2	a_{12} =5	a_{22} =6	a_{32} =7

Nr.	Regel, Name und Inhalt	Beispielaufgabe	Übungs-aufgaben	Klar	Üben
1.	**PR 1.** **Produkt über die Indexvariable = Spezialfall Fakultät** $$\prod_{i=1}^{n} i = n!$$ Das Produkt der natürlichen Zahlen von 1 bis n wird gebildet, indem alle Zahlen als Faktoren betrachtet und nacheinander multipliziert werden. Das Produkt entspricht der Fakultät der Multiplikationsobergrenze n.	$\prod_{i=1}^{5} i = 1 \cdot 2 \cdot 3 \cdot 4 \cdot 5 = 5! = 120$	1887-1891		
2.	**PR 2.** **Produkt über die Indexvariable** $$\prod_{i=m}^{n} i = \frac{n!}{(m-1)!}$$ Das Produkt der natürlichen Zahlen von m bis n wird gebildet, indem alle Zahlen als Faktoren betrachtet und nacheinander multipliziert werden. Durch Kürzen erhält man obige Formel.	$\prod_{i=4}^{9} i = 4 \cdot 5 \cdot 6 \cdot 7 \cdot 8 \cdot 9 = 60480$ $= \frac{1 \cdot 2 \cdot 3 \cdot 4 \cdot 5 \cdot 6 \cdot 7 \cdot 8 \cdot 9}{1 \cdot 2 \cdot 3}$	1887-1891		
3.	**PR 3.** **Produkt von einer Konstanten** $$\prod_{i=m}^{n} c = c^{(n-m+1)}$$ Das Produkt über eine Konstante ist gleich der Konstanten mit (n-m+1) als Exponenten.	$\prod_{i=3}^{5} 5 = 5 \cdot 5 \cdot 5 = 5^3 = 125$	1887-1891		
4.	**PR 4.** **Produkt mit Indexvariable als Summand** $$\prod_{i=m}^{n}(a+i)$$ Für das Produkt mit der Bildungsvorschrift (a+i) werden die Faktoren gebildet, indem jede Zahl von m bis n jeweils zu a addiert wird. Diese Faktoren werden dann miteinander multipliziert.	$\prod_{i=1}^{3}(4+i) = (4+1)(4+2)(4+3) = 210$			

Rechentrainer – Teil C Rechenregeln – Rechenregeln für Logarithmen

Nr.	Regel, Name und Inhalt	Beispielaufgabe	Übungsaufgaben	Klar	Üben
5.	**PR 5. Produkt mit Indexvariable als Subtrahend** $$\prod_{i=m}^{n}(a-i)$$ Analog zu PR 4 wird das Produkt mit der Bildungsvorschrift (a-i) gebildet.	$$\prod_{i=1}^{3}(4-i)=(4-1)(4-2)(4-3)=6$$			
6.	**PR 6. Produkt mit Indexvariable als Faktor** $$\prod_{i=m}^{n}(a \cdot i) = \prod_{i=m}^{n} a \cdot \prod_{i=m}^{n} i = a^{(n-m+1)} \cdot \prod_{i=m}^{n} i$$ Mit PR 1 erhält man obige Formel. Ein Produkt mit Bildungsvorschrift (ai) wird also gebildet, indem die Konstante mit n-m+1 potenziert und dann mit dem Produkt der Zahlen von m bis n multipliziert wird.	$$\prod_{i=1}^{3}(4 \cdot i)=(4 \cdot 1)(4 \cdot 2)(4 \cdot 3)=384=4^{3} \cdot \prod_{i=1}^{3} i$$			
7.	**PR 7. Produkt mit Indexvariable als Divisor** $$\prod_{i=m}^{n} \frac{a}{i} = a^{n-m+1} \cdot \prod_{i=m}^{n} \frac{1}{i}$$ Diese Formel ergibt sich ebenfalls aus PR 1.	$$\prod_{i=1}^{3}\frac{4}{i}=\left(\frac{4}{1}\right)\cdot\left(\frac{4}{2}\right)\cdot\left(\frac{4}{3}\right)=\frac{64}{6}=\frac{32}{3}=4^{3}\cdot\prod_{i=1}^{3}\frac{1}{i}$$			
8.	**PR 8. Produkt mit Indexvariable als Exponent einer Potenz** $$\prod_{i=m}^{n} a^{i} = a^{\sum_{i=m}^{n} i}$$ TR 6 besagt, dass man Potenzen mit gleichen Basen multipliziert, indem die Exponenten addiert. Diese Regel ergibt obige Formel.	$$\prod_{i=1}^{3} 4^{i} = 4^{1} \cdot 4^{2} \cdot 4^{3} = 4096 = 4^{(1+2+3)}$$			
9.	**PR 9. Produkt mit Indexvariable als Basis einer Potenz** $$\prod_{i=m}^{n} i^{a}$$ Ist die Indexvariable die Basis einer Potenz, so lässt sich das Produkt nicht weiter vereinfachen. Alle Faktoren müssen einzeln gebildet und dann miteinander multipliziert werden.	$$\prod_{i=2}^{4} i^{2} = 2^{2} \cdot 3^{2} \cdot 4^{2} = 576$$			
10.	**PR 10. Produkt mit additiver / subtraktiver, nicht durch eine Klammer verbundener Konstante** $$\prod_{i=m}^{n} a_{i} \pm c = \left(\prod_{i=m}^{n} a_{i}\right) \pm c$$ Ein Produkt mit additiver / subtraktiver Konstante, die nicht durch eine Klammer mit der Indexvariable verbunden ist, wird zuerst gebildet, indem zuerst das Produkt gebildet und anschließend die Konstante addiert bzw. subtrahiert wird. (Punkt- vor Strichrechnung!)	$$\prod_{i=1}^{3} a_{i} + 15 = \left(\prod_{i=1}^{3} a_{i}\right) + 15$$ $(a_{1} \cdot a_{2} \cdot a_{3}) + 15 = (2 \cdot 3 \cdot 4) + 15 = 39$			
11.	**PR 11. Produkt mit konstantem Faktor** $$\prod_{i=m}^{n} c \cdot a_{i} = c^{n-m+1} \cdot \prod_{i=m}^{n} a_{i}$$ Ein konstanter Faktor in einem Produkt kann als konstanter Faktor mit dem Exponenten (n-m+1) vor das Produkt geschrieben werden.	$$\prod_{i=1}^{3} 5 \cdot a_{i} = (5 \cdot a_{1}) \cdot (5 \cdot a_{2}) \cdot (5 \cdot a_{3})$$ $= (5 \cdot 2) \cdot (5 \cdot 3) \cdot (5 \cdot 4) = 3000$ $= 5^{3} \cdot \prod_{i=1}^{3} a_{i}$	1882-1886		

Studeo Rechentrainer – Teil C Rechenregeln – Rechenregeln für Produkte

Nr.	Regel, Name und Inhalt	Beispielaufgabe	Übungs-aufgaben	Klar	Üben
12.	**PR 12. Addition zweier Produkte** $$\prod_{i=m}^{n} a_i + \prod_{i=m}^{l} a_i$$ Zwei Produkte werden addiert, indem zuerst die jeweiligen Produkte gebildet und diese anschließend addiert werden.	$$\prod_{i=1}^{3} a_i + \prod_{i=2}^{4} a_i$$ $= (a_1 \cdot a_2 \cdot a_3) + (a_2 \cdot a_3 \cdot a_4)$ $= (2 \cdot 3 \cdot 4) + (3 \cdot 4 \cdot 5) = 84$			
13.	**PR 13. Subtraktion zweier Produkte** $$\prod_{i=m}^{n} a_i - \prod_{i=m}^{l} a_i$$ Zwei Produkte werden subtrahiert, indem zuerst die jeweiligen Produkte gebildet und diese anschließend subtrahiert werden.	$$\prod_{i=1}^{3} a_i - \prod_{i=2}^{4} a_i$$ $= (a_1 \cdot a_2 \cdot a_3) - (a_2 \cdot a_3 \cdot a_4)$ $= (2 \cdot 3 \cdot 4) - (3 \cdot 4 \cdot 5) = -36$			
14.	**PR 14. Multiplikation zweier Produkte mit verschiedenen Multiplikationsvariablen und gleichen Multiplikationsunter- und -obergrenzen** $$\prod_{i=m}^{n} a_i \cdot \prod_{i=m}^{n} b_i = \prod_{i=m}^{n} (a_i \cdot b_i)$$ Zwei Produkte mit gleichen Multiplikationsuntergrenzen m und Multiplikationsobergrenzen n sowie verschiedenen Multiplikationsvariablen a_i und b_i werden multipliziert, indem das Produkt vom Produkt beider Multiplikationsvariablen gebildet wird.	$$\prod_{i=1}^{3} a_i \cdot \prod_{i=1}^{3} b_i$$ $= (a_1 \cdot a_2 \cdot a_3) \cdot (b_1 \cdot b_2 \cdot b_3)$ $= (2 \cdot 3 \cdot 4) \cdot (6 \cdot 7 \cdot 8) = (2 \cdot 6) \cdot (3 \cdot 7) \cdot (4 \cdot 8)$ $= 8064 = \prod_{i=1}^{3} a_i \cdot b_i$	1867-1871		
15.	**PR 15. Multiplikation zweier Produkte mit gleichen Multiplikationsvariablen und gleichen Multiplikationsunter- und -obergrenzen** $$\prod_{i=m}^{n} a_i \cdot \prod_{i=m}^{n} a_i = \prod_{i=m}^{n} (a_i \cdot a_i) = \prod_{i=m}^{n} (a_i)^2$$ Zwei Produkte mit gleicher Multiplikationsuntergrenze m und Multiplikationsobergrenze n sowie gleicher Multiplikationsvariablen a_i werden multipliziert, indem das Produkt der quadrierten Multiplikationsvariablen gebildet wird.	$$\prod_{i=1}^{3} a_i \cdot \prod_{i=1}^{3} a_i =$$ $(a_1 \cdot a_2 \cdot a_3) \cdot (a_1 \cdot a_2 \cdot a_3) = (a_1 \cdot a_2 \cdot a_3)^2$ $= (2 \cdot 3 \cdot 4)^2 = 576 = \prod_{i=1}^{3} (a_i)^2$	1867-1871		
16.	**PR 16. Division zweier Produkte mit gleichen Multiplikationsvariablen und gleichen Multiplikationsunter- und -obergrenzen** $$\frac{\prod_{i=m}^{n} a_i}{\prod_{i=m}^{n} b_i} = \prod_{i=m}^{n} \frac{a_i}{b_i} \quad \text{mit } b_i \neq 0 \text{ für alle } i$$ Zwei Produkte mit gleichen Multiplikationsuntergrenzen m und Multiplikationsobergrenzen n sowie ungleichen Multiplikationsvariablen a_i und b_i werden dividiert, indem das Produkt des Quotienten beider Multiplikationsvariablen gebildet wird.	$$\frac{\prod_{i=1}^{3} a_i}{\prod_{i=1}^{3} b_i} = \frac{a_1 \cdot a_2 \cdot a_3}{b_1 \cdot b_2 \cdot b_3} = \frac{2 \cdot 3 \cdot 4}{6 \cdot 7 \cdot 8}$$ $= \left(\frac{2}{6}\right)\left(\frac{3}{7}\right)\left(\frac{4}{8}\right) = \frac{24}{336} = \frac{1}{14}$ $= \prod_{i=1}^{3} \frac{a_i}{b_i}$	1872-1876		

Rechentrainer – Teil C Rechenregeln – Rechenregeln für Logarithmen

17.	**PR 17. Division zweier Produkte mit gleichen Multiplikationsvariablen und gleichen Multiplikationsunter- und -obergrenzen** $$\frac{\prod_{i=m}^{n} a_i}{\prod_{i=m}^{n} a_i} = 1 \quad \text{mit } a_i \neq 0 \text{ für alle } i$$ Der Quotient zweier Produkte mit gleichen Multiplikationsvariablen a_i und Multiplikationsuntergrenzen m und Multiplikationsobergrenzen n sowie gleicher Multiplikationsvariable a_i ist stets eins.	$$\frac{\prod_{i=1}^{3} a_i}{\prod_{i=1}^{3} a_i} = 1$$	1872-1876
18.	**PR 18. Division zweier Produkte mit gleichen Multiplikationsvariablen und verschiedenen Multiplikationsunter- und -obergrenzen** $$\frac{\prod_{i=m}^{n} a_i}{\prod_{i=k}^{l} a_i} \quad \text{mit } a_i \neq 0 \text{ für alle } i$$ Ein Quotient zweier Produkte mit gleichen Multiplikationsvariablen a_i und ungleichen Multiplikationsunter- und -obergrenzen kann nicht weiter zusammengefasst werden. Die Produkte müssen einzeln gebildet werden. Anschließend kann der Quotient berechnet werden.	$$\frac{\prod_{i=1}^{2} a_i}{\prod_{i=4}^{5} a_i} = \frac{a_1 \cdot a_2}{a_4 \cdot a_5} = \frac{2 \cdot 3}{5 \cdot 9} = \frac{2}{15}$$	1872-1876
19.	**PR 19. Division zweier Produkte mit verschiedenen Multiplikationsvariablen und Multiplikationsunter- und -obergrenzen** $$\frac{\prod_{i=m}^{n} a_i}{\prod_{i=k}^{l} b_i} \quad \text{mit } b_i \neq 0 \text{ für alle } i$$ Ein Quotient zweier Produkte mit ungleichen Multiplikationsvariablen a_i und b_i und ungleichen Multiplikationsunter- und -obergrenzen kann nicht weiter zusammengefasst werden. Die Produkte müssen einzeln gebildet werden. Anschließend kann der Quotient berechnet werden.	$$\frac{\prod_{i=1}^{2} a_i}{\prod_{i=4}^{5} b_i} = \frac{a_1 \cdot a_2}{b_4 \cdot b_5} = \frac{2 \cdot 3}{10 \cdot 11} = \frac{3}{55}$$	1872-1876
20.	**PR 20. Multiplikation von Produkten mit gleichen Multiplikationsvariablen und verschiedenen, aber verbundenen Multiplikationsunter- und -obergrenzen** $$\prod_{i=m}^{k} a_i \cdot \prod_{i=k+1}^{n} a_i = \prod_{i=m}^{n} a_i$$ Zwei Produkte mit unterschiedlichen Multiplikationsunter- und -obergrenzen, wobei die zweite Untergrenze gleich der ersten Obergrenze plus 1 ist, und gleicher Multiplikationsvariable werden multipliziert, indem das gesamte Produkt mit der Multiplikationsuntergrenze des ersten Produktes und der Multiplikationsobergrenze des zweiten Produktes über die Multiplikationsvariable a_i gebildet wird.	$$\prod_{i=1}^{2} a_i \cdot \prod_{i=3}^{4} a_i = (a_1 \cdot a_2) \cdot (a_3 \cdot a_4)$$ $$= (2 \cdot 3) \cdot (4 \cdot 5) = 2 \cdot 3 \cdot 4 \cdot 5 = 120$$ $$= \prod_{i=1}^{4} a_i$$	1878-1881
21.	**PR 21. Multiplikation von Produkten mit gleichen Multiplikationsvariablen und verschiedenen, nicht verbundenen Multiplikationsunter- und -obergrenzen** $$\prod_{i=m}^{k} a_i \cdot \prod_{i=n}^{l} a_i$$ Bei der Multiplikation zweier Produkte mit gleichen Multiplikationsvariablen und ungleichen Multiplikationsunter- und -obergrenzen, die nicht zusammenhängen, ist eine weitere Zusammenfassung nicht möglich. Die Produkte müssen einzeln gebildet werden. Anschließend können die Ergebnisse multipliziert werden.	$$\prod_{i=1}^{2} a_i \cdot \prod_{i=4}^{5} a_i = (a_1 \cdot a_2) \cdot (a_4 \cdot a_5)$$ $$= (2 \cdot 3) \cdot (5 \cdot 9) = 6 \cdot 45 = 270$$	1878-1881

Funktionen, Differentiale, Integrale, Vektoren, Matrizen und Ähnliches? Im **Klausurtrainer Mathematik**. www.studeo.de

Studeo® Rechentrainer – Teil C Rechenregeln – Rechenregeln für Produkte

22.	**PR 22.** **Multiplikation von Produkten mit verschiedenen Multiplikationsvariablen und verschiedenen, aber verbundenen Multiplikationsunter- und -obergrenzen** $$\prod_{i=m}^{k} a_i \cdot \prod_{i=k+1}^{n} b_i$$ Bei der Multiplikation zweier Produkte mit verschiedenen Multiplikationsvariablen und Multiplikationsunter- und -obergrenzen, wobei die zweite Untergrenze gleich der ersten Obergrenze plus 1 ist, ist eine weitere Zusammenfassung nicht möglich. Die Produkte müssen einzeln gebildet werden. Anschließend können die Ergebnisse multipliziert werden.	$$\prod_{i=1}^{2} a_i \cdot \prod_{i=3}^{4} b_i = (a_1 \cdot a_2) \cdot (b_3 \cdot b_4)$$ $$= (2 \cdot 3) \cdot (7 \cdot 8) = 6 \cdot 56 = 336$$	1878-1881
23.	**PR 23.** **Multiplikation von Produkten mit gleichen Multiplikationsvariablen und verschiedenen, nicht verbundenen Multiplikationsunter- und -obergrenzen** $$\prod_{i=m}^{k} a_i \cdot \prod_{i=k+1}^{n} a_i = \prod_{i=m}^{n} a_i$$ Bei der Multiplikation zweier Produkte mit ungleichen Multiplikationsvariablen und ungleichen Multiplikationsunter- und -obergrenzen, die nicht verbunden sind, ist eine weitere Zusammenfassung nicht möglich. Die Produkte werden einzeln gebildet und anschließend miteinander multipliziert.	$$\prod_{i=1}^{2} a_i \cdot \prod_{i=3}^{4} a_i = a_1 \cdot a_2 \cdot a_3 \cdot a_4$$ $$= 2 \cdot 3 \cdot 4 \cdot 5 = 120 = \prod_{i=1}^{4} a_i$$	1878-1881
24.	**PR 24.** **Bildung eines Doppelproduktes** $$\prod_{j=1}^{n} \prod_{i=k}^{l} a_{ij} = \prod_{j=k}^{l} \prod_{i=1}^{n} a_{ij}$$ Ein Doppelprodukt wird gebildet, indem das zweite Produkt als Multiplikationsvariable des ersten Produktes benutzt wird. Bei Doppelprodukten gilt stets Kommutativität.	$$\prod_{j=1}^{2} \left(\prod_{i=1}^{3} a_{ij} \right) = (a_{11} \cdot a_{21} \cdot a_{31}) \cdot (a_{12} \cdot a_{22} \cdot a_{32})$$ $$= (2 \cdot 3 \cdot 4) \cdot (5 \cdot 6 \cdot 7) = 5040$$ $$= \prod_{i=1}^{3} \left(\prod_{j=1}^{2} a_{ij} \right)$$	

Rechentrainer – Teil C Rechenregeln – Rechenregeln für Logarithmen

5 Rechenregeln für Logarithmen (LR 1 = Logarithmenregel 1 etc.)

Auch die folgenden Rechengesetze für Logarithmen müssen nicht alle auswendig gelernt werden. Wichtig ist selbstverständlich die Definition des Logarithmus (LR 1) selbst. An Rechenregeln sind die Regeln LR 6, LR 7 und LR 10 grundlegend. Alle weiteren Regeln lassen sich aus diesen herleiten (z.B. sind LR 8 und LR 9 direkte Folgerungen von LR 7).

Nr.	Regel, Name und Inhalt	Beispielaufgabe	Übungs-aufgaben	Klar	Üben
1.	**LR 1. Definition des Logarithmus von a zur Basis b** $$x = \log_b a \Leftrightarrow b^x = a \quad \text{für } a,b > 0,\ b \neq 1$$ Der Logarithmus von a zur Basis b ist: also gleich dem Exponenten, mit dem b potenziert werden muss, um a zu erhalten.	$\log_3 27 = 3$, da $3^3 = 27$			
2.	**LR 2. Logarithmus von 1 zur Basis b.** $$\log_b 1 = 0 \quad \text{mit } b > 0,\ b \neq 1$$ Der Logarithmus von 1 zur Basis b ist 0.	$\log_2 1 = 0$	1892-1896		
3.	**LR 3. Logarithmus von b zur Basis b** $$\log_b b = 1 \quad \text{mit } b > 0,\ b \neq 1$$	$\log_2 2 = 1$	1897-1901		
4.	**LR 4. Definition von ln(a) (Logarithmus von a zur Basis e)** $$\ln(a) = \log_e a \quad \text{mit } a > 0$$ Eine häufig verwendete Basis ist die Basis e ($e \approx 2{,}71828$). Den Logarithmus von a zur Basis e bezeichnet man als den Logarithmus naturalis von a und benutzt die abkürzende Schreibweise ln(a).	$\log_e 2 = \ln 2 \approx 0{,}693$	1902-1911		
5.	**LR 5. Definition von lg(a) (Logarithmus von a zur Basis 10)** $$\lg(a) = \log_{10} a \quad \text{mit } a > 0$$ Der Logarithmus von a zur Basis 10 wird als der dekadische Logarithmus von a bezeichnet.	$\log_{10} 2 = \lg 2 \approx 0{,}301$	1902-1911		
6.	**LR 6. Logarithmus von a zur Basis b** $$\log_b a = \frac{\ln a}{\ln b} = \frac{\lg a}{\lg b} \quad \text{mit } a,b > 0,\ b \neq 1$$ Der Logarithmus von a zur Basis b ist gleich dem Quotienten aus dem Logarithmus naturalis von a und dem Logarithmus naturalis von b und gleichzeitig auch gleich dem Quotienten aus dem dekadischen Logarithmus von a und dem dekadischen Logarithmus von b.	$\log_2 3 = \dfrac{\ln 3}{\ln 2} = \dfrac{\lg 3}{\lg 2} \approx 1{,}585$	1967-1971		
7.	**LR 7. Logarithmus der Potenz a^n zur Basis b** $$\log_b(a^n) = n \cdot \log_b(a) \quad \text{mit } a,b > 0,\ b \neq 1$$ Der Logarithmus einer Potenz mit der Basis a und dem Exponenten n zur Basis b ist das Produkt aus dem Exponenten n und dem Logarithmus von a zur Basis b.	$\log_2(3^8) = 8 \cdot \log_2(3) \approx 12{,}6797$	1931-1941		

Rechentrainer – Teil C Rechenregeln – Rechenregeln für Logarithmen

Nr.	Regel, Name und Inhalt	Beispielaufgabe	Übungs-aufgaben	Klar	Üben
8.	**LR 8. Logarithmus einer Wurzel** $$\log_b\left(\sqrt[n]{a}\right) = \frac{1}{n} \cdot \log_b(a) \quad \text{mit } a, b > 0, b \neq 1$$ Der Logarithmus einer n-ten Wurzel zur Basis b ist das Produkt aus dem Quotienten 1 durch n und dem Logarithmus a zur Basis b.	$\log_2\left(\sqrt[4]{3}\right) = \frac{1}{4} \cdot \log_2 3 \approx 0{,}396$	1974-2001		
9.	**LR 9. Logarithmus der Potenz b^n zur Basis b** $$\log_b(b^n) = n \quad \text{mit } b > 0, b \neq 1$$ Der Logarithmus einer Potenz mit der Basis b und dem Exponenten n zur Basis b (gleiche Basen) ist gleich n. Dies folgt direkt mit LR 3 und LR 7.	$\log_2(2^8) = 8$	1912-1921		
10.	**LR 10. Logarithmus eines Produktes** $$\log_b(a \cdot c) = \log_b(a) + \log_b(c) \quad \text{mit } a, b, c > 0, b \neq 1$$ Der Logarithmus eines Produktes aus a und c zur Basis b ist gleich der Summe der Logarithmen von a zur Basis b und dem Logarithmus c zur Basis b.	$\log_2(3 \cdot 4) = \log_2(3) + \log_2(4) \approx 3{,}585$	1942-1951		
11.	**LR 11. Logarithmus eines Quotienten** $$\log_b\left(\frac{a}{c}\right) = \log_b(a) - \log_b(c) \quad \text{mit } a, b, c > 0, b \neq 1$$ Der Logarithmus eines Quotienten a durch c zur Basis b ist gleich der Differenz der Logarithmen von a zur Basis b und c zur Basis b.	$\log_2\left(\frac{3}{4}\right) = \log_2(3) - \log_2(4) \approx -0{,}415$	1952-1961		
12.	**LR 12. Potenz mit einem Logarithmus als Exponent** $$b^{\log_b x} = x \quad \text{mit } b > 0, b \neq 1$$ Eine Potenz mit der Basis b und einem Logarithmus von x zur Basis b als Exponenten ist gleich x.	$2^{\log_2 8} = 8$	1922-1931		
13.	**LR 13. Logarithmus einer Summe in Klammern** $$\log_b(a+c) \quad \text{mit } a+c, b > 0, b \neq 1$$ Der Logarithmus einer Klammer (a+c) mit Basis b kann nicht weiter vereinfacht oder umgeschrieben werden.	$\log_2(3x+4) = \log_2(3x+4) \quad \text{mit } x > -\frac{4}{3}$	1974-2001		
14.	**LR 14. Logarithmus einer Potenz mit Klammerbasis** $$\log_b(a+c)^n = n \cdot \log_b(a+c) \quad \text{mit } a+c, b > 0, b \neq 1$$ Der Logarithmus einer Potenz mit der Klammerbasis (a+c) und dem Exponenten n zur Basis b ist das Produkt aus dem Exponenten n und dem Logarithmus von (a+c) zur Basis b.	$\log_2(3x+4)^8 = 8 \cdot \log_2(3x+4) \quad \text{mit } x > -\frac{4}{3}$	1974-2001		
15.	**LR 15. Logarithmus einer Wurzel mit Radikanden in Klammer** $$\log_b\left(\sqrt[n]{a+c}\right) = \frac{1}{n} \cdot \log_b(a+c) \quad \text{mit } a+c, b > 0, b \neq 1$$ Der Logarithmus einer n-ten Wurzel mit Radikanden (a+c) zur Basis b ist das Produkt aus dem Quotienten 1 durch n und dem Logarithmus von (a+c) zur Basis b.	$\log_2\left(\sqrt[5]{(3x+4)}\right) = \frac{1}{5} \cdot \log_2(3x+4) \quad \text{mit } x > -\frac{4}{3}$	1974-2001		

Studeo® Formelsammlung Mathematik
(aus dem Klausurtrainer Mathematik und dem "Rechentrainer-Schlag auf Schlag – Rechnen bis ichs mag")

MENGENLEHRE:

$A \subset B \Leftrightarrow \forall x \in A \Rightarrow x \in B$; $A = B \Leftrightarrow \forall x \in A \Leftrightarrow x \in B$

$P(A) = \{B | B \subset A\}$; $A \cap B = \{x | x \in A \land x \in B\}$

$A \cup B = \{x | x \in A \lor x \in B\}$

Disjunktheit bei: $A \cap B = \emptyset$

$B \setminus A = \{x | x \in B \land x \notin A\}$; $\bar{A}_G = \{x | x \in B \land x \notin A\}$

Kommutativgesetz: $A \cap B = B \cap A$; $A \cup B = B \cup A$

Assoziativgesetz: $(A \cap B) \cap C = A \cap (B \cap C)$
$(A \cup B) \cup C = A \cup (B \cup C)$

Distributivgesetz: $(A \cup B) \cap C = (A \cap C) \cup (B \cap C)$
$(A \cap B) \cup C = (A \cup C) \cap (B \cup C)$

De Morgan'sche Gesetz: *es gilt* $A \subset G$ *und* $B \subset G$
$\overline{(A \cup B)}_G = \bar{A}_G \cap \bar{B}_G$, $\overline{(A \cap B)}_G = \bar{A}_G \cup \bar{B}_G$
$\bar{\emptyset}_G = \emptyset$, $\bar{\bar{\emptyset}}_G = G$; $A \cap \bar{A}_G = \emptyset$, $A \cup \bar{A}_G = G$
$A \subset B \Leftrightarrow \bar{B}_G \subset \bar{A}_G$

GRUNDLEGENDES:

Binomische Formeln:
$(a+b)^2 = a^2 + 2ab + b^2$
$(a-b)^2 = a^2 - 2ab + b^2$; $(a+b)(a-b) = a^2 - b^2$

Binomischer Satz: $(a+b)^n = \sum_{p=0}^{n} \binom{n}{p} a^{n-p} b^p$
$= \binom{n}{0}a^n + \binom{n}{1}a^{n-1}b + \binom{n}{2}a^{n-2}b^2 + ... + \binom{n}{n-1}ab^{n-1} + \binom{n}{n}b^n$

Mittelwerte von 2 Größen (von n Größen): (mit $x_i \geq 0$)

arithmetisches: $\bar{x} = \frac{x_1 + x_2}{2}$; $\bar{x} = \frac{1}{n} \cdot \sum_{v=1}^{n} x_v$

geometrisches: $\bar{x}_g = \sqrt{x_1 \cdot x_2}$; $\bar{x}_g = \sqrt[n]{\prod_{v=1}^{n} x_v}$

harmonisches: $\bar{x}_h = \frac{2 x_1 \cdot x_2}{x_1 + x_2}$; $\bar{x}_h = \frac{n}{\sum_{v=1}^{n} \frac{1}{x_v}}$

Potenzgesetze: *es sei* $a, b \in R$ *und* $n, m \in Z$

$(a^n)^m = a^{nm}$; $a^n \cdot a^m = a^{n+m}$; $a^n \cdot b^n = (a \cdot b)^n$

$\frac{a^n}{a^m} = a^{n-m}$ *(mit* $a \neq 0$) ; $\frac{a^n}{b^n} = \left(\frac{a}{b}\right)^n$ *(mit* $b \neq 0$)

außerdem gilt: $a^0 = 1$; $\frac{1}{a^n} = a^{-n}$

Wurzelgesetze: *es sei* $a, b \geq 0$

$\sqrt[n]{a} \cdot \sqrt[n]{b} = \sqrt[n]{ab}$; $\frac{\sqrt[n]{a}}{\sqrt[n]{b}} = \sqrt[n]{\frac{a}{b}}$ *(mit* $b > 0$)

$\sqrt[n]{\sqrt[m]{a}} = \sqrt[nm]{a} = \sqrt[m]{\sqrt[n]{a}}$; $(\sqrt[n]{a})^m = \sqrt[n]{a^m} = a^{\frac{m}{n}}$

Logarithmengesetze: ($w \in R$; $a, b, u, v, x \in R^+$

und $a \neq 1$) $\log_a b$ heißt der Logarithmus der Zahl b zur

Basis a und berechnet sich nach: $\log_a b = \frac{\lg b}{\lg a} = \frac{\ln b}{\ln a}$

folgende Regeln gelten: $\log_{10} b = \lg b$

$\log_a b = \ln b$; $\log_a(a^x) = x$; $a^{\log_a x} = x$

$\log_a 1 = 0$; $\log_a a = 1$; $\log_a(u^w) = w \cdot \log_a u$

$\log_a(u \cdot v) = \log_a u + \log_a v$; $\log_a\left(\frac{u}{v}\right) = \log_a u - \log_a v$

Summenzeichenregeln:

$\sum_{i=m}^{n} a_i \pm \sum_{i=m}^{n} b_i = \sum_{i=m}^{n} (a_i \pm b_i)$; $\sum_{i=m}^{n} c \cdot a_i = n \cdot c$ (c=const.)

$\sum_{i=m}^{n} c \cdot a_i = c \cdot \sum_{i=m}^{n} a_i$; $\sum_{i=m}^{n} \sum_{j=m}^{k} a_{ij} = \sum_{j=m}^{k} \sum_{i=m}^{n} a_{ij}$

$\sum_{i=m}^{k} a_i + \sum_{i=k+1}^{n} a_i = \sum_{i=m}^{n} a_i$ $[m \leq k < n]$

Produktzeichenregeln:

$\prod_{i=m}^{n} a_i \cdot \prod_{i=m}^{n} b_i = \prod_{i=m}^{n} a_i b_i$; $\frac{\prod_{i=m}^{n} a_i}{\prod_{i=m}^{n} b_i} = \prod_{i=m}^{n} \frac{a_i}{b_i}$ *(mit* $b_i \neq 0$)

$\prod_{i=m}^{k} a_i \cdot \prod_{i=k+1}^{n} a_i = \prod_{i=m}^{n} a_i$ $[m \leq k < n]$

$\prod_{i=m}^{n} c \cdot a_i = c^{n-m+1} \cdot \prod_{i=m}^{n} a_i$, *speziell gilt:* $\prod_{i=1}^{n} c = c^n$

FUNKTIONEN:

Lineare Funktionen: $y = mx + b$;

Nullstelle: $x_{NS} = -\frac{b}{m}$

Quadratische Funktionen: $y = ax^2 + bx + c$

Normalform: $y = x^2 + px + q$

P-Q-Formel: $x = -\frac{p}{2} \pm \sqrt{\left(\frac{p}{2}\right)^2 - q}$

Linearfaktorzerlegung: $x^2 + px + q = (x - x_1)(x - x_2)$

Ganz-rationale Funktionen
$f(x) = a_n x^n + a_{n-1} x^{n-1} + ... + a_1 x + a_0 = \sum_{i=0}^{n} a_i x^i$

Gebrochen-rationale Fkt.: $f(x) = \frac{f_1(x)}{f_2(x)} = \frac{\sum_{i=0}^{n} a_i x^i}{\sum_{i=0}^{m} b_i x^i}$

FOLGEN und REIHEN:

arithmetische Folge: $a_{n+1} - a_n = d$ *(für alle* $n \in N_0$)

geometrische Folge: $\frac{a_{n+1}}{a_n} = q$ *(für alle* $n \in N_0$)

Eine Folge heißt konvergent, wenn gilt: $|a_n - a| < \varepsilon$
(für alle $n \geq n_0$), und konvergiert gegen a: $\lim_{n \to \infty} a_n = a$.

folgende Regeln gelten:

$\lim_{n \to \infty} \{a_n \pm b_n\} = a \pm b$; $\lim_{n \to \infty} \{c \cdot a_n\} = c \cdot a$

$\lim_{n \to \infty} \{a_n \cdot b_n\} = a \cdot b$; $\lim_{n \to \infty} \left\{\frac{a_n}{b_n}\right\} = \frac{a}{b}$ $(b_n, b \neq 0)$

Reihe: $s = a_0 + a_1 + ... + a_n = \sum_{i=0}^{n} a_i$

arithmetische: $s = \sum_{i=0}^{n} a_i = \sum_{i=0}^{n} (a_0 + id)$

geometrische: $s = \sum_{i=0}^{n} a_i = \sum_{i=0}^{n} a_0 q^i$

DIFFERENTIALRECHNUNG:

Allgemeine Ableitungsregeln:
$(f \pm g)(x) = f(x) \pm g(x)$
$\Rightarrow [f(x) \pm g(x)]' = f'(x) \pm g'(x)$
$(f \cdot g)(x) = f(x) \cdot g(x)$
$\Rightarrow [f(x) \cdot g(x)]' = f'(x) \cdot g(x) + g'(x) \cdot f(x)$
$\frac{f}{g}(x) = \frac{f(x)}{g(x)}$
$\Rightarrow \left[\frac{f(x)}{g(x)}\right]' = \frac{f'(x) \cdot g(x) - g'(x) \cdot f(x)}{(g(x))^2}$
$(f \circ h)(x) = f(h(x))$
$\Rightarrow [f(h(x))]' = f'(h(x)) \cdot h'(x)$

Partielle Differentiation
1.part.Abl.nach x_1: $f_1(x_1, x_2) = \frac{\delta f(x_1, x_2)}{\delta x_1}$
1.part.Abl.nach x_2: $f_2(x_1, x_2) = \frac{\delta f(x_1, x_2)}{\delta x_2}$

Für Ableitungen n-ter Ordnung, leitet man (hintereinander)
n-mal ab. Für Part. Abl.
zweiter Ordnung ($f_{11}, f_{12}, f_{21}, f_{22}$)

[für $i, j = 1, 2, ..., n$] gilt: $\frac{\delta f_i(x)}{\delta x_j} = \frac{\delta^2 f(x)}{\delta x_i \delta x_j} = f_{ij}(x)$

wobei $f_{ij}(x) = f_{ji}(x)$.

Ableitungen elementarer Funktionen:
$f(x) = c \Rightarrow f'(x) = 0$; $f(x) = x^b \Rightarrow f'(x) = b \cdot x^{b-1}$
$f(x) = e^x \Rightarrow f'(x) = e^x$; $f(x) = a^x \Rightarrow f'(x) = a^x \cdot \ln a$
$f(x) = \ln x \Rightarrow f'(x) = \frac{1}{x}$; $f(x) = \log_a x \Rightarrow f'(x) = \frac{1}{x \cdot \ln a}$
$f(x) = \sin x \Rightarrow f'(x) = \cos x$; $f(x) = \cos x \Rightarrow f'(x) = -\sin x$
$f(x) = \tan x \Rightarrow f'(x) = \frac{1}{\cos^2 x}$; $f(x) = \cot x \Rightarrow f'(x) = \frac{-1}{\sin^2 x}$

INTEGRALRECHNUNG: Rechenregeln:

$\int_a^a f(x) dx = 0$ *(für* $a = b$ *und* $f(a)$ *definiert)*

$\int_a^b f(x) dx = -\int_b^a f(x) dx$ *(für* $a > b$ *und* f *auf* [a,b] *integrierbar)*

$\int_a^b (c \cdot f(x)) dx = c \cdot \int_a^b f(x) dx$ *(Homogenität des Integrals)*

$\int_a^b (f + g)(x) dx = \int_a^b f(x) dx + \int_a^b g(x) dx$ *(Additivität des Integrals)*

$\int_a^c f(x) dx = \int_a^b f(x) dx + \int_b^c f(x) dx$

$\int_a^b f(x) dx \leq \int_a^b g(x) dx$ *(Monotonieeigenschaft)*,
it $f(x) \leq g(x)$

Ist f stetig auf [a,b], *so gilt für jede*
Stammfunktion F von f: $\int_a^b f(x) dx = F(x)\big|_a^b = F(b) - F(a)$

Tabelle der Grundintegrale: $(c \in R)$

$\int dx = x + c$; $\int a dx = ax + c$; $\int x dx = \frac{x^2}{2} + c$

$\int x^\alpha dx = \frac{x^{\alpha+1}}{\alpha+1} + c$ *(mit* $\alpha \neq 1$) ; $\int \sqrt{x} dx = \frac{2}{3} x \sqrt{x} + c$

$\int \frac{dx}{x} = \ln|x| + c$; $\int e^x dx = e^x + c$; $\int a^x dx = \frac{a^x}{\ln a} + c$

$\int \ln x dx = x \cdot \ln x - x + c$; $\int \sin x dx = -\cos x + c$

$\int \sin x dx = -\cos x + c$; $\int \cos x dx = \sin x + c$

$\int \tan x dx = -\ln|\cos x| + c$; $\int \cot x dx = \ln|\sin x| + c$

$\int \frac{1}{\cos^2 x} dx = \tan x + c$; $\int \frac{1}{\sin^2 x} dx = -\cot x + c$

KOMPLEXE ZAHLEN: *(mit* $k \in R$)

Es seien $z_1 = (a,b) = a + i \cdot b$, $z_2 = (c,d) = c + i \cdot d$

(mit $i = \sqrt{-1}$ oder $i^2 = -1$) ; *mit folgenden Regeln:*

$z_1 = z_2 \Leftrightarrow a = c \land b = d$; $z_1 \pm z_2 = (a \pm c) + i \cdot (b \pm d)$

$k \cdot z_1 = k \cdot a + i \cdot k \cdot b$;

$z_1 \cdot z_2 = (a \cdot c - b \cdot d) + i \cdot (a \cdot d + b \cdot c)$

$\frac{z_1}{z_2} = \frac{a \cdot c + b \cdot d}{c^2 + d^2} + i \cdot \frac{b \cdot c - a \cdot d}{c^2 + d^2}$ *(für* $c^2 + d^2 > 0$)

Exponentialdarstellung: $z = |z| \cdot e^{i \varphi}$; $(|z| = \sqrt{a^2 + b^2})$

Polarkoordinatenform: $z = |z| \cdot (\cos \varphi + i \cdot \sin \varphi)$

mit $\cos \varphi = \frac{a}{|z|}$ und $\sin \varphi = \frac{b}{|z|}$

Winkelfunktionen:
in jedem rechtwinkligen Dreieck gilt ($\gamma = 90°$) :

$\sin \alpha = \frac{a}{c} = \frac{Gk}{Hy}$; $\cos \alpha = \frac{b}{c} = \frac{Ak}{Hy}$

$\tan \alpha = \frac{a}{b} = \frac{Gk}{Ak}$; $\cot \alpha = \frac{b}{a} = \frac{Ak}{Gk}$

In jedem Dreieck gilt: Sinussatz: $\frac{a}{\sin \alpha} = \frac{b}{\sin \beta} = \frac{c}{\sin \gamma}$

Kosinussatz: $c^2 = a^2 + b^2 - 2bc \cos \alpha$
$b^2 = a^2 + c^2 - 2ac \cos \beta$

**Weitere Formeln im Klausurtrainer
Mathematik und im Rechentrainer!**

Probleme in Mathe? Der Klausurtrainer Mathematik und der Rechentrainer helfen schnell und effektiv bei der Vorbereitung auf mathematiklastige Klausuren. Infos www.studeo.de

Annette Schelten

Klausurtrainer Mathematik Analysis
Zur Wiederholung des Abiturstoffs in Analysis

Kurzbeschreibung

Dieses Buch stellt die wichtigsten Inhalte der Abitur-Analysis aus Klausursicht systematisch dar. Das erlaubt die gezielte Wiederholung des Stoffs zur Vorbereitung von Klausuren. Dieses Klausurlernbuch hilft am besten in Kombination mit dem Klausurtrainer Mathematik - Musteraufgaben und Musterlösungen.

Inhalt

Funktionen mit einer Variablen
- Einige typische Funktionen
- Funktionseigenschaften, Definitionsmenge, Wertemenge,
- Symmetrie
- Schnittpunkte mit den Koordinatenachsen
- Stetigkeit und Grenzwerte.
- Differenzierbarkeit
- Extrema- und Wendestellen
- Monotonie- und Krümmungsverhalten
- Kurzdiskussionen Funktionstypen
- Elastizität
- Integralrechnung für Funktionen

Funktionen mit mehreren Variablen
- Differenzierbarkeit
- Bestimmung von Extrema

nur 11,95 €

Klausurlernbuch
Mathematik Analysis
ISBN: 978-3-86363-003-4
2. Auflage
Format: A5, Paperback
215 Seiten

Infos, Probekapitel, Bestellung: www.studeo.de/verlag

Studeo Verlag
GF Silvio Gerlach
Pascalstraße 10
10587 Berlin

Tel: 030-310 1917 70
Mail: verlag@studeo.de
www.studeo.de
www.facebook.com/studeo

studeo
RICHTIG STUDIEREN - SEIT 1995

Silvio Gerlach

Handbuch Klausur
für professionelle Klausurvorbereitung

Kurzbeschreibung

Wie schaffen es Repetitoren, ihre Teilnehmer nur Wochen vor der Klausur so fit zu machen, dass sie nicht nur bestehen sondern sogar gute Noten bekommen? Durch ganz gezielte Vorbereitung, ohne Schnickschnack. Eignen Sie sich diese Methode mit diesem Handbuch selbst an und Sie schaffen in jeder Klausur eine bessere Note, mit weniger Aufwand. Garantiert!

Über den Autor:

Silvio Gerlach ist mit Studeo seit 17 Jahren Tutor, Repetitor und Coach für Klausurvorbereitung.

nur 14,95 €

Handbuch Klausur
ISBN: 978-3-86363-000-3
4. Auflage
Format: A5, Paperback
148 Seiten

Inhalt

- **S**TART – Hören Sie auf...
- **K**lausuren beschaffen
- **L**ösungen besorgen
- **A**ufgabenmuster + Aufgabensammlung
- **U**nterlagen
- **S**tudieren
- **U**nermüdlich trainieren
- **R**eüssieren (Erfolg haben)

„...Dieses Buch ist wie ein Autopilot, man muss sich nur an die Vorlagen halten..." René, München

Infos, Probekapitel, Bestellung: www.studeo.de/verlag

Studeo Verlag
GF Silvio Gerlach
Pascalstraße 10
10587 Berlin

Tel: 030-310 1917 70
Mail: verlag@studeo.de
www.studeo.de
www.facebook.com/studeo

Lars Kuschinke

Klausurtrainer Induktive Statistik I
200 Musteraufgaben mit Musterlösungen

Kurzbeschreibung

Induktive Statistik ist definitiv eine der schwersten Klausuren für Wirtschaftler, Psychologen, Pädagogen und andere Nichtmathematiker. Schlechte Noten oder gar Wiederholungen sind schon fast normal.

Mit den über 200 Musteraufgaben und Musterlösungen in diesem Klausurtrainer können Sie ganz gezielt für die Klausur trainieren, bis der Stoff sitzt.

Kein Buch ist näher an der Induktive Statistik-Klausur!

Inhalt

- Kombinatorik
- Wahrscheinlichkeitsrechnung
- Eindimensionale Wahrscheinlichkeitsverteilung
- Zweidimensionale Wahrscheinlichkeitsverteilung
- Spezielle Verteilungsmodelle
- Einfache statistische Schätzverfahren
- Testtheorie

nur 14,95 €

Klausurtrainer
Induktive Statistik I
ISBN: 978-3-86363-006-5
4. Auflage
Format: A4, Paperback
206 Seiten

„...Dieses Buch hat mir in Statistik den Hals gerettet..."
Daniel, Berlin

Infos, Probekapitel, Bestellung: www.studeo.de/verlag

Studeo Verlag
GF Silvio Gerlach
Pascalstraße 10
10587 Berlin

Tel: 030-310 1917 70
Mail: verlag@studeo.de
www.studeo.de
www.facebook.com/studeo

VERLAGSPROGRAMM STUDEO VERLAG

Handbuch Klausur - für professionelle Klausurvorbereitung	ISBN 978-3-86363-001-0	14,95 EUR
von Silvio Gerlach	148 Seiten Format A5	
Rechentrainer – Schlag auf Schlag – Rechnen bis ich´s mag	ISBN 978-3-86363-001-0	11,95 EUR
von Silvio Gerlach, Anette Schelten, Christian Steuer	224 Seiten Format A4	
Klausurtrainer Mathematik	ISBN 978-3-86363-002-7	11,95 EUR
Aufgaben mit Lösungen von Anette Schelten	176 Seiten Format A4	
Klausurlernbuch Mathematik Analysis	ISBN 978-3-86363-003-4	11,95 EUR
von Anette Schelten	216 Seiten Format A5	
Klausurtrainer Deskriptive Statistik I	ISBN 978-3-86363-004-1	14,95 EUR
200 Musteraufgaben mit Musterlösungen von Silvio Gerlach, Boris Führer	192 Seiten Format A4	
Klausurtrainer Deskriptive Statistik II	ISBN 978-3-86363-005-8	5,95 EUR
Multiple - Choice - Aufgaben mit Lösungen von Paul Böhm	88 Seiten Format A5	
Klausurtrainer Induktive Statistik I	ISBN 978-3-86363-006-5	14,95 EUR
200 Musteraufgaben mit Musterlösungen von Lars Kuchinke	208 Seiten Format A4	
Klausurtrainer Induktive Statistik II	ISBN 978-3-86363-007-2	5,95 EUR
Multiple - Choice - Aufgaben mit Lösungen von Paul Böhm	68 Seiten Format A5	
Klausurtrainer Mikroökonomie I	ISBN 978-3-86363-008-9	14,95 EUR
200 Musteraufgaben mit Musterlösungen von Silvio Gerlach, Ilja Neustadt	196 Seiten Format A4	
Klausurtrainer Mikroökonomie II	ISBN 978-3-86363-009-6	5,95 EUR
Multiple - Choice - Aufgaben mit Lösungen von Meinolf Lombino	68 Seiten Format A5	
Klausurtrainer Makroökonomie I	ISBN 978-3-86363-010-2	14,95 EUR
200 Musteraufgaben mit Musterlösungen von Silvio Gerlach, Meinolf Lombino	224 Seiten Format A4	
Klausurtrainer Makroökonomie II	ISBN 978-3-86363-011-9	5,95 EUR
Multiple - Choice – Aufgaben mit Lösungen von Meinolf Lombino	68 Seiten Format A5	
Klausurtrainer Investitionsrechnung	ISBN 978-3-86363-012-6	14,95 EUR
100 Musteraufgaben mit Musterlösungen von Silvio Gerlach, Simeon Engler	152 Seiten Format A4	
Klausurtrainer Finanzierung	ISBN 978-3-86363-013-3	5,95 EUR
Multiple - Choice – Aufgaben mit Lösungen von Silvio Gerlach	80 Seiten Format A5	
Lernbuch Kostenrechnung Grundwissen	ISBN 978-3-86363-014-0	5,95 EUR
von Jens Koopmann	52 Seiten Format A5	